人はなぜ
言語を
学ぶのか

２人の日本人多言語学習者の記録

高橋千佳

Kurosio
くろしお出版

目　次

第 **6** 章　**人はなぜ言語を学ぶのか**
　　　　〜教育機関における外国語学習を超えて〜

第 **7** 章　**人間としての研究者**
　　　　〜原著執筆を決心してから考えたこと〜

はじめに

　本書は、2人の素晴らしい日本人多言語学習者の9年の記録である。同時に本書は、そのうち1人の、研究終了後の突然の死に向き合おうとした自分の記録でもある。英語が事実上の共通語として機能する時代、国内外の多くの外国語学習者が英語をコミュニケーションの手段としてのみ捉え、英語以外の外国語学習の意味を見出せない中、2人の学習者は、9年間にわたる成長や葛藤を通して、多言語学習の素晴らしさを教えてくれた。そのような2人の学習者について、2022年暮れに、イギリスの出版社、Multilingual Matters から *Motivation to Learn Multiple Languages in Japan: A Longitudinal Perspective*（以下、「原著」とする）を出版した。本書は、その原著に基づいたものである。2人の素晴らしい学習者の記録を執筆し終わった直後、まだ原著が出版の日の目を見る前に、私は、そのうち1人のあまりにも早すぎる死に向き合うことになった。研究者としての私は、心理的にもがきながら、自分が果たせる役割とは何かを考え続けてきた。そして思い立ったのが、彼らの思考、葛藤、成長を日本語で伝えようとする本書である。

　2022年5月に亡くなってしまったユズル（本人が考えてくれた仮名）は、英語で言うところの "exceptional learner"（例外的な学習者）という表現がぴったりの、素晴らしい言語学習者であった。研究を行った9年間で、英語を含めて合計9か国語を勉強することとなり、大学在学中には奨学金を得てフランスに1年間交換留学、研究終了時点でちょうど大学院修士課程を終えて就職する頃ということで、将来が本当に楽しみな若者だった。高校2年の彼に初めて会ったときから、その高い言語能力は日本語でも顕著だった。インタビューを重ねるたびに、学習している言語は増え続け、毎回のインタビューではその成長ぶりを知るのが本当に楽しみだった。また、インタビューではいつも、言語や人間性に対するその鋭くも温かい視線に驚嘆するばかりであった。そのような若者の訃報に触れたのは、原稿を書き終え、彼自身の原稿チェック（専門用語では member-checking などと言い、データに対する研究者のゆがんだ解釈を避けるため、協力者にお願いすることがよ

くある）も終わった直後のことであった。その日はしとしとと雨の降り続く
日で、その雨の中、あまりの衝撃、悲しみに、私は茫然とし、泣き続けた。
この日のことは、細部にわたり、一生忘れることができない。

　研究者が研究協力者から影響を受けることもあるということは、原著を書
く前から感じていたことだった。9年間のデータ収集中、もう1人の協力者、
シオン（同じく彼女自身が考えてくれた仮名）とユズルの、対照的であると
同時に共通点もある多言語学習の様子から、研究の方向性も影響を受け、私
自身の研究の興味も広がっていったとは感じていた。しかし、研究協力者か
らの影響は、このような心理的な形でもありえることを否応なく知ることと
なった。ユズルの訃報に接してからは、しばらくの間、自分自身の原稿を手
に取ることもつらくなり、心理的にも落ち込む日々が続いた。

　その後、ユズルのご家族と連絡をとるにつれ、貴重なインタビュー内容
は、日本語でも読める状態にすることが自分の責務ではないかと考えるよう
になった。また、原著のシリーズ編集者の1人から、"you have given them
eternal voice through your book"（本を通してあなたは彼らに永遠の声を授
けたの）と言われたことも、私の心を大きく揺さぶった。偶然と言える形で
2人の協力者に出会い、9年もの間研究に協力してもらった恩を返すために、
自分に何ができるのかを問うた。その結果、「日本語でも書かなければ」と
いう決心をすることになった。

　原著の出版直後から、「日本語で読んでみたい」という声を様々な方面か
らいただいてきたことも、私の背中を押してくれた。研究を最初の本にまと
めるとき、私の頭にあったのは、「2人のような素晴らしい日本人学習者に
ついて世界中の人に知ってもらいたい」という希望であり、それゆえ、日本
語ではなく英語で、イギリスの出版社から出版した。しかし、研究者、研究
者以外含めて、様々な人とこの本について話をするうちに、2人の存在は外
国語学習が多くの場合簡単には進まない日本人学習者にこそ、大きな励みと
なるのではないかと考えるようになった。またそもそも、もともとのインタ
ビューはインタビュー協力者、インタビュー実施者（私自身）双方の母語で
ある日本語で行ったものであり、彼らの生の声を届けられるよう、日本語で
も出版すべきだと考えるようになった。原著を出版した後、私の考えは、原
稿を書いていた当時の「世界中のより多くの読者に、英語で」というものか
ら、「日本の読者に、日本語で」へと変化していった。

　私が専門とする「外国語学習動機づけ」という分野において、日本発の研究は、世界で 2 番目に多いという報告がある（Boo et al., 2015）。しかしそのほとんどの研究において、学習者が学んでいる対象言語は英語であり、また残念なことに、その多くで学習がうまくいかない、あるいは学習意欲が低い例が報告されてきた。英語以外の言語の学習動機づけとなると、世界的には着実に研究が進んでいる一方、日本からの研究は非常に限られるという状況が続いている。日本では、学習者、研究者、双方の「英語以外の言語の学習」についての興味・関心が決して高いとはいえない。実際、自分が進めてきたいろいろな研究について、学会発表などを行うと、対象言語が英語の時の方が、周りの関心は高いように見受けられる。また、多くの学習者にとっては、「英語学習ですら大変なのに、英語以外の言語にまで手が回らない」というのが正直な思いであろう。そのような中、なぜ、敢えて多言語学習について取り上げようと思ったのか。

　上記の問いに対する答えは、2 人の研究協力者が教えてくれた「英語学習は大変だけれど、楽しくもなり得る。英語以外の言語の学習も、同様に楽しく、意味のあるものになり得る」ということを多くの学習者に知ってほしいと考えたからである。世界中の言語学習者が、「英語は便利であり、就職にも役立つ。英語が共通語になっているのだから、敢えて他の言語を学習する意味を見出せない」（Henry, 2015a; Wang & Liu, 2020 など）と考える中、2人の言語や言語学習に対する捉え方は、まさに衝撃的であった。言語と文化は相互に関係しており、言語が、違う言語や違う文化の人をつなぐ、本質的に人間的なものであり、言語学習は、他の人との距離を縮めるものであるという 2 人の捉え方は、インタビュー中に私も驚嘆するような意見であった。そのような捉え方をするならば、英語は「学んでいる言語の 1 つ」となり、それ以外の言語の学習も意味を持ってくる。彼らの考えを伝えることができれば、英語学習で苦しんできた日本人学習者の一部にでも、言語学習の楽しさや意味が伝わるのではないか。動機づけ研究が明らかにしようとしている大きな問いである、「人間にとって言語とは何か」「言語学習にはどのような意味があるのか」について、2 人は素晴らしい考えを披露してくれた。その内容は、これまでの外国語学習動機づけ研究でも焦点が当てられず、多くの学習者も気づいていないであろう動機づけ要因と言えるものであった。本書ではぜひ、そのような動機づけ要因や、そのような内容を示唆するに至った

2 人の思考過程を、日本の多くの外国語学習者に知ってほしいと考えている。

　以上のような背景から、本書は、学術書でありながら、同時に、一般の読者も想定している。2 種類の読者を想定したことで、本書の執筆にあたっては、一定の難しさも経験した。すなわち、研究の世界でデータを収集して考察するのは、その結果として教育的示唆が得られることもあるものの、例えば、「こうすれば英語ができるようになる」というような簡単なノウハウを得るために行うものではない。よって、一般の読者からすると、本書は、そのようなノウハウが不十分であるという印象もあるかもしれない。しかし、私としては、シオンとユズルの様子からは、わかりやすいノウハウよりもずっと大切な、言語や言語学習に対する姿勢として、一般の読者にも参考になることが多くあるのではないかと考えている。可能であれば、2 人のインタビューを何度も読み返していただき、その時その時の言語学習の糧としていただければ幸いである。

　2 点目の難しさ（あるいはそれを克服するための工夫）は、本書の構成として、「外国語学習動機づけ」、あるいは特に、英語を含む多言語学習動機づけのトピックに興味がある読者に向けては、基本的な学術的背景や先行研究の発展がわかるよう、それらの概説を心がける一方、理論的背景にさほど興味はなく、シオンとユズルの成長の様子から外国語学習のヒントを得たいという読者に向けては、巻末付録にて最低限の用語や理論の説明を試みることで、実証研究部分のみを読んでも理解が進むことを心がけたことである。すなわち、本書の構成として、巻末の用語解説を適宜参照しながら、インタビュー内容について詳述した第 3 章から第 6 章のみを読んでいただいても、その内容を理解することが可能である。一方、理論に興味があるという読者に向けては、理論的背景や先行研究の議論について丁寧に説明し、網羅的に扱うことを心がけた。もし、本書をお読みいただき、さらに詳しい理論的背景にも興味を持つ読者がいた場合は、原著にあたっていただければ幸いである。

　私がユズルとシオンに出会ったのは、2012 年にさかのぼる。当時私は、博士論文執筆の真っただ中であり、もともと 2 人は、13 名のインタビュー協力者のうちの 2 名であった。博士論文（Takahashi, 2013）では、NHK のラジオ英語講座を使って英語を学習した経験がある高校生を対象として、学習の継続と動機づけの変化の関係を探っており、学習経験や動機づけの

詳細を明らかにするため、インタビュー協力者を募った。2人は自らインタビューに名乗り出てくれ、2012年6月と12月、高校2年生のときに、2回のインタビューに協力してくれた。研究全体としては、1回目のインタビューには13名が参加、半年後の2回目のインタビューには、そのうち、1回目のインタビュー時にラジオ講座での勉強をしている最中だった5名（過去に経験があるというだけでなく2012年6月に勉強の最中という意味である）が参加してくれた。

　その後、私自身は、博士論文の執筆も終えて2013年5月に学位を取り、この調査もいったん保留としていた。しかし、インタビュー協力者たちのラジオ英語講座での学習経験や動機づけ、あるいはラジオ以外も含めた熱心な学習の様子に強い印象を受けており、その後、彼らがどのように変化したのかを知りたくなった。そこで、2012年12月の2回目のインタビューに協力してくれた5名の協力者に、2014年7月に再度連絡を取ってみたところ、ユズルとシオンは同年3月に高校を卒業後、同じ大学（日本においてトップの大学の1つと言って全く差し支えない）に進学、4月から英語に加えて必修科目として第二外国語も学習していることが明らかになった。その後、途中でデータ収集がかなわなくなった協力者もいた中、2人は合計16回のインタビュー調査に快く応じてくれた。よって原著では、1回目のインタビュー時からの2人のみに焦点を当てた。2人には、英語・英語以外の言語の学習動機づけの変化を探ることを大きな目的として、おおよそ半年に1回インタビューを行い、計16回のインタビューをもって、調査は2021年3月に終了した。研究者としてはこのような長期間の研究には大きな意味があると考える一方、常識的に考えると、自分がかなり厚かましい人間だと思い、躊躇もしながらのデータ収集であった。思い返してみるに、今では、一度も断ることなく、快く協力し続けてくれた2人に感謝するのみである。

　ここで、もう少し詳しく2人を紹介しよう。ユズルは政治哲学を専攻する学習者であり、小学生のときに両親の勧めで英語を学び始めた。その後、およそ「塾」という言葉からイメージする内容からは程遠い、英語多読を進める「塾」に通い、原著で読む楽しさに気づいていく。英語以外の言語については、高校生のときに中国語を学習した経験がある。その他の言語の学習については、時代ごとに詳しく報告していく。また先述したとおり、データ収集を終了した2021年3月に修士号を取得、4月に就職した。

　一方、シオンは看護学を専攻する学習者であり、彼女自身の言葉を借りると「2、3歳くらいのときに」お母様に勧められて英語を学び始めた。お母様自身から英語を教わることもあったそうである。小学5年生終了後の春休みには、オーストラリアにホームステイをした経験がある。高校時代には、ユズルと同じ多読を進める塾に通い、同じように外国語で「読む」大切さに気づいていく。また、ユズルと同様、高校時代に中国語を勉強した経験がある。彼女についても、その他の外国語学習については、時代ごとに詳しく報告していく。2020年3月に修士号を取得し、データ収集最後の年である2020年度は、社会人1年目であった。

　ここまで書いてくると、2人がどれくらい学習に熱心で、優秀な若者かをおわかりいただけることと思う。あるいは、優秀すぎて、「自分にはできない」と思われる読者もいるかもしれない。確かに、ユズルとシオンのそもそもの言語能力は非常に高いと言えるし、おそらく、持って生まれた適性が非常に高いのであろう。しかし、持って生まれた才能がどれだけあっても、動機づけがなければ、どの外国語でも高い習熟度に達することはない（例えて言うならば、大谷翔平の身体能力がずば抜けているのは事実として、彼がもしそもそも野球に興味がなければ、あのような選手になることはなかったであろうということと同じである）。外国語学習に関係する要因は様々であり、それらには先天的で変えられないもの、後天的で変えられるもの、どちらもある。それらの組み合わせにより、ユズルはユズル、シオンはシオンの9年の成長を遂げたわけである。様々な要因の中で、本書で取り上げ、私が分析したいと思ったのは、「変えられる」要因の1つである動機づけである。動機づけは、才能のある、なしにかかわらず、変えることができる。また、本書を通じて伝えようとする、この研究を通して発見した日本人学習者の多言語学習動機づけの特徴には、その後の自分の別の研究でも同じように確認している内容も多くあり、ユズルとシオンの姿には、どのような学習者でも学べる内容があると考えている。本書を通じて、考え方1つで、言語学習は誰にとっても、楽しい、意味のあることになり得る、ということを、彼らの成長とともに実感していただければ幸いである。

第1章
外国語学習動機づけ理論と日本人学習者

　本章では、シオンとユズルを対象としたインタビュー調査の内容をよりよく読者に理解してもらえるよう、本研究の理論的背景について、特に日本人学習者を念頭に置きながら説明を試みる。具体的には、「外国語学習動機づけ」と呼ばれるこの分野のごく基礎的な内容とともに、特に、本研究の大きなトピックである英語以外の言語（language other than English、以下、LOTE とする）の学習動機づけに焦点を当てて分野の代表的先行研究を紹介し、なぜこの分野で、特に日本人学習者を対象とした実証研究が必要なのかについて考えてみたい。

　これまで、既に国内外で広く調査されてきた外国語学習の動機づけではあるが、先行研究には一定の偏りも見られる。広く「外国語学習動機づけ」について考えると、それは対象言語が英語のものが多いという偏りであり、以下で紹介するとおり、動機づけの 3 側面といわれる "choice"（選択）、"effort"（努力）、"persistence"（粘り強さ）の中で persistence の研究が少ないという偏りである。さらに、「外国語学習動機づけ」の中でも特に「LOTE 学習動機づけ」に絞って考えてみると、それは先行研究の方法論的、理論的、そして地理的偏りである。これらの先行研究の中に本研究を位置づけるならば、本研究は、以下のように特徴づけられる。

1.　LOTE を含む複数の言語を学ぶ動機づけを対象としている
2.　学習の継続力を中心課題に据え、persistence を調査している
3.　2 名を対象とした小規模の縦断的ケーススタディである（研究には、ある一時点での様子を 1 回のデータ収集で調べる横断的研究と、複数

回のデータ収集から長期間の変化を探る縦断的研究が存在する）

4. 第二言語（Second Language, L2）セルフシステム理論や自己決定理論
   といった、これまで多用されてきた理論を枠組みとしながらも、これ
   らの理論で論じられていない動機づけ要因にも注目した調査である
5. 研究が少ない日本人多言語学習者についての調査である

　さらに挙げるならば、ユズルとシオンは、これまで報告が少ない、英語に
加えて複数の LOTE を学習したという稀有な例であり、またその学習が大
きな成果を生んだという例でもある。2021 年 3 月に終了した本研究を 2023
年現在から再考察すると、今後の研究では、先行研究で得られた知見を踏ま
えつつ、その偏りも認識した上で、外国語学習動機づけのさらなる理論化に
向けて、あるいは、少しでも今後の多言語学習の助けになるように、言語を
とりまく状況が様々である世界各地での研究が待たれるところであり、私自
身、日本人学習者を対象とした複数言語の学習動機づけ研究を、今後も続け
ていきたいと考えている。

外国語学習動機づけとは

　さて、「外国語学習動機づけ」というと、多くの概説書でまず論じられる
のが、「動機づけとは何か？」という内容である。そして、多くの場合、最
初に説明されるのが、動機づけを定義づける 3 つの側面である。1 つ目の側
面が、"choice"、すなわち、ある行動を選択することで、具体的には、あ
る行動の目標や目的、あるいは、その行動を取る理由を指す。2 つ目の側面
は "effort"、つまり、その行動に費やす努力のことである。そして 3 つ目の
側面が "persistence" であり、粘り強さのことである。第二言語習得の分野
における動機づけの代表的概説書である Dörnyei & Ushioda（2021）におい
て、この 3 側面は "*why* do people decide to do something, *how hard* are they
going to pursue the activity and *how long* are they willing to sustain it?"（p.
83, 強調原文ママ）と表現されている。このうち、3 つ目の側面であり、本
研究の中心的トピックの 1 つでもある persistence については、後述すると
おり、choice と effort に比べて、近年まで圧倒的に研究が足りていなかった
ことが指摘されている（Dörnyei & Ushioda, 2021, p. 83）。実際、2012 年当
時、自分が博士論文で取り組んでいたときには、この persistence について

の先行研究が少なく、戸惑ったことを覚えているが、最近はこの様子も少しずつ変わってきているようである。persistence については、今後さらに、その研究が待たれるところである。

社会教育モデル

　心理学の分野でも様々な理論が発展しているこの動機づけという概念について、外国語学習に絞って 1950 年代から調査を続け、第二言語習得の分野で研究の礎を築いたと言えるのが、カナダの研究者、ガードナー（Gardner）とランバート（Lambert）である。彼らが提唱したのが "socio-educational model"（社会教育モデル）であり、初期の外国語学習動機づけ研究では、このモデルが多用された。

　興味深いことに、後年の大多数の動機づけ研究とは違い、ガードナーたちが最初に調査したのは、英語学習者ではなく LOTE 学習者、特にフランス語学習者であった。彼らが問うたのは、"How is it that some people can learn a second or foreign language so easily and so well while others, given what seem to be the same opportunities to learn, find it almost impossible?' (Gardner & Lambert, 1972, p. 131)、すなわち、一見、同じような学習の機会があるようではあるのに、第二言語／外国語学習がいとも簡単に進み高い習熟度に達する学習者がいる一方で、学習がほとんど不可能な学習者もいるのはなぜか、という疑問である。カナダをはじめとして、各地での様々な調査の結果、彼らが注目し、フランス語の習熟度に対しても影響を与える要素の１つであると主張したのが、"integrative motivation"（統合的動機づけ）であった。この統合的動機づけは、"integrativeness"（統合性あるいは統合的態度などと訳される）、"attitudes toward the learning situation"（学習状況に対する態度）と、"motivation"（この場合は動機づけの「強さ」、すなわちどれくらい努力したいと考えているか）という 3 要素から成り立っている (Gardner, 2001, p. 5)。ここで、英語と LOTE の違いも考慮すると特に重要なのは、統合的態度という概念であり、Gardner (2001, p. 5) においては以下のように説明されている。

The variable *Integrativeness* reflects a genuine interest in learning the second language in order to come closer to the other language community. At one level, this implies an openness to, and respect for other cultural groups and ways of life. In the extreme, this might involve complete identification with the community (and possibly even withdrawal from one's original group), but more commonly it might well involve integration within both communities.

統合性／統合的態度という変数はもう 1 つの言語コミュニティーにより近づくために第二言語を学ぶことに対する純粋な興味を反映している。あるレベルでは、これは異なる文化グループや生活様式に対する開放性や敬意を意味している。極端な場合には、これはコミュニティーとの完全な同化を伴うかもしれない（そして自分のもともとのグループからの離脱をも伴うかもしれない）、しかしながら、より一般的なのは、両方のコミュニティーへの統合を伴うことであろう。

すなわち、英語とフランス語が公用語であるカナダ、特にケベック州のような環境には、英語母語話者でフランス語を学ぶ学習者が多くおり、彼らが「フランス語話者のコミュニティー」に対して前向きな態度、あるいは、その態度が非常に強い場合は彼らに同化したいと考えるような態度が、フランス語学習にも大きく影響すると考えたのである。なるほど、フランス語話者のコミュニティーに対してネガティブな態度よりは、ポジティブな態度の方がフランス語学習に熱心になるであろうということはよくわかる。「彼らに同化したい」とまで思うようであれば、そのコミュニティーに溶け込めるよう、必死になって勉強するであろう。この社会教育モデルでは、これとは別の動機づけ要因として "instrumental orientation"（道具的志向性）も提案されたが、特にガードナーたちが重要と考えたのは、統合的動機づけの方であった（Masgoret & Gardner, 2003 など）。

　フランス語以外の LOTE で例えて考えてみると、海外の日本語学習者が、日本というコミュニティーに憧れ、一生懸命日本語を勉強していたとする。この場合、この学習者は典型的に統合的態度が強いと言える。これに加えて、日本語を学習している状況を前向きに捉えており、日本語学習に大きな努力を費やそうとしていれば、統合的動機づけが非常に強い状態になり、日本語の習熟度も高くなるかもしれない。一方、別の学習者は、例えば日本というコミュニティーや日本文化にさほど興味はないが、日本語ができれば、

将来、より高い給料の仕事に就けると考えたとしよう。この場合、この学習者は、道具的志向性が強いということになる。もちろん、ガードナーたちが指摘しているように、統合的動機づけが強い＝道具的志向性が弱い、という二律背反というわけでは必ずしもなく、どちらかのみが強い学習者もいれば、どちらも強い学習者、どちらも弱い学習者など、様々なケースが想定される。いずれにしても、様々な動機づけ要因の中で、ガードナーたちが重要だとしたのは、特に統合的動機づけであった。

　社会教育モデルの枠組みでの研究によって、外国語学習動機づけについて様々な知見が得られたわけではあった（Gardner, 1985, 2001, 2020; Gardner & Lambert, 1959; Masgoret & Gardner, 2003 など）が、その後、国際共通語としての英語が世界的に広まるにつれ、このモデルへの批判も多くなった（Au, 1988; Crookes & Schmidt, 1991; Dörnyei, 1990; Oxford & Shearin, 1996 など）。モデルが批判された大きな原因の１つは、統合的動機づけが国際共通語としての英語には当てはまりにくいということである。具体的に、LOTE の場合は、例えば、日本語を学んでいる人からすると「日本語話者のコミュニティー」といえば日本を指すことが多いし（あるいは海外のある国での日系コミュニティーなども当てはまる）、「学んでいる言語の人たちのコミュニティー」を定義することはさほど難しくない。一方、共通語としての英語の場合、「英語の人たちのコミュニティー」というと、果たしてそれは、イギリスやアメリカなど、英語母語話者のコミュニティーのみを指すのか、あるいは、母語ではないが、公用語として広く英語を使っており堪能な話者が多いフィリピンやシンガポールなどは含むのかなど、その定義が非常に難しくなる。また、もともと社会教育モデルで主張されていた「コミュニティーに同化する」ということも、国際共通語の場合は当てはまりづらく、具体的に、共通語の英語の場合は、「英語を使う国際社会に同化する」とはどのような意味なのかを考える必要がでてくる。このような批判を受け、1990 年代以降、社会教育モデルは徐々に実証研究で利用されることが減っていき、社会教育モデルに代わるモデルや理論的枠組みが模索されていった。この後詳述する L2 セルフシステム理論はその代表的なものであるが、皮肉なことに、2010 年頃から研究者の興味・関心が英語学習動機づけから LOTE 学習動機づけに広がるにつれ、社会教育モデルも再評価されることとなる（Dörnyei & Al-Hoorie, 2017; Ushioda, 2017 など）。

L2 セルフシステム理論

　近年の外国語学習動機づけ研究で最も多く応用されているといわれる
（Boo et al., 2015）のが、L2 セルフシステム理論（Dörnyei, 2005, 2009, 2019）
である。心理学分野で発展した「可能自己」（possible selves, Markus &
Nurius, 1986）および「自己不一致理論」（self-discrepancy theory, Higgins,
1987）に基づいて、特に外国語の学習を念頭に提案されたこの理論は、そ
れまで主流だった社会教育モデルを拡張する形で、広く外国語学習の動機
づけを説明しようとした。その詳しい背景はドルニェイ（Dörnyei）の研究
（Dörnyei, 2005, 2009, 2019）や概説書（Dörnyei & Ushioda, 2021）などで説明
されているとおりで、ハンガリー出身で外国語学習動機づけ研究のまさに中
心的役割を果たしたドルニェイがこれらの文献の中で議論したのが、社会教
育モデルと国際共通語としての英語の関係性、すなわち、上述した、国際共
通語としての英語の学習動機づけに統合的動機づけが当てはまりづらいとい
うことについてであった。この意味では、この L2 セルフシステム理論自体
が、世界的に共通語として広がっていった英語を念頭に置いて発展してお
り、その主張も、国際共通語としての英語と特に相性がよいと言える。

　L2 セルフシステム理論は、3 本の柱で成り立つ理論である（Dörnyei,
2009, p. 29）。1 本目の柱であり、現在、最も研究が進んでいると言えるのが
「L2 理想自己」（ideal L2 self）である。これは、将来、理想的には学んでい
る外国語に関して「こうなっていたい」と思い描く理想像である。例えば、
「2 年後にはイギリスに留学して、大学学部の授業に十分ついていっている
自分」が理想であるとすると、この理想像が、現在の英語学習に対して大き
な動機づけ要因となる。2 本目の柱は、「L2 義務自己」（ought-to L2 self）で
ある。この義務自己は、理想自己よりも自己決定度（どれくらい自ら進んで
学習に取り組んでいるか）は低く、周囲の期待に応えるように、あるいは望
ましくない結果にならないようにということで、学んでいる外国語について
「こうあるべき」と考える将来の自己像である。これら 2 本の柱は、いずれ
も将来についての自己像であるのに対して、3 本目の柱である「L2 学習経
験」（L2 learning experience）は、過去から現在まで蓄積されてきた、学んで
いる外国語の学習経験を指し、具体的には、教師やクラスメート、教科書な
どに対する、学習者の評価を含むとされている（Dörnyei, 2009, 2019）。

　これら 3 本の柱のうち、特に L2 理想自己について考えてみると、Dörnyei

(2009) で主張されている、L2 理想自己の発展に不可欠とされる「想像力」という要素が、特にラジオ講座での学習には大きく関係している。ラジオの特徴の 1 つとして、視覚情報がないことが挙げられるが、このことは、(矛盾するように聞こえるかもしれないが) 学習者が番組内のスキット (番組の主たる材料となる会話部分) を聴くとき、その具体的場面 (映像) をそれぞれの学習者が思い思いに描くことができることを意味する。さらに考えてみるに、ラジオというのはテレビとは少し違った特徴を持っており、ラジオのリスナーは、ラジオのパーソナリティ (講座番組の場合は講師に当たる) が自分に話しかけてくれているような気持ちになることができる。ラジオの中の登場人物たちが話している世界は、ある意味、学習者が「いつか自分もあの中に」と考える理想的な世界である可能性がある。この点で、ラジオ講座での学習と L2 理想自己には、「想像力」を共通点として、興味深い関係性があることが想定された。

　さて、最近の研究では、L2 セルフシステム理論が最も利用されていることから、国内外の実証研究から様々な知見が得られている。多くの研究では、特に L2 理想自己と L2 学習経験が、学んでいる言語の学習の努力度合いにプラスの影響を与えていることが報告されており (Kim & Kim, 2014; Kormos & Csizér, 2014; Ryan, 2009a; Taguchi et al., 2009; Yashima et al., 2017 など)、これらの動機づけ要因の重要性がわかる。一方、L2 義務自己については、海外も含めた先行研究では、その妥当性に対する評価が分かれている。学んでいる言語の学習努力度合いとの関係性においてもその結果は一致しておらず (Kormos & Csizér, 2008; Kormos et al., 2011; Taguchi et al., 2009; Yashima et al., 2017 など)、L2 義務自己と学習努力の度合いに関係があるとする研究もあれば、あまりないとする研究もある。さらには、質問紙に含まれている L2 義務自己を測る尺度の信頼性 (これは例えば、「L2 義務自己」という概念を複数の質問紙項目で測ろうとしているとき、それらの質問紙項目間で一貫性があるかどうかのことであると説明ができる) が低いという報告もあり (Csizér & Lukács, 2010)、実証研究において利用しづらい状況であった。

　そのような状況の中、理論的にも実証的にも多くの議論を経た結果 (Papi et al., 2019; Teimouri, 2017; Yashima et al., 2017 など)、L2 義務自己には 2 種類存在する可能性があること、また、文化によって言語学習との関係性が

異なることなどが明らかになってきた。例えば、外国語に関して「こうあるべき」と考える自己像の中でも、他者からみて「こうあるべき」という像もあれば、それよりも自己決定度が高い、自らが「こうあるべき」と感じる像も存在する。これらを、誰からの視点かという観点を加えて "ought-to L2 self/others"（L2 義務自己／他者）と "ought-to L2 self/own"（L2 義務自己／自己）に区別することで、理論的にこの L2 義務自己がより明確になってきている（2 つの異なる概念を複数の質問紙項目で調べ、それらの一貫性を調べれば低いのは自然なことであり、これで上述の「質問紙項目間の低い一貫性」が説明できる）。また、例えば、日本をはじめとしたアジアでは、社会の中で自分がどうあるべきか、あるいは、どのような役割が期待されているかなどを意識することが多いため、この L2 義務自己も大きな動機づけ要因となり得るが、そのような意識が低い社会においては、L2 義務自己が果たす役割は小さいという考え方もある（Kormos et al., 2011; Yashima et al., 2017）。例えば、日本人英語学習者を対象とした研究では、その複数で、L2 義務自己が果たす一定の役割を確認しており（Takahashi & Im, 2020; Yashima et al., 2017 など）、社会の中で自分がどうあるべきかを意識するアジアなどでは、この L2 義務自己にも一定の役割があるようである。L2 義務自己は L2 理想自己よりも自己決定度の度合いが低く、その動機づけ効果は L2 理想自己よりも短いと考えられること、また、学習者が持つ L2 理想自己と L2 義務自己がお互いに矛盾している状態である場合は、学習者の不安が高くなるという報告もある（Ueki & Takeuchi, 2017）ことから、その役割は L2 理想自己よりも限定的だと考えられる。しかしながら、日本のように「こうあるべき」と考える内容も重要だと考えられる社会において、L2 義務自己は（特に年齢、あるいは入試を控えている高校生か入試を終えている大学生かなどの教育環境の違いにも関係するかもしれないが）一定の役割を果たしていると考えられる。

自己決定理論における内発的動機づけ

　上述したように、近年の研究では L2 セルフシステム理論が最も多く利用されているが、本研究では、ユズルとシオンの学習を支えた動機づけ要因としてもう 1 つ、自己決定理論における内発的動機づけ（intrinsic motivation）に着目する必要があると考えた。この内発的動機づけは、特に L2 セルフシ

ステム理論ではあまり論じられておらず、Bui & Teng（2021）においても、L2 セルフシステム理論がコミュニケーションツールとしての言語の機能のみに着目しており、言語自体が学習者の興味の対象になりうることに着目していないと主張されている（p. 312）。そのような「言語自体に興味がある」「言語を学ぶこと自体が楽しい」ということをよく表すのが内発的動機づけである（また特に、最近では言語学習中のポジティブな感情にも目を向けようとする研究の流れの中で、foreign language enjoyment という枠組みでの研究も増えている。例えば、Bielak, 2022; Dewaele & Dewaele, 2020; Dewaele & MacIntyre, 2014, 2022a, 2022b; Li, 2020; Pan & Zhang, 2021; また、この言語学習における "enjoyment" という感情に焦点を当てたメタ分析については Botes et al., 2022 参照のこと）。特に、本研究では、ラジオ講座を使っての英語の自主学習や、必修ではない形での LOTE 学習も対象としていたため、L2 セルフシステム理論に加えて、内発的動機づけは非常に重要な要素であると考えた。

　自己決定理論（Ryan & Deci, 2017, 2020）は、もともと、心理学の分野で提唱された理論であり、今では、学校でのいろいろな教科学習だけでなく、職場や健康管理など、様々な分野で応用されている（Ryan & Deci, 2017, pp. 17–18）。この理論では、人間には根源的な 3 つの心理的欲求があると想定されており、これらを満たすことで、人間は内発的に動機づけられるとされている。

　まず、この 3 つの心理的欲求とは、自律性、有能性、関係性に対する欲求である。理論で最も重要であるとされているのが自律性であり、これは簡単に言ってしまうと、自らがある行動を取っており、強制されていないと感じられることである。直感的にも共感できると思うが、「やらされている」状態では前向きな学習は難しいということである。自律性欲求の充足の重要性は、文化によって異なるのではないかという議論は残るところではある（Noels, 2009 など）が、理論では、最も重要とされている基本的欲求である。次に、有能性とは、自分が取り組んでいる行動について、その能力が伸びていっていると感じられることであり、例えば、外国語学習に取り組んでいる場合は、自分の外国語能力が伸びていっていると感じられる、ということになる。3 つ目の関係性は、自分が行っている行動が周囲の人間から理解され、応援されている、また、周囲の人間とともにその行動を一緒に進められてい

ると感じられることである。例えば、外国語学習において関係性欲求が満た
されない例としては、ある生徒が学んでいる外国語の学習に、その親が反対
している場合などが挙げられるであろうか。これら3欲求が満たされること
で、人間は内発的に動機づけられるとされている。

　内発的に動機づけられた行動は、自己決定の「原型」（prototype, Deci et
al., 1991, p. 328）であるとされており、内発的動機づけとは、取り組んでい
る行動自体が楽しく、その行動の目的がその行動自体にある（よって「内」
発的といわれる）際の動機づけである。例えば、子供が何かの遊びに夢中に
なって何時間も過ごしているとき、その子供の目的はその遊びを行うこと自
体であり、それを行うことで何か他の目的を達しようとしているというわけ
ではない。

　内発的動機づけと対照的に捉えられるのが、外発的動機づけ(extrinsic
motivation)である。この動機づけは、取り組んでいる行動の目的がその行
動の「外」にある状態であり、例えば、ある外国語を学ぶことで、よい職に
就けたり、単位が得られたり、など、様々な状況が想定できる。外国語学習
においても、特に、学校場面での動機づけを考えると、多くの学習者の動機
づけは外発的なのではないかと考えられる。

　自己決定理論の主張では、外発的動機づけについては、さらにその自己決
定度によって、異なる種類の動機づけが想定されており、「自己決定度」と
いう尺度（わかりやすく言うと「ものさし」）に沿って分類することができ
る。最も自己決定度が低い外発的動機づけは外的調整（external regulation）
である。この状態のとき、例えばある英語学習者は、大学の必修科目なので
英語を勉強するが、単位が得られた途端にその学習をやめてしまうような状
況にある。もう少し自己決定度が高くなると、その強制力は自分以外の「外」
の何かではなく自分自身から生まれていると言われ（"internal coercion"、内
なる強制力とも言われる。Deci et al., 1991, p. 329）、例えば、ある外国語が
できないと恥ずかしいから、あるいは、できると何となく格好良いから、あ
るいは、勉強していないと罪悪感があるから、などの状況になる。この状
況の時は、取り入れ調整（introjected regulation）と言われる。さらに自己決
定度が上がった状態の同一化調整（identified regulation）では、何か自分に
とって大切な目標を達成するためにある外国語を勉強する、などの状態が当
てはまる。英語自体の学習が楽しいわけではないけれど、英語ができること

で、自分が就きたい○○の職業に就ける、などの理由で意欲的に学習を進めている場合などが当てはまり、これまで私が接してきた学生の多くにも見られる動機づけである。最も自己決定度が高い外発的動機づけは統合的調整（integrated regulation）と言われ、この状態にあるときは、外発的動機づけとは言っても、最も自己決定度が高い状況となる。付け加えると、自己決定理論では外的調整よりもさらに自己決定度が低い「無動機」（amotivation）も想定されており、これは多くの場合、過去の失敗経験などマイナスの学習経験が積み重なることで「学習しても意味がない」と考える、「学習性無力感」（learned helplessness）の状況となる。残念ながら、「○○語など勉強しても仕方がない」と考える学習者も、一定数いるのではないだろうか。

　外国語学習について具体的に考えると、多くの学習者にとっては、その学習が外発的動機づけに支えられていると考えられる。単位を取るために勉強している、勉強しないと罪悪感がある、例えばキャビンアテンダントになりたいから英語を勉強する、など様々な外発的動機づけが想定できる。自己決定理論では内発的動機づけが最も望ましい状態とは言われているものの、英語の学習自体が楽しいと感じるかどうかは個人によるところが大きいと考えられる。一方で、外発的動機づけの状態でも、自己決定度が高い「統合的調整」や「同一化調整」であればその学習はかなり前向きであり、この状態も望ましいとされている（林, 2011）。また、付け加えるならば、例えば同じ「英語学習」に関してでも、それぞれのスキルによってその動機づけの様子が異なることは十分にあり得る。すなわち、例えば、英語を「話す」ことは苦手で、その動機づけも外発的動機づけの状態である学習者が、英語を「読む」ことは好きで、内発的動機づけの状態にある、などということもあり得る。このため、実際の研究では、それぞれについて精緻な調査が必要であると言える。

　さて、自己決定理論の中で本研究において特に私が着目したのは、内発的動機づけであった。内発的動機づけが強い学習者は少数かもしれないが、「英語自体に興味がある」「英語の学習自体が楽しい」と考える学習者も、確かに存在する。ラジオ講座での英語学習についても、すぐに学習をやめてしまう者もいる一方、何年も学習を継続する者もいる。誰かに強制されたわけでもなく、また、自主学習なのでいつやめてもよいわけではあるが、英語学習自体が楽しいという理由で、何年にもわたって講座での学習を続ける者も

存在する。あるいは、LOTE 学習について考えてみても、必修科目ではない
が、例えば朝鮮語が大好きで学習している、という学習者の例もよく聞くと
ころである。これらの学習者は、内発的動機づけが強いと捉えられる。本研
究の場合も、その一部ではラジオ講座での英語学習を調査していたこと、ま
た、ユズルとシオンが大学に入学して以降は、必修・選択、いずれの LOTE
も調査対象としていたため、この内発的動機づけも、研究において重要な役
割を果たすのではないかと予想された。

　自己決定理論の枠組みで外国語学習動機づけを調査した実証研究は、国内
外、多く存在する（林, 2011; 廣森, 2003, 2006; Noels et al., 2000, 2019; Pae,
2008; 学術雑誌, *Journal for the Psychology of Language Learning* の 2022
年の特集号など）。それらの内容としては、理論の妥当性を検証する研究
（Noels et al., 2000 など）から、理論内の様々な動機づけと習熟度の関係を
探ったもの（Pae, 2008 など）、動機づけと学習継続の意志の関係を調査した
もの（Noels et al., 2000, 2001; Ramage, 1990）、3 欲求について、あるいは
3 欲求と様々な動機づけとの関係性を探ったもの（廣森, 2003, 2006; Agawa,
2020; Agawa & Takeuchi, 2016 など）、理論を利用して教育介入を行ったも
の（田中・廣森, 2007 など）、自己決定理論と他の理論を実証的に比較した
もの（Sugita-McEown et al., 2014; Takahashi & Im, 2020 など）と、様々であ
る。日本人学習者を対象とした研究においても、内発的動機づけや、同一化
調整など自己決定度の高い外発的動機づけの重要性が確認されているところ
である（田中・廣森, 2007; 林, 2011; 廣森, 2006 など）。

L2 セルフシステム理論・内発的動機づけと日本人学習者

　ここまで、外国語学習動機づけの基本的内容と、特に L2 セルフシステム
理論および内発的動機づけについて考えてきたが、これらの理論を日本人学
習者に当てはめると、様々な動機づけ側面が見えてくる。第一に、Yashima
（2002）などでも議論されているように、日本人が「英語」について考える
とき、学習者の多くは「グローバル化」や「国際化」などのキーワードと結
びつけて、実践的な英語力、特に話す力を念頭に考えるであろうし、その意
味で、「将来、グローバル化した社会の中で、流暢に英語を使ってビジネス
をしていたい」などと想像する英語理想自己は、大きな動機づけ要因となり
える。一方、日本人学習者の中には、将来、特に自分にとって英語が重要に

なるとは考えられず、英語に堪能でありたいと願うこともないため、この
L2 理想自己（具体的には英語に関する理想自己）がはっきりしなかったり
(Ueki & Takeuchi, 2012)、あるいは存在しないという学習者もいたりする
(Takahashi & Im, 2015 など)。日本という環境の中でも、L2、具体的には英
語理想自己は、個人個人の学習者によって、様々な状態であることが予想さ
れた。

　次に L2 義務自己について、特に高校生にとっては、入試のために英語を
勉強するという側面も大きく、「入試で失敗しないよう、英語を勉強しなけ
れば」と考える英語義務自己も一定の役割を果たすと予想できる。海外の論
文でも、日本をはじめとしたアジアの国々は "exam-oriented"、すなわち試
験志向が高いと表現されており (Kormos et al., 2011)、義務自己が果たす役
割も確認できそうである。後述するように、日本人学習者はこのような二重
の目標・志向性 (dual orientations、つまり、漠然とはしているかもしれない
が「実践的な」英語力を長期的に身に付けたいという志向性と、試験や入試
のために英語力を身に付けたいという短期的な志向性) を持つと主張されて
おり (Yashima et al., 2004 など)、この意味で、L2 セルフシステム理論は、
日本人の外国語、特に英語学習動機づけをよく説明できるのではないかと考
えられる。

　第三に、特にラジオ講座で英語を学習する者について考えると、内発的動
機づけが果たす役割も大きいと予想できる。教育機関で単位や学位を取ると
いった目標なしに学習を継続するということは、学んでいる言語自体が好き
だとか、その言語の学習自体が楽しいという内発的動機づけも強い学習者が
多いのではないかと考えられる。例えば、講座での学習経験について探った
私の過去の研究 (Takahashi, 2008, pp. 23–24) でも、講座での学習自体が楽
しい、あるいは、番組の出演者がちょっとしたスモールトークを英語で行う
パートが興味深いなどのコメントが得られ、内発的動機づけが強いインタ
ビュー協力者の例も確認されている。

　ここまで概観してきた L2 セルフシステム理論および内発的動機づけ、そ
して日本の学習者をとりまく環境を整理してみると、図 1-1 のように表すこ
とができる。この図で説明を試みているとおり、L2 セルフシステム理論の
3 本の柱はお互いに関係し合っている。また、特に L2 義務自己や L2 理想
自己は、コミュニケーションツールとしての外国語（特に英語）を意識して

いる側面が強いといえる。さらに、L2 学習経験は、先行研究でも確認され
ているとおり（Takahashi & Im, 2020）、内発的動機づけと概念的に重なる部
分もある。

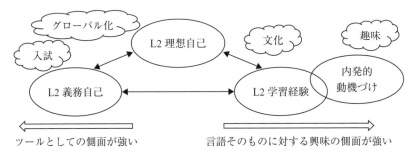

図 1-1　L2 セルフシステム理論と内発的動機づけの特徴

　以上のような背景を踏まえた上で、本研究では、理論的枠組みとして、
L2 セルフシステム理論、特に L2 理想自己および L2 義務自己と、内発的動
機づけをその中心に据えることとした。しかし同時に、本研究のような質的
研究が強みとするのは、既存の枠組みにとらわれない、新たな動機づけ要因
を発見する可能性でもあった。これは、しばしば、量的研究が "hypothesis
confirming"（既に存在する仮説の妥当性を確認すること）であるのに対し
て、質的研究は "hypothesis building"（まだ存在しない新たな仮説を組み立
てること）であるといわれることに関係している。その意味で、本研究は
"hypothesis building" を目指すべきものであり、データ分析においても、ユ
ズルとシオンの 9 年にわたる学習を通じて、新たな動機づけ要因が確認でき
た際には、それを間違いなくすくい上げていくことが大切だと考えていた。

動機づけにおける "persistence" の重要性
　ここまで、外国語学習の動機づけの定義のされ方と、本研究で利用する
理論的枠組みを説明してきたが、1 点、本研究で特に重要だと考え、着目し
たのが、動機づけ 3 側面のうち最も研究が足りていない "persistence" であ
る。この単語は「粘り強さ」「貫き通すこと」などと訳すことができる。本
章の最初で述べたように、先行研究で多く調べられてきたのは、動機づけ 3
側面のうちの "choice"（選択）と "effort"（努力）、すなわち、なぜある外国

語を勉強し、どれくらいの努力量でその外国語を勉強しているかという側面である一方、persistence については、最近になるまで、実証研究も少ない状況であった（Ramage, 1990; Vallerand & Bissonnette, 1992 など）。ようやく最近になって、その様子は変わりつつある（Dörnyei, 2020; Dörnyei & Henry, 2022; Henry, 2023a など）。例えば、"grit"（日本語では「やり抜く力」などと訳せるだろうか。grit に関する研究については Chen et al., 2021; Feng & Papi, 2020; Khajavy et al., 2021; Teimouri et al., 2021, 2022 など参照）の枠組みを中心として、この "persistence" に関する実証研究も増えてきたが（Cheng & Lee, 2018; Davis, 2022; Feng & Papi, 2020; Henry & Davydenko, 2020; Teimouri et al., 2022 など）、ここでは改めて、この「粘り強さ」が意味するところを考えてみたい。

　心理学分野における Moshontz & Hoyle（2021）によれば、persistence は continuous persistence（連続した粘り強さ）と episodic persistence（いくつかのエピソードから成る粘り強さ）に分けられる。continuous persistence の方は、ある1つの出来事の中で行っている行動を、どのように「やめたい」という思いを抑えてやり遂げるかという短期的な粘り強さであるのに対して、episodic persistence の方は、より長期にわたり、いくつもの episode（出来事）をつなぐ形となる様々な活動の中で、どのように行っている行動を継続していくかということである。これを外国語学習に当てはめて考えてみると、persistence in language learning、「外国語学習の粘り強さ」というのは、episodic persistence に該当すると考えられる。すなわち、外国語学習とは、日常、様々な種類の活動、あるいは学習を行っている中で、何度も「ある言語を学習する」という行動に戻り、長期的な学習の中で高い習熟度を目指すということである。例えば、高校で部活動も行っている息子のことを考えると、学校で様々な教科を学習する、部活動を行う、好きなゲームをする、など様々な活動がある中で、ある言語の学習を定期的に行い、継続していくことを意味すると考えられる。このような長期の学習における episodic persistence について、Moshontz & Hoyle（2021）はその側面を3つに分け、①行っている活動をやめたいという思いに抵抗する（resist）こと、②その行動が行える機会を認識する（recognize）こと、そして、③その行動の追求に戻る（return）ことを提案している（p. 2）。このモデルに従って考えてみると、外国語学習の persistence は、いくつもの動機づけおよび非動機づけ

要因が関係する、長期的で複雑なプロセスであることがわかる。このことから、私自身は、この persistence という言葉は行動の「継続力」を意味し、persistence を考えるときには「時間」という要素が不可欠であると考えている。

　第二言語習得の分野においても、この persistence の理解を深める文献は存在する。例えば、Dörnyei (2020, p. 161) では、外国語学習における persistence を促進するいくつかの条件が挙げられており、これらは Moshontz & Hoyle (2021) にも合致する点が多い。具体的には、自身と調和したビジョン、習慣づけ、定期的な小さな目標 (sub-goals) の設定や進行度合いのチェック、前向きなフィードバック、社会的支援と行動の推進力、前向きな情動性や情熱、方略的な自己制御や気骨ある回復力などである。例えば、上記の条件に照らし合わせてラジオ講座での学習を考えてみると、講座での学習には、継続しやすい側面とそうでない側面がある。まず、講座での学習はほとんどの場合自主学習のため、（番組講師が「よくできましたね」とラジオの向こうで言うことはあり得るにしても）教え手からの直接の前向きなフィードバックもなく、学習の進み具合のチェックを行うことも簡単ではない。その一方で、番組の放送は毎日同じ時刻にあるため、特に毎日のスケジュールがある程度一定していると考えられる中学生や高校生にとっては、習慣化しやすい学習方法だと考えられる。しかしながら、先行研究では、講座番組での学習の継続力が特に課題として挙げられていることもあり（大串, 1991; Takahashi, 2008; Umino, 1999 など）、学習者にとっては、どうもラジオ講座での学習継続は容易ではないようである。

　上述したとおり、私自身はこの persistence は継続力と捉え、persistence の議論においては時間と長期的動機づけが非常に重要な役割を果たすと考えている。また、この点は、Moshontz & Hoyle (2021) のモデルとも合致するところである。最近の国内外の研究では、persistence の様々な側面に着目した実証研究が進んでおり、これらの研究とも通じるところがある。例えば、上記の grit という概念には①不屈の努力と②興味の一貫性の 2 つの側面があると言われており、Duckworth et al. (2007) においても、grit には「短期間の強度よりも長期間のスタミナ」が重要であるとされている (p. 1089)。長期間のスタミナ、すなわち、長期的動機づけが、学習の継続につながっていくのである。

　persistence における「時間」の要素を考えると、特にこの persistence を調べるには縦断的研究に意味があると考えられる。これまでの研究では（その多くが1回のデータ収集で研究を終える横断的研究である）、例えば、「今後どれくらいの期間、学んでいる外国語の学習を続けると考えるか」を尋ねたり（Noels et al., 2000 など）、過去の学習における継続力を尋ねたり（Vallerand & Bissonnette, 1992 など）してきた。しかし、縦断的研究であれば、研究時点そのものでの学習の継続、あるいは非継続の様子を調べることができる。調査に長い時間を要する縦断的研究ではあるが、この persistence を調べるのに縦断的研究は非常に向いていると考えられ、このような研究では、学習者の心理状態と学習継続の関係性も詳しく調査できるはずである。

　以上のように、外国語学習動機づけの研究では、様々な理論やモデルを利用して、動機づけの様々な側面が調査されてきた。先行研究で得られた知見を基に、ユズルとシオンの9年間の学習動機づけを調べるということは、先行研究に学びつつも、私にとっては新しい発見も得られる研究となることを意味していた。その1つが、先行研究が乏しかった学習の「継続力」についての知見であり、海外での先行研究がほとんど存在しないラジオ講座を使った英語学習の動機づけの特徴であった。そして、それらにも増して重要であったのが、彼らの学習が、英語だけでなく、複数の LOTE を対象としており、LOTE を含めた言語の学習動機づけについての知見が得られたということであった。

LOTE 学習動機づけ研究の急増

　さて、シオンとユズルの言語学習の大きな特徴の1つは、ほとんどの先行研究で multiple languages（複数の言語）とはいっても英語プラス1つの LOTE が対象言語であることとは対照的に、英語だけでなく複数の LOTE を含んだ上での multiple languages を対象としていたことである。このことは、本研究の大きな独自性となり、時を経るにつれて、本研究を大きく形作っていった。そこでここからは、特に LOTE 学習動機づけに絞って、先行研究を概観してみたい。

　既に紹介したように、近年までの外国語学習動機づけ研究は、社会教育モデルの枠組みでの一部の初期の研究を除き、ほとんどが英語学習に関するものであった。しかし、ハンガリーにおける大規模調査（Dörnyei et al.,

2006) を皮切りとして、特に 2010 年以降、LOTE 学習動機づけ研究は着実にその数を伸ばしてきた（Amorati & Quaglieri, 2023; Dörnyei & Chan, 2013; Fraschini & Caruso, 2019; Gao & Lv, 2018; Henry, 2009, 2010, 2011, 2015a; Henry & Cliffordson, 2013; Howard & Oakes, 2021; Liu, 2022; Liu & Oga-Baldwin, 2022; Lv et al., 2017; McEown & Sugita-McEown, 2022; Siridetkoon & Dewaele, 2018; Thompson & Erdil-Moody, 2016; Thompson & Liu, 2021; Wang, 2023; Wang & Liu, 2020; Zheng et al., 2019, 2020 など）。これらの多くは、アメリカやオーストラリアなどの英語圏の国々やヨーロッパにおける研究であり、そして近年、急増している中国発の研究である。これらの実証研究により、LOTE 学習動機づけについても、例えば、その特徴、英語学習動機づけとの類似点、相違点、相互作用など、様々な内容が明らかになりつつある。ただその一方、まだまだ調査が足りない点も多く存在する。ここからは、特に LOTE 学習動機づけに焦点を絞り、先行研究の傾向を概観した上で、今後必要とされる研究を考察してみたい。

　まず議論すべきは、一口に「LOTE 学習動機づけ」と言っても、学習者の母語が英語か否かで、その意味するところが大きく異なるということである。LOTE = language other than English、つまり、英語以外の言語ということで、英語が母語か否かによって、その LOTE が第二言語にも第三言語にもなり得る。まず、英語の母語話者にとっては、LOTE 学習といえば、母語の後に学ぶ第二言語（あるいは最初に学ぶ外国語といった方がわかりやすいかもしれない）にもなり得るし、第三、第四言語にももちろんなり得る。彼らにとっては、事実上の国際共通語となっている英語が母語であるが故に、例えば留学して LOTE を学ぼうとしても、実際には母語である英語が通じ「過ぎる」ことで、LOTE でコミュニケーションする機会が限られてしまった、などというシナリオも想定できる。私が学部時代にスペインに留学したときにも、同じようにスペインに留学してきていた多くのアメリカ人大学生にとって、どうしても英語に頼る場面が増えるのを目の当たりにしたとおりである。一方、英語の非母語話者にとって、多くの場合、LOTE は第三言語以降である。日本だけでなく、世界の各地で、英語の非母語話者である学習者が最初に学ぶ言語は英語となっており、LOTE は英語と同時に、あるいは英語の後に学ぶことになる。このような状況の場合は、英語母語話者とはまた違った難しさがあり、英語と LOTE を同時に学ぶことが大変で

あったり、一方で言語によっては英語の知識が LOTE 学習にも役立ったり
など、様々な側面がある。そのような状況であるから、「LOTE 学習動機づ
け」とは言っても、学習者が英語の母語話者か非母語話者かで、その動機づ
けの特徴は異なると言える。その一方、英語の母語話者であっても非母語話
者であっても、LOTE 学習動機づけを議論するとき、英語の存在が様々に
影響していることは共通点でもある。LOTE 学習動機づけを論じた Dörnyei
& Al-Hoorie（2017）も、LOTE 学習が "in the shadow of English"（英語の影
で）行われているという特徴を挙げており、これは、英語母語話者、非母語
話者、いずれにも当てはまると言える。

　このような LOTE 学習動機づけについて、最初に研究が進んだのは、社
会教育モデルが提唱されたカナダにおいてであった。英語とフランス語が公
用語であるカナダでは、英語母語話者がフランス語を学ぶ際の動機づけが多
くの研究で調査され（Gardner, 1985 他）、これらの研究に基づいて、「社会
教育モデル」の項で説明した「統合的動機づけ」の重要性が主張された。す
なわち、カナダの英語母語話者にとって、フランス語話者のコミュニティー
に対して前向きな態度であったり、彼らに同化したいと考えたりしている場
合は、フランス語学習にも意欲的に取り組む傾向があることが明らかにな
り、「統合的動機づけ」が重要であることが主張されたのである。その後、
研究者が社会教育モデルから L2 セルフシステム理論にその注目先を変える
につれて、初期のこれらの研究はあまり着目される状況ではなかったが（近
年、LOTE 学習動機づけ研究が増えてきたことでこの状況は変わりつつあ
る）、外国語学習動機づけ研究の礎を築いた研究者たちが着目したのが、英
語学習ではなく LOTE 学習動機づけ研究であったことは、注目に値する。

　その後、特に英語が事実上の国際共通語として広まり、研究者の関心も
英語学習動機づけに偏る期間が続いた後、本格的に LOTE 学習動機づけ研
究が盛んになってきたのは、2010 年前後のことである。この間、日本発の
英語学習動機づけの研究も数多く見られ（例えば Apple et al., 2013; Irie &
Brewster, 2014; Irie & Ryan, 2015; Kikuchi, 2015; Sawaki, 1997; Taguchi et
al., 2009; Yashima, 2002, 2009; Yashima et al., 2004 など）、英語学習動機づ
け研究に関しては多くの成果があった一方、LOTE 学習動機づけに関して
は、なかなか議論が深まらない時期が続いた。もちろん、2010 年よりも前
に、いくつか LOTE 学習動機づけを対象とした重要な研究は存在したもの

の（例えば Ushioda, 2001 など）、近年の LOTE 学習動機づけ研究は、2010
年前後から再度本格的に発展してきたと言ってよい。

　LOTE 学習動機づけ研究の増加のきっかけとなったと言えるのは、ハン
ガリーにおいて、英語に加えて、ドイツ語、フランス語、イタリア語、ある
いはロシア語を学習する者を対象として行った質問紙調査である（Csizér &
Dörnyei, 2005; Dörnyei & Csizér, 2005; Dörnyei et al., 2006）。質問紙調査が
行われたのは 1993 年、1999 年、2004 年と、ハンガリー国内で政治的に大
きな変化があった時期に重なる。この調査からは、特にハンガリー国内では
ドイツ語がこの国の共通語と捉えられていたにもかかわらず、実際には英語
が共通語として広まっていたという結果が明らかになっている。また、調査
では、学習者が例えば共通語となっている英語の学習に対して意欲的に取り
組んでいる場合、もう 1 つ学んでいる LOTE、例えばそれが共通語のドイツ
語であったとしても、その学習動機づけには英語が悪影響を及ぼしている様
子が報告されている。後述するように、LOTE 学習動機づけ研究の多くで
は、共通語となっている英語が LOTE 学習動機づけに悪影響を与えている
様子が多く報告されているのだが、それが 2005 年発表の論文で既に報告さ
れていたということになる。

LOTE 学習動機づけ先行研究の傾向
　急増している LOTE 学習動機づけ研究ではあるが、これまでの研究には、
偏りも見られる。その傾向としては、質問紙調査が多く、特に質的調査を通
して動機づけの変化を追ったものが少ないこと、L2 セルフシステム理論の
使用が非常に多いこと、そして、調査対象者の地理的分布が一部に偏ってい
ることが挙げられる。ここではこれらの傾向 1 つ 1 つについて少し詳しく見
ていきたい。

　まず挙げられる傾向としては、これまでの研究には、質問紙調査、特に、
ある一時点での調査対象者の動機づけを量的に測る横断的調査が多いことで
ある（Csizér & Dörnyei, 2005; Csizér & Lukács, 2010; Dörnyei & Chan, 2013;
Henry, 2009, 2010; Henry & Cliffordson, 2013; Huang et al., 2015, 2021; Liu
& Oga-Baldwin, 2022; Thompson & Erdil-Moody, 2016 など）。近年、その
傾向は徐々に変化しつつあり、縦断的、あるいは質的調査も増えてきてい
るところではある（例えば Henry, 2015a; Nakamura, 2019; Wang & Fisher,

2023; Wang & Liu, 2020; Wang & Zheng, 2021; Zheng et al., 2019, 2020 など）
が、まだ偏りが見られる。もともと、20 世紀に行われていた外国語学習動
機づけ研究の多くが、特にリッカート尺度を使った質問紙の量的データを統
計的に分析するものであったことから、LOTE 学習動機づけについても、そ
のような研究が数多く見られた。ここで少し説明を試みてみると、質問紙で
は、例えば、「ドイツ語の学習自体が楽しいからドイツ語を学習している」
など、多くの場合、1 つの文から成り立つそれぞれの質問紙項目について、
例えば「全く当てはまらない」から「全くその通り」など、いくつかの選択
肢を設けて、調査対象者に自分に当てはまる回答を選んでもらう項目を複数
設ける。例えば「全く当てはまらない」を 1、「全くその通り」を 6 などの
数字に置き換え（選択肢の数が 6 つの場合）、1 つ 1 つの質問紙項目につい
て、それぞれの学習者の動機づけ傾向は、1 つの数字で表されることになる。
データ全体としては、質問紙項目の数×調査対象者の数だけ数字が並ぶこと
になる。分析としては、多くの場合、これらの数字を統計ソフトで分析し、
平均や標準偏差といった比較的わかりやすい記述統計から、相関関係や因果
関係を調べるような、もう少し複雑な推測統計まで使用することになる。

　それぞれの種類の研究、あるいはそれぞれの種類の分析には、メリット、
デメリットがあるということはよく知られたところで、このような横断的質
問紙調査にもメリット、デメリットが存在する。メリットとしては、特に調
査対象者を大人数にすることで、例えば「〇〇語学習の動機づけ」の一般的
な傾向を探ることができる。また、実際的なメリットとして、質問紙調査は
比較的短時間に、大人数に対して行うことができるため（一人ひとりにイン
タビューする手法などと比べるとその差は明らかである）、研究者もよく使
う手法であると言える。

　一方、デメリットとしては、上述の説明でも明らかなように、それぞれの
学習者の動機づけについては、特にリッカート尺度の質問紙項目のみを利用
したような場合、すべて数字で表されることである。もちろん、同じ質問紙
調査でも、自由記述の項目を設けることで、言葉で表される質的データを得
ることも可能であるが、動機づけ研究の質問紙では、これまで多く、量的な
分析がされてきた。そうすると、平均や標準偏差など、全体の傾向を探って
いくという分析の中で、それぞれの学習者の独自性は、徐々に失われていく
と言ってよい。また、やっかいなのは、特に複雑な統計的分析の場合、「外

れ値」と言って、平均的な学習者から外れてあまりに極端な数値で答えている学習者は、一般的傾向を探る際にはその傾向をわかりにくくさせてしまうため、分析の中で削除されてしまう。例えば、平均的な回答とは対照的に、学習者 A さんが、英語に対しては非常に低い理想自己、ドイツ語に対しては非常に高い理想自己を持っており、英語理想自己に関する質問紙項目にはほとんど「全く当てはまらない＝1」で答え、ドイツ語理想自己に関する質問紙項目にはほとんど「全くその通り＝6」で答えたとしよう。A さんの様子は、英語を重視する社会においては例外的なケースともいえ、より A さんについて詳しく調べてみる価値があるようにみえる。しかし、統計的分析では、A さんがあまりに極端な回答をしていると、外れ値として A さんの回答が削除されてしまう。全体的傾向を探るということは、逆に平均的でない学習者をそぎ落としていくということでもある。調査対象者の動機づけをすべて数字で表すことから、それぞれの学習者を「人」として捉え、その動機づけの詳細を知ることが無理であるという明白なデメリットに加えて、この点は量的質問紙研究のデメリットであると言える。

　このようなデメリットについては、特に動機づけ研究分野の著名な研究者、エマ・ウシオダ（Ema Ushioda）が中心となって一貫して批判してきた（Ushioda, 2001, 2009, 2020 など）。それぞれの英語、あるいは LOTE 学習者にはその学習者なりの独自性があり、それまで経てきた経験や考え方、さらに周りの環境も異なる。それらを詳しく調べられるのは、量的調査よりも、例えばインタビュー調査のような質的調査であると言える。さらに、近年では特に、「動機づけは変化する」という認識のもと、それぞれの学習者の動機づけの変化を探る必要性も認識されており、それゆえ、長い時間をかけて学習者の動機づけの変化を探る、縦断的研究が増えている（例えば Henry, 2015a; Wang & Liu, 2020 など）。これらの研究では、量的研究とは逆に、調査対象者が非常に限られるため、得られた結果を他の学習者にも当てはめるという「一般化」が無理であるし、また、ある研究者が 1 つの縦断的研究に費やす時間も非常に長くなる（私が原著を出版した 2022 年は、2012 年に研究を始めて 10 年後であることからも見て取れる）。研究者にとって、論文をどれだけ出版しているかという実績が問われることも多い中で、このような縦断的研究は、1 本の論文を出版するのに何年もかかることになるため、苦労も多い研究の種類ではあり、まだまだ量的研究に比べると不足して

いると言える。しかし、Ushioda（2009, p. 220）が言うところの "a person-in-context relational view"（ある学習者をとりまく様々な環境要因を踏まえ、学習者を「人」として捉える見方）の重要性を認識するならば、学習者を「数字」で表すのではなく「人」として捉える、質的なアプローチも、一般的な傾向がわかる量的なアプローチと同様に重要であると言えるのではないだろうか。

　LOTE 学習動機づけの先行研究に関する 2 つ目の傾向として挙げられるのは、英語学習動機づけと同様に、近年の LOTE 学習動機づけ研究は、その理論的枠組みとして多くが L2 セルフシステム理論を利用していることである。2005 年から 2014 年に出版された外国語学習動機づけ研究の傾向を探った Boo et al.（2015）においても、この期間の動機づけ研究の枠組みとして急増したのが、L2 セルフシステム理論であったと述べられている（p. 153; 特に、L2 セルフシステム理論を利用した近年の LOTE 学習動機づけ研究の傾向を探った論文としては、Mendoza & Phung, 2019 参照）。これらの多くの研究では、例えば英語と LOTE それぞれに関する理想自己や義務自己の詳細や、その相互作用などが調査され、L2 セルフシステム理論の枠組みでの様々な知見が得られている。さらに、特に LOTE 学習動機づけを調べることで、もともとの L2 セルフシステム理論を拡大して、いくつか重要な構成概念が提唱されるに至ったことも特徴的である。ここからは、LOTE に焦点を当て、これまでに得られている特に LOTE 理想自己や LOTE 義務自己についての研究結果をまず見ていきたい。

　興味深いことに、LOTE 学習者を支える動機づけは、英語の場合と同じように、国、あるいは文化によって異なる様相を呈している。まず、英語母語話者については、LOTE 義務自己ではなく LOTE 理想自己が強い動機づけとなっている様子が、オーストラリアやニュージーランドなど、複数の国で報告されている（de Burgh-Hirabe, 2019; Sakeda & Kurata, 2016; Thompson, 2017a, 2017b など）。イギリスでは少し様相は異なり、LOTE 義務自己が動機づけ要因となっている学習者の様子も報告されている（Lanvers, 2017）ものの、多くの英語母語話者にとっては、日本語理想自己など、様々な LOTE 理想自己に支えられている面が強いようである。この背景には、英語母語話者にとっての LOTE 学習の場合は、「国際共通語となっている英語ができるようにならねば」など、英語の状況特有の義務自己に相当する LOTE 義務

自己が存在せず、自らが学習したいから学習している、という様子であることが見て取れる。

　一方、アジア、特に中国における研究では、LOTE 義務自己が動機づけ要因となっている様子も報告されている。例えば、Wang & Zheng（2021）においては、日本語専攻で英語ももちろん大学入学前から勉強してきたという中国人大学生のインタビュー調査から、日本語については、義務自己が強い様子が報告されている。一方、英語の場合は研究対象者に義務自己、理想自己が存在することが報告されており、ここでも、アジアのような環境では義務自己が一定の役割を果たすことが明らかになっている。

　アジアのような環境において、L2 義務自己が一定の役割を果たしていることの背景として、そのヒントとなるのが、Huang et al.（2015）で議論された "perceived social role obligations"（社会における役割に関する主観的義務感とでもいえようか）である。Huang et al.（2015）によれば、学習者というのは、学校の中で生徒あるいは学生として、勉強することが本分であり、社会においてもそのような役割が期待されていると認識している。そのような義務感は LOTE 義務自己や英語義務自己にも影響を与えると言え、学習動機づけとして重要な要素となり得ることがわかる。LOTE 理想自己に支えられて学習を続ける英語母語話者とは対照的とも言える姿だが、この生徒／学生としての義務感は、本研究においても、ある時期、重要な要素として浮かび上がってくることになる。

　さて、L2 セルフシステム理論から発展して、新しく提案された構成概念の１つが、Thompson の "anti-ought-to self"（反義務自己、あるいはアンチ義務自己と訳せるであろうか）である（Liu & Thompson, 2017; Thompson, 2017a, 2017b; Thompson & Liu, 2021; Thompson & Vásquez, 2015 など）。これら一連の研究の対象者は、特に周囲からは外国語学習を勧められるような環境にはなく、例えば Thompson（2017a）においては、ある LOTE 学習者が周りの人から "this is America and we only need to speak English"（ここはアメリカであり私たちは英語だけ話せばよい）と言われたような様子、あるいは、Lanvers et al.（2021）においても、イギリスで言語教育に関わるステークホルダー（利害関係者）自身が、言語学習に対してあまり重要性を見出していない様子などが描かれている。すなわち、周囲にいる人たちは、「英語があれば十分である」と考える "English is enough" という態度である

ということである。anti-ought-to self は、このような環境にいる学習者が、周囲の期待、あるいは環境に敢えて逆らって熱心に LOTE 学習に取り組む際の原動力になっており、「周りの期待の敢えて逆を行く」様子が見て取れる。例えば、Thompson & Vásquez（2015, p. 166）においては、現在は中国語を教える立場にいるアレックス（仮名）という中国語学習者が、ティーチングアシスタントに「あなたはあまり中国語が得意ではない」と言われ、これが逆に「ならばやってやろうではないか」と熱心に中国語を学習する動機づけになった様子が詳細に描かれている。同じような LOTE 学習動機づけの様子は、例えば、イギリスでの調査を基にした Lanvers（2016a, 2017 など）においても "rebellious self"（反抗的な自己）として提案されており、LOTE 学習など必要ないと考えられている環境において、そのような環境に敢えて反抗し、熱心に取り組む学習者の存在が明らかになっている。

　また、特に本研究でも重要となる概念となったのが、L2 理想自己を拡大する形で、より多言語の要素を盛り込んだ "ideal multilingual self"（多言語理想自己）である（Henry, 2017, 2023b）。Henry（2017）によれば、学習者が複数の言語を学ぶとき、それぞれの言語に関係した将来の自己像には相互作用が起こることが多く、その相互作用が、やがて、「多言語話者になりたい」と願う多言語理想自己になっていくということである。この多言語理想自己は、それぞれの言語に関する例えば「英語理想自己」や「朝鮮語理想自己」などよりは一段高いところに位置する高次概念であり、この多言語理想自己が明確に描けている学習者は、学んでいるそれぞれの言語に対して、意欲的に取り組むとされている。

　もちろん、すべての多言語学習者がこのような多言語理想自己を描くわけではなく、学習者の多くは、1 つの外国語の学習のみで満足することも想定できる。例えば、Henry（2017）で例に挙げられているのはスウェーデン人の学習者で、母語がスウェーデン語、多くの場合、最初に学んでいる言語は英語である彼らが、さらに 1 言語学び始めたとしても、英語ができることだけで満足し、2 つ目の外国語を熱心に学習しない場合も多い。このような学習者は、「多言語理想自己」のかわりに "contentedly bilingual self"（バイリンガルで満足した自己、つまり、自分の母語と英語の 2 言語ができるだけで満足しているという状態になる）が発展し、複数の言語を学ぶ動機づけは発展しないという状況もありえるとされている。

　いずれにしても、近年の LOTE 学習動機づけ研究は、その多くで L2 セルフシステム理論を応用して行われており、理想自己や義務自己について、様々な知見が得られつつある。その一方で、忘れてはならないのは、特にLOTE 学習の場合、英語よりも、社会教育モデルでいうところの「学んでいる言語を話す人たちのコミュニティー」が定義しやすいことが多く、統合的動機づけが重要な場合も多くあるということである（Bui & Teng, 2021; Dörnyei & Al-Hoorie, 2017; Humphreys & Miyazoe-Wong, 2007; Minagawa et al., 2019; Oakes & Howard, 2022 など）。実際、スウェーデンとポーランドで英語とフランス語を学ぶ大学生を対象とした調査（Oakes & Howard, 2022）では、フランス語を学ぶ学生の方が、英語を学ぶ学生よりも統合的動機づけ（ここではコミュニティーへの「同化」という強い形ではなく、学んでいる言語の文化や生き方などに対する前向きな態度という「弱い」形である）が強かったことが報告されている。また、学習者の中には、例えば日本語自体が好きであったり、学習そのものに喜びを感じたりするという内発的動機づけが強い LOTE 学習者も存在する（de Burgh-Hirabe, 2019; Zheng et al., 2019 など）。いずれにしても、動機づけ要素として重要なのが、L2 セルフシステム理論の動機づけ 3 要素だけではない可能性にも留意することが重要である。

　3 つ目の傾向は、調査対象者の地理的分布の偏りである。先述したとおり、LOTE 学習動機づけ研究は、アメリカ（Thompson, 2017a, 2017b, 2020; Thompson & Vásquez, 2015 など）やオーストラリアなど（de Burgh-Hirabe, 2019; Fraschini & Caruso, 2019; Sakeda & Kurata, 2016 など）英語圏の国々、ヨーロッパ（Busse, 2017; Csizér & Dörnyei, 2005; Csizér & Lukács, 2010; Henry, 2010, 2015a, 2023b; Henry & Thorsen, 2018; Howard & Oakes, 2021; Lanvers, 2017; Oakes & Howard, 2022 など）、そして中国（Gao & Lv, 2018; Huang et al., 2015, 2022; Liu, 2022; Thompson & Liu, 2021; Wang & Liu, 2020; Wang & Zheng, 2021; Zheng et al., 2019, 2020 など）と、中心的に進んでいる地域があり、それ以外の地域の研究は非常に限られている（例外として Coetzee-Van Rooy, 2019; Hajar, 2022; Siridetkoon & Dewaele, 2015 など、また日本発の研究については後述参照）。この傾向は、英語学習動機づけの先行研究が世界中の様々な国で行われ、日本における研究も非常に多いこととは対照的である。調査対象者の地理的分布が偏っているということは、こ

れらの先行研究で得られている知見が他の地域にはそのまま当てはまらない可能性もあるということであり、先行研究の結果も、注意深く解釈する必要がある。と同時に、日本のように、圧倒的に LOTE 学習動機づけ研究の数が少ない地域でも、今後、様々な研究を行うことで、LOTE 学習動機づけのさらなる理論化に貢献できるものと考えられる。

　先述の Dörnyei et al.（2006）をはじめとして、ヨーロッパ発の LOTE 学習動機づけ研究の多くでは、共通語となっている英語が、LOTE 学習動機づけに悪影響を与えている様子が報告されている。例えば、ブルガリア、ドイツ、オランダ、およびスペインにおける学習者の英語と LOTE に対する態度を調査した Busse（2017）においては、この傾向が多く報告されている。具体的には、質問紙調査での自由記述回答において、英語が自分唯一好きな言語であり、もう 1 言語学んでいるというドイツ語は英語ほど重要でないと思う、というオランダ人学習者の声などが報告されている（p. 572）。また、Henry（2015a）においては、スウェーデンのフランス語学習者の動機づけの変化を 9 か月にわたるインタビューおよび授業観察により調査したところ、英語がフランス語理想自己に悪影響を与えている様子が明らかになった。調査対象者の 1 人、フレーヤ（仮名）は、"if you speak English so well, because.... well, it feels a little unnecessary to learn French... because English is of course an international language"（もし英語がとても上手に話せれば…、フランス語を学ぶのはあまり必要じゃないと感じます…だって、英語がもちろん国際語ですから）と話し、フランス語学習の動機づけに対して英語が悪影響を与えている様子が見て取れる（p. 330）。すなわち、この学習者は、Henry（2017）が提案した "contentedly bilingual self" の状態であると言える。スウェーデンでは、英語はもはや「外国語」ではないと言われ（Henry & Cliffordson, 2017）、スウェーデン人は、ヨーロッパの中でも特に英語には堪能であると言われている。そのような彼らが、既に堪能な英語に加えて、もう 1 言語学ぼうと考えることはなかなか難しいと言えるようである。ヨーロッパでは、広く知られているように政策として複言語主義が推し進められているが、そのような政治的理念とは裏腹に、共通語となっている英語に加えてもう 1 言語ということの大変さが見て取れる。

　LOTE 学習動機づけに対する英語の悪影響は、英語母語話者を対象とした調査でも明らかになっている。英語母語話者からすると、自分達の母語で世

界中のかなりの人たちとコミュニケーションできるという状況は、イコール
他の言語を学ぼうという意欲に結びつきにくい状況と言え、無理もないとも
考えられる。このような状況ゆえ、例えばイギリス（Lanvers, 2016b, 2017）
などにおける低い LOTE 学習動機づけが報告されており、英語の悪影響が、
英語母語話者、非母語話者いずれにも見られることが明らかになっている。

　もちろん、すべての先行研究で英語が LOTE 学習動機づけに悪影響を与
えていると報告されているわけではなく、研究によっては、英語と LOTE
の理想自己にプラスの相互作用があったことも明らかになっている。例え
ば、Dörnyei & Chan（2013）は、英語と中国語を学ぶ中学生のそれぞれの理
想自己を調査し、例えば、1 つの言語の学習で前向きな経験が得られれば、
その経験が自信となって、もう 1 つの言語の学習にもプラスの影響を与え
る可能性を示唆している（p. 455）。また、学習者の中には、特定の LOTE
を学ぶ動機づけというよりも、多言語主義のもと、「多言語話者になりた
い」と考える動機づけを持つ学習者も報告されている。例えば、Zheng et
al.（2020）においては、英語専攻で同時にスペイン語を学ぶ中国人大学生の
動機づけの変化の詳細を調査し、スペイン留学などを経て、英語、スペイ
ン語、それぞれの言語というよりも、多言語を学び、言語や文化を超えて、
様々な人を理解しようとする姿勢を身に付けた学習者が報告されている。こ
れは、Henry（2017）で主張された "ideal multilingual self"（多言語理想自
己）にもつながるところであり、このような多言語話者（使用者）を目指す
という動機づけに支えられて、「英語のみでよい」というメンタリティーを
否定する様子が、例えば、Lanvers（2018）などでも報告されている。

　これまでの LOTE 学習動機づけの研究の多くにおいて英語の悪影響が報
告されていることと関連して、LOTE 学習動機づけの先行研究では、どち
らかというと、動機づけを維持できず学習がうまくいかない者の例の方が
多く報告されてきた（例外としては Dörnyei & Mentzelopoulos, 2023 など参
照）。すなわち、LOTE 学習動機づけの特徴や英語学習動機づけと LOTE 学
習動機づけの相互作用を調査する中で、多くの研究では、両言語の学習にバ
ランスをとって、両方の言語で高い意欲を維持している学習者よりも、共通
語となっている英語を優先し、LOTE 学習には意味を見出せないという学習
者の例が報告されてきた。もちろん、これまでの研究では、LOTE に関して
上級に達している学習者を対象とした研究（Huhtala et al., 2019; Thompson,

2017b）や、LOTE を教える立場にある者の動機づけの研究（Thompson & Vásquez, 2015）、ユニークな多言語の学校環境で英語と LOTE 両方を学ぶ者の動機づけ研究（Henry, 2023b）などが存在している。しかし、全体として考えると、まだまだ「LOTE 学習動機づけを維持できず、学習がうまくいかない例」の報告が多い。このことは、さらに敷衍して考えると、複数言語の学習とは言っても、これまでのほとんどの研究では、多くても英語ともう 1 言語の学習の例しか報告されておらず、複数の LOTE を学んでいる学習者の動機づけについて、圧倒的に調査が足りていないことが挙げられる（例外として、例えば Henry, 2011; Mayumi & Zheng, 2023; Nakamura, 2015; Thompson, 2020 など）。しかし、少数かもしれないが、英語に加えて複数の LOTE を学ぶ学習者も世界には存在しており、彼らがどのようにして複数の言語を学ぶ動機づけを維持しているのか、どのように英語の悪影響を避けられているのかについては、今後、世界の様々な地域での研究が待たれるところである。この意味で、ユズルとシオンの学習動機づけの貴重さが実感できる。

　ここまで、LOTE 学習動機づけに関する先行研究を概観してきた。これらの研究からは、LOTE 学習者にとって、いくつか鍵となる動機づけ要因、そして、国際共通語となっている英語が、英語母語話者、非母語話者を問わず、多くの学習者の LOTE 学習動機づけに悪影響を与えていることが明らかになっている。一方、ヨーロッパやアメリカなどに比べて、日本の社会的、あるいは教育的状況は大きく異なるため、他国での先行研究の知見をそのまま当てはめることは難しいと考えられる。つまり、日本で LOTE 学習動機づけを調査してみれば、これまでの先行研究とは違った結果が得られる可能性もあるということである。例えば、英語が実際に LOTE 学習動機づけに悪影響を与えているかというと、そうでもないという様子が、私が本研究よりも後にデータ収集を行ったインタビュー調査においても明らかになっている（Takahashi, 2024 予定）。その背景として、Takahashi（2024 予定）のインタビュー協力者自身が教えてくれたのは、「日本人はヨーロッパの人ほど英語の能力が高くないため、そこまで英語と LOTE（彼の場合はドイツ語）に差を感じることがなく、英語の悪影響も避けられるのではないか」という理由付けであった。さらに、世の中が多言語化してきているという認識も、ヨーロッパやアメリカと日本では、差があることも考えられる。このこと

は、大学までずっと英語以外の第二外国語を学ぶ機会がない多くの日本人学
習者の様子からも想像できる。よって、日本における LOTE 学習や LOTE
学習動機づけについては、その細かい社会的、あるいは教育的状況も踏まえ
た上での調査が必要とされていることは確かである。それにもかかわらず、
日本人に関する LOTE 学習動機づけ研究は、圧倒的に足りていないのが現
状である。

日本発の LOTE 学習動機づけ研究不足の背景

　先述したように、「外国語」学習の動機づけとは言っても、日本発の研究
は言語によって大きな偏りがある。英語学習の動機づけ研究については、か
なりの蓄積があり、世界を牽引する立場にあると言ってもよい状況である一
方、LOTE 学習の動機づけ研究に関しては、非常に限られた状態である。こ
の背景は、単に英語と LOTE の学習者数の違いなどの理由よりも複雑であ
る。以下では、この背景を少し考えてみたい。

　第一に、もちろん、英語は今や日本人が小学生から学ぶ科目となってお
り、大学でも必修科目であることが多い一方、LOTE については、大学時代
まで全く学ぶ機会がない学習者も多く、機会があったとしても、一部の大学
で必修科目として学んでいる者、あるいは、選択科目として自ら学んでいる
者がいるという状況である。大学よりも前の段階では、さらに学ぶ機会は限
られ、LOTE の授業を開設している高校（607 校）は日本の高校全体（4,856
校）の 12.5％以下というデータも存在する（令和 3 年度分データ、文部科学
省, 2021, 2023）。このような状況から、英語と LOTE を学ぶ学習者の数には
大きな乖離があり、それゆえ、学習動機づけを調査する研究にも差があると
考えられる。

　第二に、英語と LOTE の社会、学校、あるいは個人レベルにおける位置
づけの差が挙げられる。社会（macro）レベルでは、グローバル化が進むに
つれて、文部科学省は「『英語が使える日本人』の育成のための行動計画」
（文部科学省, 2003）、「グローバル化に対応した英語教育改革実施計画」（文
部科学省, 2013）など、「グローバル人材として活躍できる、英語力（特に話
す力だと想定される）を持った人材」の育成を目指してきた（Kubota, 2016,
英語教育改革の変遷については、鳥飼, 2014 などでも詳しく説明されてい
る）。このことは、政治的、あるいは経済的な要因が大きく関係している

と論じられているとおりである（Kubota & Takeda, 2021; Sugita-McEown et al., 2017 など）。また、社会的にも、実際の英語の必要性はともかく（寺沢, 2015）、「世の中はグローバル化しており、英語力が必要なのではないか」という言説が広まっていることは確かである。ところが、文部科学省の様々な計画とは裏腹に、日本人学習者が「最近は自分達の英語能力が大きく伸びてきた」と実感しているとは言い難い状況であり、その成果が出ているとは言いづらい。Ryan（2009b, p. 407）においても、日本の英語教育には"permanent sense of crisis"（恒久的な危機感）が伴っていると描写されているとおりである。「英語教育も頑張っているのに、成果がでない。その問題はどこにあるのか。それは、動機づけの問題ではないか。動機づけに問題があるから英語力が伸びていないとすれば、どうすれば動機づけを改善できるか、調査する必要がある」という流れで、英語に関しては、学習動機づけ研究も多いと考えられる。

　一方、LOTE に関しては、一部の学習者を除いて、社会的には英語の場合のような危機意識は低いと言ってよいだろう。英語のように小学校から科目として存在することは少なく、大学ですら必修科目になっていない場合も多い。社会での LOTE の必要性の議論が、英語とはかなり違う様相を呈していると言ってよい。従って、日本人の LOTE 能力が低いとしても、それが大きな問題だとは捉えられず、動機づけ面でさらなる調査が必要だとされることも少ない。このような状況が、英語と LOTE の学習動機づけ研究の差異を生んでいる。

　教育機関（mezzo）レベルにおいても、英語と LOTE の差は顕著である。2020 年からは、小学 5 年生より英語が教科化され、外国語活動も小学 3 年生から始まっている。中学校、高校においても必修科目であり、高等教育においても、必修科目として定めている教育機関が多い。一方、先にもふれたが、高校までの段階で LOTE を授業として学べるという教育機関は、非常に限られている。大学においても、必修科目であったりそうでなかったり、あるいは、提供されている授業の具体的な言語も大学によってばらつきがある。

　個人（micro）レベルではどうだろうか。近年では、例えば K-POP の人気などにより、授業という形でなくても、LOTE を学んでいる日本人学習者は実は多く存在すると考えられる（Takahashi, 2024 予定の例など）。このため、英語と LOTE に対する考え方は個人によってかなり差があり、例えば、英

語は苦手だけれども朝鮮語は得意で続けている、などの例も存在するのではないか。しかし、個人の興味による LOTE 学習はさておき、日本人全体でみると、やはり、英語の方が圧倒的に身近な存在であり、必要性も認知されているのではないだろうか。これらの複数の要因から、日本発の LOTE 学習動機づけ研究は、非常に限られた状態が続いている。

日本人学習者の LOTE 学習動機づけ先行研究

　ここ数十年ほど、外国語学習動機づけの研究が日本でもかなり進んできたとは言っても、そのほとんどが英語学習に関するものであり、LOTE 学習については非常にその数が限られているという状況である。もちろん、上述のような（主観的）必要性の差異などから、特に日本で LOTE 学習動機づけの研究は必要ないのではないか、という主張も成り立つかもしれない。しかし、LOTE 学習動機づけが急増しているという世界的な研究動向や、様々な環境要因を考慮した上での様々な学習者を対象とした研究の必要性、そして何より、日本に実際に存在する LOTE 学習者のことを考えれば、日本発の研究も、世界的に見ても必要とされているところであると考えられる。

　まず、海外の読者も読める形の、国際雑誌や書籍の形で英語で書かれた日本人学習者の LOTE 学習動機づけに関する研究は非常に限られている（例えば Fukui & Yashima, 2021; Humphries & Yashima, 2021; McEown & Sugita-McEown, 2022; Sugita-McEown et al., 2017 など）。このため、例えば私が他国でデータ収集が行われた LOTE 学習動機づけの論文を読むと、ほとんどの場合、日本と全く違う様子に驚き、その議論から日本のような環境での LOTE 学習動機づけの実情が抜け落ちていると感じる。例えば、これまで多くの LOTE 学習動機づけ研究が行われているスウェーデンにおいて、英語は若者にとってもはや「外国語」ではなく、日常的に触れる言語となっており、スウェーデン人の英語の習熟度も非常に高いと言われている（Henry, 2015a など）。そのような彼らからすると、既に堪能な英語があるので、さらに 1 言語とは考えづらい学習者が多く、LOTE については、一般的にその達成度が低いことが報告されている（Henry, 2023b など）。一方、日本の学習者について考えてみると、英語も LOTE も同じように外国語であり、英語の習熟度が「日常生活で使える」ほど高くない人が多い。また、英語、LOTE、いずれも日常で触れる機会は多くない。海外とはまた違った様子の

日本の LOTE 学習動機づけはどのような様子なのかを発信することには大きな意味があると考えられるが、残念ながら、未だに日本発の LOTE 学習動機づけ研究は、国際的にみると「例外」と言ってよい状況である。

　では具体的に、数少ない日本発の LOTE 学習動機づけ研究ではどのようなことが明らかになっているのだろうか。例えば、Sugita-McEown et al.(2017) においては、250 名の日本人大学生（英語および LOTE を学習中）を対象として質問紙調査を行い、構造方程式モデリングという統計分析手法でデータを分析した。結果としては、統合的志向性（integrative orientation）が LOTE 学習の内発的動機づけ、および LOTE 理想自己を予測していることが明らかになった（ここでいう「予測」とは、この分析手法によって、統合的志向性が上記 2 つの変数を引き起こしているという因果関係を想定したモデルが、得られたデータと照らし合わせて妥当であるということが明らかになったことを示している）。一方で、LOTE だけでなく英語についても同時に分析すると、英語に対する統合的志向性は LOTE 学習の内発的動機づけ、および LOTE 理想自己にマイナスの影響を与えていた。すなわち、英語圏のコミュニティーや文化に対して前向きな態度である場合、LOTE 学習自体に楽しみを見出したり、LOTE に関する理想自己を描いたりすることは難しいということになる。著者たちの考察では、必修科目の言語についての統合的志向性が強い場合は、選択科目である言語の動機づけに悪影響を及ぼす可能性があるのではないかということで、ある言語の科目が必修科目か選択科目かということも考慮に入れることが必要であるとのことである。

　同じように、222 名の日本人大学生を対象として質問紙調査を行った McEown & Sugita-McEown (2022) においては、対象者の統合的志向性、あるいは取り入れ調整（「自己決定理論における内発的動機づけ」の項を参照）よりは内発的動機づけが強く、純粋に LOTE 学習を楽しむ様子が見て取れる。この内発的動機づけに影響を与えていたのは、学んでいる LOTE によらず、教師のサポートであった。さらに、この内発的動機づけは学習努力の度合いに影響を与えていることが明らかになり、因果関係をたどっていくと、LOTE を教える立場にある者のサポートの重要性が見て取れる。

　これらの質問紙調査だけでなく、インタビューを行った質的調査もわずかながら存在する（Fukui & Yashima, 2021; Humphries & Yashima, 2021）。これらの研究では、台湾に 1 年間留学して、英語と中国語を同時に学んでいた

日本人大学生（英語専攻）を対象として縦断的インタビュー調査を行い、彼らの LOTE 学習動機づけの詳細を明らかにした。研究協力者に共通して見られたのは、英語と中国語を同時に学ぶ難しさであり、協力者の 1 人はこの様子を "suffocated"（Fukui & Yashima, 2021, p. 288、英語論文なので推測にはなるが、日本語で「窒息しそう」、あるいは「息が詰まりそう」とインタビューでは言ったのだろうか）と表現している。一方で、協力者によっては、留学という環境にも助けられて多言語理想自己が発展する者もおり（Fukui & Yashima, 2021, p. 289）、日本人学習者にとっても多言語理想自己の発展が可能であることが明らかになっている。これらの研究は、数少ない縦断的質的調査としての LOTE 学習動機づけ研究であり大変貴重と言えるが、研究協力者が台湾に留学中の様子ということで、日本で英語と LOTE を学ぶ学習者の動機づけとは様相が異なることが推測できる。

　ここまで、特に国際学術雑誌など、英語で書かれた日本人 LOTE 学習動機づけ研究について紹介してきたが、もちろん、国内の学術雑誌などにおいて日本語で書かれた文献も存在する。その多くは、大学で第二外国語として LOTE を教える教員自らが、授業の履修者を対象として行った調査であり、質問紙調査が多い（大岩, 2012; 岡田, 2007; 鈴木, 2019; 藤原, 2010; 松井, 2007 など）。これらの研究では、国際的にみて使用が多い L2 セルフシステム理論に基づいたものは少ない（例外として岩居・西田, 2014）。ここでは、これらの質問紙調査から、日本人 LOTE 学習者にとって重要と言える動機づけを紹介する。

　具体的な LOTE にかかわらず、LOTE を学んでいる日本人大学生に重要と言えるのが統合的態度である。例えば、藤原（2010）では、リッカート尺度の質問紙項目を 42 項目用意し、407 名のドイツ語学習中の日本人大学生に質問紙調査を実施した。探索的因子分析から第 1 因子として名付けられたのは「異文化と言語への憧れと興味」という因子であり、具体的には、「ドイツ（のイメージ）が好きだから」「ヨーロッパに憧れるから」「歴史および歴史的建造物に関心があるから」などの項目がこの因子（グループ）に入っていた（p. 95）。その他にも、岡田（2007）においては、73 名のスペイン語初級の大学 1 年生に対して行った質問紙データを分析し、大学の第二外国語授業を履修している大学生にとっては、「外国語の学習を通して異文化に触れる新鮮さや、人とのコミュニケーションのツールとしての外国語を知る喜び」を動

機づけ要因として論じている（p. 73）。学んでいる LOTE の話者が身近には いないものの、それぞれの LOTE を学ぶことでその文化やコミュニティーの ことを知りたい、あるいは異文化に憧れるという、弱い形の統合的態度（「同 化したい」という形の強い統合的態度ではない）が見て取れる。これらの結 果は、海外の LOTE 学習動機づけにおいて統合的動機づけの重要性を論じた 先行研究（Oakes & Howard, 2022）などとも一致するところである。

　海外の先行研究とは違い、L2 セルフシステム理論の枠組みで LOTE 学習 動機づけを調査した国内での研究は少ないものの、その例外が岩居・西田 （2014）である。この研究は、ドイツ語を学習する 68 名の大学生を対象とし て iPad を利用したアクティブ・ラーニングを実施して、動機づけと情意要 因の 1 年間の変化を探るという介入調査であり、様々な変数とともに、ドイ ツ語理想自己や義務自己も調査された。4 月、7 月、11 月、2 月の 4 時点で 質問紙調査を行ったところ、無動機（「自己決定理論における内発的動機づ け」の項参照）が特に 11 月以降上昇するという結果はあったものの、ドイ ツ語理想自己および義務自己は年間を通して高まる傾向がみられた。この結 果について、著者たちは「iPad を利用したアクティブ・ラーニングという 活動形態には、新規性があり未来性がある」（p. 41、原文ママ）ため、理想 自己や義務自己が高まったのではないかと論じている。このような縦断的、 あるいは教育介入研究には大きな意味があると考えられるものの、現在まで のところ、LOTE 学習動機づけについて、類似した研究はみられない。

　以上のように、国内における日本語で書かれた LOTE 学習動機づけに関 する研究は、現在までのところ、英語で書かれた論文と同じように、非常に 限られている。特に、そのほとんどが大学で第二外国語を教えている教員が 授業内で実施した質問紙を基にした横断的研究であるという状況である。今 後は、縦断的研究、あるいはインタビューや授業観察など様々な研究方法 を用いた研究が期待されるであろう。また、学んでいる LOTE によっても、 その学習動機づけが異なる様子であることも予想できる。例えば、K-POP が大好きで朝鮮語を学習している者もいれば、ビジネスでは英語についで中 国語が使われるだろうという認識のもと中国語を学習する者もいるかもしれ ない。さらに、日本人 LOTE 学習者はそのほとんどが大学生以上であるこ とが予想できる一方、少数ではあるが、ユズルやシオンがそうであったよう に、高校時代（あるいはそれよりも早く）に LOTE を学習している者もいる。

彼らはどのような動機づけに支えられて LOTE を学習しているのか。彼らのほとんどが同時に英語も学習していると考えられる中、海外の先行研究のように、彼らは LOTE 学習動機づけに対する英語の悪影響を経験しているのか。していないとすれば、それはなぜなのか。考えれば考えるほど、今後、日本人多言語学習者の動機づけについて明らかにしなければならない研究課題は山積しているように思われる。

先行研究からみた本研究の位置づけ

　ここまで、外国語学習動機づけについて提案されてきた代表的理論やモデル、LOTE 学習動機づけに関する海外の先行研究、そして日本における LOTE 学習動機づけ研究の不足について考察してきた。これらをまとめてみたのが、表 1-1 である。この表から明らかなように、英語学習動機づけと LOTE 学習動機づけには共通点、相違点とも存在する。またもちろん、この表では表せないような、英語と LOTE 学習動機づけを 1 つの研究で調査したものも存在する。このような研究では、英語と LOTE 学習動機づけを比較したり、その相互作用に着目したりした研究も多く、それらの研究から、多言語理想自己など新しい構成概念も提案されてきた。いずれにしても、表 1-1 で顕著なのは、対象言語が英語か LOTE かで日本発の研究数には大きな差があり、これまでの国内の外国語学習動機づけは、日本社会での英語の立ち位置を反映した形で、英語学習動機づけ研究がほとんどであるということが指摘できる。

表 1-1　これまでの英語・LOTE 学習動機づけ研究の比較

	英語学習動機づけ	LOTE 学習動機づけ
世界の研究の数	多い	少ない 2010 年頃から急増
日本発の研究数	非常に多い	非常に少ない
近年の研究で多用されているモデル	L2 セルフシステム理論	
社会教育モデルとの親和性	国際共通語としての英語を学ぶ場合は統合的動機づけの説明力が弱い	統合的動機づけが重要な場合も多い
内発的動機づけの役割	重要性を指摘する研究が多い	

　また、本章での考察を基に、これまでの LOTE 学習動機づけ研究につい
て考えてみると、先行研究が行われたヨーロッパなどとは様々な社会的、あ
るいは教育的状況が異なる日本においては、先行研究の結果をそのまま当て
はめるべきではなく、やはり、日本において、英語と LOTE を学んでいる
という多言語学習者を対象とした研究が必要であるということである。さら
に、方法論的に考えると、これまで多く行われてきた横断的な質問紙調査で
はなく、縦断的、あるいは質的調査も必要であると言える。特に、動機づけ
の 1 側面である persistence を念頭に置くと、何年もの時間をかけて研究協
力者の学習の継続力を調査する縦断的研究には意味がある。また、一人ひと
りの学習者を「人」と捉え、より深くその内面に迫るためには、少数を対象
とするため結果の一般化は難しいというデメリットを伴いつつではあるが、
質的調査を行うことにも意味がある。縦断的インタビュー調査によって日本
人学習者の英語および LOTE 学習動機づけの詳細が明らかになれば、LOTE
学習動機づけのさらなる理論化にもつながり、そしてそのことは、外国語学
習動機づけ自体のさらなる理論化にもつながるはずである。このような思考
を伴いながら行ったのが、縦断的ケーススタディとしての本研究であった。

　ここまで、本研究の理論的背景を詳述してきた。これらの理論的背景を念
頭に置きながら、次章からは、具体的に本研究のインタビュー調査について
紹介していく。シオンとユズルは、9 年の間、どのような動機づけに支えら
れ、英語や様々な LOTE を学習したのか。彼らの動機づけにはどのような
変化があったのか。学習はどのように継続したのか、あるいはしなかったの
か。そして 9 年の後、彼らは高校、大学、大学院という教育機関での経験を
終えた後、言語や言語学習というものに対してどのようなことを考え、どの
ような視点を持つに至ったのか。これらを詳述し、私たち、言語学習者ある
いは言語教育者が参考にできることを探っていきたい。

第2章
研究デザイン

　本章からは、実際のインタビュー調査の詳細を紹介する。「はじめに」で
もふれたように、本研究は、2012年6月から2021年3月まで、半構造化イ
ンタビュー（下記の「インタビューについて」の説明を参照のこと）を用い
て行った縦断的研究である。第3章以降のインタビュー内容をよりよく理解
していただけるよう、ここでは、改めてユズルとシオンについての詳細やイ
ンタビューの時期、そしてデータ分析の方法などを説明していく。

ユズルとシオンについて

　「はじめに」で説明したように、私がユズルとシオンに出会ったのは、彼
らが高校2年生の時である。2人は、インタビューに協力してくれた高校生、
計13名のうちの2名であり、ユズルが11番目にインタビューした学習者、
シオンが12番目にインタビューした学習者であった（それゆえ、博士論文
や初期に発表した論文では、ユズルをInterviewee 11、シオンをInterviewee
12と呼んでいた）。

　2人には共通点、相違点、両方あった。「はじめに」で紹介したように、2
人とも、英語については義務教育で英語を学習し始めるよりもずっと前に、
その学習を開始していた点は共通している。また、研究開始前の2011年度、
2人が高校1年生のときには、学校主催の中国との交換訪問プログラムに参
加したことも共通点である。2人が高校時代に既に中国語学習の経験があっ
たのは、このプログラムがきっかけである。さらにもちろん、2人ともラジ
オ講座での英語学習経験があることも共通している。一方、2人の大学以降
の専攻分野は全く異なっており、それぞれ異なった分野での学習あるいは

研究のために、様々な文献を英語あるいは LOTE で読んでいくことになる。
これら、ユズルとシオンについて改めてまとめたのが、表 2-1 である。

表 2-1　ユズルとシオンについて

	ユズル	シオン
性別	男性	女性
専攻	政治哲学	看護学
最終学歴	修士号	修士号
英語学習歴	小学生から学習	「2、3 歳の頃」に学習開始
本研究以前に学習したことがある LOTE	中国語	中国語

　英語学習についてさらに詳しく紹介すると、「はじめに」でも説明したように、2 人ともかなり早い時期にその学習を開始していた。まず、ユズルについては、小学校のときに週 1 回、2 時間、教室に通い、英語の語彙や表現、ライティングを学んでいたとのことである。中学校に入ってからは、その教室でリーディングにも取り組んでいた。高校に入ってからは、先述のように、英語の多読を進める塾に週 1 回通い、1 回あたり 3 時間学んでいた。

　次に、シオンが英語学習を始めたのもかなり早く、彼女の記憶によれば、「2、3 歳の頃」だったとのことである。既に紹介したように、小学 5 年生終了後の春休みには、オーストラリアでホームステイをした経験もある。また、高校時代には、ユズル同様、英語多読を進める塾に通っていた。

　また、特に珍しいと言えるのが、2 人とも高校時代に中国語を学んだ経験があるということであろう。第 1 章でも紹介したように、LOTE を大学入学よりも前に学ぶという日本人学習者は非常に限られており、特に第 6 章で詳述するとおり、2 人が高校時代に中国語を学習していたことは、彼らの言語や言語学習に対する視点に関して、後に大きな役割を果たすことになる。

インタビューについて

　本研究で行ったデータ収集は、半構造化インタビューである。外国語学習動機づけ研究をはじめとした、応用言語学の分野で行うインタビューには様々な種類がある。具体的には、インタビューの質問項目や尋ねる順番をあ

らかじめすべて決めておいて、それ以外の質問はしないという「構造化イン
タビュー」（structured interview, Dörnyei, 2007, p. 135）から、最初のざっく
りとした質問のみ決めておき、基本的に協力者の「語り」が大部分を占め
る「非構造化インタビュー」（unstructured interview, Dörnyei, 2007, p. 135）
まである。それらの中で、本研究では、基本的な質問項目や順番は決めてお
きつつ、協力者が答える内容によっては、追加の質問を加えるという、ある
程度の融通性を持たせた半構造化インタビュー（semi-structured interview,
Dörnyei, 2007, p. 136）を行った。この方法により、特に数々のインタビュー
を経てお互いのことをよく知るようになってからは、ユズル、シオン、それ
ぞれと、リラックスした雰囲気の中でインタビューを行うことができたと感
じている。

　研究のデザインとしては、2012 年に行った最初の 2 回のインタビューは、
なるべく多くの協力者から学習の様子などについて尋ねてデータを収集する
「サーベイ調査の中でのインタビュー調査」（Brown, 2001）という形式をと
り、協力を仰いだ高校生の人数も多かった。一方、3 回目のインタビュー、
つまり、2014 年以降のインタビューでは、協力者の数を絞り、一人ひとり
を 1 つのケース（事例）として詳しく取り上げるケーススタディ（事例研究）
とした。このケーススタディの中にも様々な種類があり、例えば、協力者の
特徴に着目するよりも、どのような協力者であってもとにかく手を挙げて協
力してくれる人を取り上げるという instrumental case study（手段的事例研
究）もあれば、取り上げる事例が非常に特徴的で、その事例を調べること自
体に意味があると考えられる intrinsic case study（個性探求的事例研究）も
ある。本研究でいえば、ユズルとシオンのケースは intrinsic case、つまり、
"a case that has unusual interest in and of itself and needs to be described and
detailed"（Creswell, 2013, p. 98、彼ら一人ひとりが非常に特徴的で、描写し、
詳述する必要があると考えられる事例）であった。シオンはもともと協力し
てくれた 13 名の中でも、最も長くラジオ講座での英語学習を続けていた事
例であったし、ユズルは 13 名の中でも、特に学習に対して真剣で、真面目
で鋭い意見や視点を持った事例だと感じていた。

　次章以降で扱うように、研究のそれぞれの段階、すなわち、ユズルとシオ
ンの高校時、大学 1 ～ 2 年時、大学 3 ～ 4 年時、大学院（ユズルは大学 5 年
時）以降という 4 段階においては、それぞれ具体的なリサーチクエスチョン

（研究課題）を設けており、インタビューの質問も、それらのリサーチクエスチョンに沿ったものであった。そして、この研究を通して明らかにしようとした大きな問いは、外国語学習の動機づけはどのように変化するのかということであり、それが 9 年間のデータ収集を 1 本の糸でつなげるという状態であった。

データ収集の流れ

　本研究のデータ収集は、「はじめに」でふれたように、2012 年 6 月から2021 年 3 月まで行った。研究の出発点は私の博士論文であり、そこで明らかにしようとしたのは、NHK ラジオ講座を使った英語学習の継続と動機づけの変化の関係であった。第 3 章で説明するように、ラジオ講座での学習は継続が特に難しいという報告もあり、その継続には学習者の学習目的などその動機づけが大きく関係していると考えられたため、博士論文として取り上げることにも意味があると考えていた。そして、講座での学習継続と動機づけの変化を明らかにするために選んだのは、質問紙およびインタビューを行うサーベイ調査という形式であった。このサーベイ調査、特にインタビュー調査の対象者として協力してくれたのは、高校 2 年生 13 名であった。協力を依頼したのは、私の母校の高校である。よって、ユズルとシオンは、私からみると、高校の後輩にあたる。博士論文の中では、インタビューは半年の期間をおいて 2012 年 6 月および 12 月に行ったものを報告した。

　その後、「はじめに」で説明したように、ユズルとシオンに焦点を当て、ケーススタディとして本研究を再開してからは、同じように、およそ半年に1 回の頻度でインタビューを続けた。表 2-2 に示したとおり、このうち 2 回については、ユズルがその時期海外滞在中だったため、メールのやりとりにより、当時の様子について様々な質問をし、それについて答えてもらうという形式をとった。また、最後 2 回のインタビューについては、コロナ禍だったため、オンラインでのインタビューを行った。まとめると、表 2-2 のとおり、2012 年 6 月から 2021 年 3 月まで、ユズルとシオン、それぞれに対して、計 16 回のインタビューをお願いしたということである。

表 2-2　データ収集の流れ

	ユズル	シオン	備考
1		2012 年　6 月	高校 2 年生
2		2012 年 12 月	
3		2014 年　8 月	大学 1 年生、ユズルとはメールでのやりとり
4		2015 年　2 月	大学 1 年生
5		2015 年　9 月	大学 2 年生
6		2016 年　2 月	
7	2016 年 8 月	2016 年 9 月	大学 3 年生
8		2017 年　3 月	大学 3 年生、ユズルとはメールでのやりとり
9	2017 年 7 月	2017 年 9 月	大学 4 年生
10		2018 年　3 月	
11		2018 年 10 月	大学 5 年生（ユズル）、修士課程 1 年生（シオン）
12		2019 年　3 月	
13	2019 年 8 月	2019 年 9 月	修士課程 1 年生（ユズル）、修士課程 2 年生（シオン）
14		2020 年　3 月	
15		2020 年 10 月	修士課程 2 年生（ユズル）、社会人 1 年目（シオン）、コロナ禍のためオンラインで実施
16		2021 年　3 月	

　それぞれのインタビューは、高校時代には学校の空き教室で、大学に入ってからは、大学の食堂あるいは喫茶店などで行い、ユズルやシオンが緊張しないように気を配った。インタビューは日本語で行い、それぞれのインタビューは典型的には 30 分から 40 分間、ときには 1 時間に及んだ。また、ときには、インタビューの後にメールでインタビュー内容についてさらにやりとりすることもあり、これらのメールでのやりとりも、ユズルとシオンの許可を得た上で、分析に含めることとした。

　それぞれのインタビューに際しては、ユズルとシオンの研究協力者としての権利を守り、協力を強要したりすることがないよう、書面による同意書に署名してもらった上でインタビューを行った（高校時代には、保護者の方の同意書もお願いした）。この同意書では、研究の目的や所要時間、研究が匿名であり任意であること、学校での成績には全く関係ないことなどを説明した。それぞれのインタビューでは、インタビューのために費やしてくれる時間に対しての謝礼として、毎回、それぞれ 1,000 円の図書カードを渡した。

データ分析

　本研究は、9 年という長い時間をかけたものであるため、高校時代、大学
1 年から 2 年生、大学 3 年から 4 年生、大学 5 年生（ユズル）あるいは大学
院 1 年生（シオン）以降という 4 つの「段階」に分けてデータ分析を行った。
4 つの段階内におけるそれぞれのインタビュー前には、それまでのインタ
ビュー内容をざっと見直すだけで詳細な分析は行わなかった。この意図とし
ては、インタビューの基本的構成を保ち、毎回同じ質問を重ねることで、例
えば、あるインタビューの内容によって次の回のインタビュー質問が大きく
変わってしまい、それらのインタビュー結果が比較できないという状態にな
らないようにするためであり、1 つの「段階」でのすべてのインタビューが
終わってから、詳細を分析することとした（Seidman, 2013, p. 116）。このよ
うな分析方法にすることにより、ある回までに行っているインタビュー内容
をざっくりと押さえた上でその回のインタビューを行うことができるととも
に、毎回、共通して尋ねる質問があることで、インタビュー内容の縦断的な
比較が可能となった。

　実際の分析では、まず、日本語ですべてのインタビュー内容を書き起こし
た。何度もインタビューを聞き、書き起こした原稿を読み直すことで、イン
タビューの全体的内容を理解するように努め、それぞれの時代のユズルとシ
オンの学習や動機づけの詳細を理解することを心がけた。その後、ユズルと
シオンをそれぞれの「ケース」、すなわち事例として詳細にその様子を描写
するよう努めた（Creswell, 2013; Stake, 1995）。

　その後、主たる分析は、演繹的、帰納的、両面から行った。すなわち、第
1 章で詳述した L2 セルフシステム理論や内発的動機づけを手掛かりとして、
ユズルとシオンの多言語学習動機づけを演繹的に分析する一方、これらの理
論で扱われていないと感じられた動機づけ要素については、帰納的にその
テーマを探っていくという分析を行った。考えてみるに、これらの分析方法
のうち、本研究のような質的調査でより重要と言えるのは、帰納的分析であ
る。すなわち、演繹的分析によって、既存の理論の実証的検証が可能になる
一方、本研究のような質的調査がより得意とするのは、これまで提案されて
いる理論では明らかになっていない動機づけ要因を見つけ出すような「仮説
を構築する」ことである。本研究のように 2 名という非常に限られた調査対
象者、あるいは、場合によっては、対象者が 1 名の調査であったとしても、

このような新たな動機づけ要因の発見は可能であると言える。ここでは、本研究で行った、演繹的、帰納的分析両方について、以下、少し詳しく説明する。

　まず、演繹的な分析としては、それぞれの研究段階において鍵となる論点、例えば、ユズルとシオンの教室内外の英語・LOTE の学習あるいは使用経験や、彼らの英語／LOTE 理想自己の発展、彼らの英語／LOTE 学習の継続力などを中心とした analysis of themes（テーマの分析、Creswell, 2013, p. 101）を行った。分析では、これらの鍵となる論点について、インタビューでそれらの内容を如実に表していると考えられるコメントに下線を引き、例えば、「フランス語でニュースを聴く」、「研究者を目指し英語で論文を書く」、「ドイツ語検定 3 級を取得」などメモをとった。そして、これらのメモについては、これらの内容をより高次でまとめるコードをふった。これらのコードとしては、「教室外でのフランス語学習」、「英語理想自己の発展」、「ドイツ語の達成度」などがある。このように、ユズルとシオンの動機づけの様子の詳細を理解し、既存の理論的枠組みと照らし合わせて分析することは、これらの枠組みを批判的に振り返ることにもつながったと考えている。

　これらの演繹的分析と同時に行ったのが帰納的分析である。これはすなわち、ユズルとシオンの英語・LOTE 学習動機づけの様子は非常に独自性が高く、L2 セルフシステム理論と内発的動機づけではカバーされていないと考えられる動機づけ要因もあったため、これらについてもメモをとり、具体例からそのエッセンスをすくい上げるような分析を心がけたということである。これらの動機づけ要因としては、例えば、外国語で「読む」ことの重要性や、生涯にわたって外国語学習を続けていくという姿勢が挙げられる。これらの動機づけ要因については、この後、それぞれの章で詳述していく。本研究の大きな意味の 1 つは、このような、これまでの枠組みにとらわれない、シオンとユズルから語られた新たな動機づけ要因の発見であったと考えている。

　このような分析の後、それぞれのインタビューの結果は、ユズル、シオンそれぞれの動機づけの変化（"intra-interviewee changes"、すなわち、インタビュー協力者「内」の変化）としてまとめるとともに、ユズルとシオンを比較するという "cross-case analysis"（ケースをまたぐ分析）も行った。この比較の後、データの解釈を行うとともに、理論的・教育的示唆について考察

した。これらすべての分析は日本語で行った。最後に、私の解釈がゆがん
だものとならないよう、「はじめに」でも述べたとおり、シオンとユズルに
は内容をすべてチェックしてもらうという作業をお願いした。このような
"member-checking" は、協力者には大きな負担をかけてしまうという側面が
ある一方、研究としては、その解釈の信憑性を高めるというメリットもある
（Duff, 2008）。

　このような分析は骨が折れる大変な作業だったと言うこともできるが、私
にとっては、本当にわくわくする、楽しい作業であった。高校時代からの 2
人を知りつつ、その後の 2 人の様々な人生経験や様々な言語の学習動機づけ
の変化、そして言語や言語学習に対する見方の発展を分析できたことは、研
究者として本当に幸せだったと感じている。9 年という長期間の学習の様子
の詳細を様々に教えてくれた 2 人には、英語で言うところの、"I can't thank
them enough"（感謝してもしきれない）と感じている。

縦断的ケーススタディについて

　さて、本研究は特に 2014 年以降、研究の対象者とするのはたった 2 名と
いう縦断的ケーススタディとしたわけであるが、ここで少し、この縦断的
ケーススタディについて方法論的観点から考えてみたい。まず、ケーススタ
ディに詳しい Duff によれば、ケーススタディとは、研究している現象につ
いて、あるケースを例として取り上げ、緻密に理解するのに適しているとい
うことである（Duff, 2014, p. 5）。この点で、ユズルとシオンは、2 名という
限られた数ながらも、英語や LOTE 学習の様々な動機づけの変化について、
彼らがその時々で経験していることや社会的・教育的環境なども考慮に入れ
つつ調査する上で素晴らしい「ケース」であった。また、Yin (2014, p. 29)
によれば、ケーススタディは「なぜ」「どのように」という疑問を明らかに
するのに向いているとのことであり、この点でも 2 人は素晴らしいケースで
あった。これはすなわち、2 人の様子を長年にわたって調査することで、い
ろいろな動機づけ要因と学習の継続力はどのように関係しているのか、動機
づけはどのように変化するのか、なぜ英語の LOTE 学習動機づけに対する
悪影響を避けられるのか、言語や言語学習について学習者はどのような見方
をしているのか、などの様々な重要な「なぜ」「どのように」という疑問を
明らかにすることができたからである。このような疑問から考えてみると、

様々な種類のケーススタディの中でも、本研究は Duff（2008）の分類における "relational"（変数、すなわち、研究で着目した様々な要素間の関係性を調べる）ケーススタディであり、また "explanatory"（「どのように？」「なぜ？」という疑問に答えようとする）ケーススタディであったと捉えることができる（p. 101）。

　2点目に、縦断的側面について考えてみたい。外国語学習動機づけ研究においてはまだ少数である縦断的ケーススタディであるが、広く応用言語学の分野では、これまで様々な縦断的ケーススタディが存在する（例えば、Pasfield-Neofitou, 2012、これまでの縦断的ケーススタディの例としては、Duff, 2008 参照）。本研究においては、特に動機づけの「変化」や学習の「継続力」について調べていたため、このような縦断的な研究には特に意味があると考えた。これはすなわち、Saldaña（2003）が言うところの "what types of participant changes occurred, if any, through an extended period of time"（pp. 13–14、長期間を通して、研究参加者に変化があったとすればどのような変化があったのか）を調査するには縦断的ケーススタディが最も適当であると判断したということである。ユズルとシオンに負担をかけ、時間がかかる方法ではあったが、このような縦断的ケーススタディであったからこそ、2人についての非常に詳細で多方面にわたる理解ができ、そのことで、ある言語学習者が経る様々な経験、あるいは心理に関する貴重な示唆を得ることができた（Mercer, 2012, p. 45）と考えている。

　このような縦断的ケーススタディには、他の研究方法と同じように、もちろん、メリット、デメリット、両方存在する。大きなメリットとしては、それぞれの言語学習者の「変化」を詳細に調べ、彼ら一人ひとりを「人」として理解した上での動機づけを明らかにできることである（Dörnyei & Ushioda, 2021; Ortega & Iberri-Shea, 2005; Saldaña, 2003）。ある1点で調査を行う横断的研究とは違い、縦断的研究ではこのような「変化」を明らかにできるという点は、メリットとして非常に大きい。

　一方で、本研究からも明らかなように、ケーススタディでは多くの場合、研究対象者が限られた人数であり、研究で得られた結果を他の人にも当てはめるという「結果の一般化」をすることができない。またもちろん、このような縦断的研究は1つの研究として費やす期間が非常に長くなるというデメリットもある。さらに、これも本研究の様子から明らかなように、もし、ユ

ズルとシオン、どちらかが途中でインタビューへの協力をやめていたとしたら、本研究自体、存在しなかったであろう。何百人もの人に協力してもらう質問紙調査などであれば、そのうちの 1、2 名が協力をとりやめたとしてもその影響は軽微であるが、本研究のような研究において、その影響は甚大である。

　また、研究協力者からしてみると、このような長期の研究に参加するということは、否応なしに何らかの形で研究から影響を受ける可能性があるということもある。これについては第 7 章でも触れるが、ユズルとシオンが私の研究に長く協力してくれたことで、例えば、彼らの動機づけ面に何らかの影響を与えた可能性もあり、この点については、先行研究でも既に議論されているところである（インドネシアにおける縦断的研究である Lamb, 2007 についてのこのトピックでの議論として Consoli & Aoyama, 2020; Lamb, 2018 がある）。さらに、この「研究からの影響」は一方向ではなく、詳述するように、研究、あるいは研究協力者から研究者へという方向もありえる。いずれにしても、研究が協力者に何の影響も与えずに進むということはあり得ないであろうということは、研究者がしっかり自覚しておく必要がある。

　ここまで、ユズルとシオンの詳細や研究のデザインを紹介してきた。次章以降では、実際に、高校生からの 9 年間の 2 人について、その詳細を紹介していきたい。

第3章
初期の頃
〜ラジオ講座での英語学習〜

実証研究の出発点

　実証研究のスタートとなる本章は、ユズルとシオンが、まだ高校生だった時代についてである。「はじめに」で述べたように、私が2人に会ったきっかけは、ラジオ講座での英語学習経験があり、個別のインタビュー調査に応じてくれる学習者を探していた博士論文である。ここではまず、博士論文のトピックとしてNHKラジオ英語講座での学習を取り上げた背景と、次章以降とは少し研究課題の組み立て方が異なり、2人のみに焦点を当てたわけではないという「異質な」本章の背景を説明したいと思う。

　私が博士論文でNHKラジオ講座での学習を取り上げた理由は、「外国語学習動機づけ」というトピックに興味を持ったきっかけが、まさにNHKのラジオ英語講座にあったからである。私は大学学部卒業後、一時期、NHKのラジオ・テレビ講座のディレクターとして働いていたことがあり、そのときに感じたのが、講座番組での学習継続の難しさであった。私自身、学習者としては英語についてはラジオ講座で6年間学習を継続した一方、大学で挑戦してみたスペイン語講座は、ほんの2か月ほどで挫折するという経験があった。学習が継続する人とそうでない人の違いはどこにあるのか。その背景をいろいろと調べていくうちに出会ったトピックが、「外国語学習動機づけ」であった。よって、博士論文では、NHKラジオ英語講座での学習の継続・非継続と、英語学習動機づけの変化の関係性を探ることにした。

　この博士論文は、混合法研究（mixed-methods study と言い、質的・量的調査両方を行い、両者から導き出される結果を比べることも含めて多角的に1つの事象を調べようとする方法である）であった。具体的には、まず、

289 人の高校生に、ラジオ講座での学習経験の詳細と、英語学習の動機づけ
に関する、リッカート尺度の項目からなる質問紙に答えてもらい、その結果
を統計的に分析、さらに、協力してくれた 289 名の中から、個別のインタ
ビューに応じてもよいという人を対象に質的インタビューを行うというもの
であった。ユズルとシオンは、このインタビューに自ら手を挙げてくれ、彼
らが高校 2 年生だった 2012 年 6 月に、1 回目のインタビューのために会っ
たのが最初である。また、博士論文の研究目的は、動機づけの変化と講座で
の学習の継続との関係を詳しく調べることだったため、半年の間隔をおい
て、2012 年 12 月に 2 回目のインタビューを行い、その変化を追った。

　1 回目のインタビューに協力してくれたのは、高校 2 年生、計 13 名であっ
た。そのうち 5 名は、過去にラジオ英語講座で学習したことがある経験を
持っていただけでなく、2012 年 6 月の 1 回目インタビュー時に、ラジオで
学習している最中であり、従って、同年 12 月に半年後の変化を調査するの
にも適していると判断した。つまり、この半年の間に、学習者によっては英
語学習の動機づけも変化し、ラジオ講座での学習の様子にも変化があるかも
しれないし、場合によっては学習をストップしていることもあり得ると予想
していた。一方、半年間、変化なく学習を続けている学習者がいることも十
分予想できた。この 5 名の講座での学習の様子や英語学習動機づけの変化が
わかれば、学習の継続と動機づけの関係を明らかにできると考えた。このよ
うなことから、2 回目のインタビュー対象者は、1 回目のインタビュー時に
学習の最中であったという、この 5 名にお願いした。ユズルとシオンは、こ
の 5 名のうちの 2 名である。インタビューに協力してくれた 13 人、それぞ
れが個性的、あるいは優秀であり、それぞれがいろいろな経験について話
をしてくれたのだが、2 人は中でも強く私の印象に残った。シオンは、他の
誰よりも長く、4 年以上ラジオ講座での学習を続けていたし、ユズルは、13
人の中でもひときわその学習に対するひたむきさ、あるいは自身の意見を述
べる力などの点で目立つ生徒であった。

　このような事情から、この時期（2012 年）のインタビュー調査部分では、
研究対象者が 13 名であった。よって、この時期の研究を基に組み立てた本
章では、博士論文での基本的な研究結果や考察から、シオンとユズル部分の
みに焦点をあてるという形をとっている。また、2 人のみの動機づけの変化
を追ったものではないため、研究課題の組み立て方も、次章からとは大きく

異なり、NHK ラジオ講座での英語学習についてが全面に出た形となっている。読者には、このような事情を踏まえた上で、本章は読み進めていただければと思う。

　さて、今から考えると、高校 2 年時のインタビューは、後のインタビューに比べて深さに欠けるものであった。その原因としては、もちろん高校 2 年時の調査は 2 人だけに焦点を当てたわけではなく、サーベイ調査としてなるべくたくさんの学習者に話を聞くことを目的としていたことが挙げられる。しかし、この高校時代のインタビューが本研究の出発点となったことは間違いなく、また、この 1、2 回目のインタビューが、大学入学後の 2 人のその後の様子を分析する際に重要なヒントとなった面もある。よって、これらのインタビューは、本研究全体としても欠かせないものになった。

　具体的に、高校 2 年時の 2 回のインタビューには、研究全体から考えてどのような意味があったのだろうか。この点に関しては、3 点挙げられる。まず、まだ大学入試が終わっていない段階の 2 人にインタビューすることで、二重の目標・志向性（第 1 章参照）を持つと言われる日本人英語学習者、特に高校生の、英語学習動機づけの詳細を明らかにできたことである。第 1 章で述べたとおり、日本で英語を学ぼうという際、多くの学習者には試験や入試のためという短期的目標と、英語でコミュニケーションしようという長期的目標という二重の目標・志向性があると言われており（Yashima et al., 2004）、ラジオ講座で熱心に英語を学ぶ高校生は、その二重性についても特徴的であったと言える。実際、シオンとユズルは、この二重の目標・志向性について対照的な面があった。この点については、インタビュー内容とともに詳しく紹介する。

　第二の意味として、最初に比較的いろいろなタイプの学習者を含む 13 人に話を聞けたことで、その後、ケーススタディとして特に特徴的な 2 人としてユズルとシオンを取り上げることができたという点が挙げられる。シオンとユズルは 13 人の中でも特に特徴的であり、縦断的ケーススタディの中で intrinsic case（第 2 章参照）として取り上げるのにもぴったりであった。

　さらに、特に 2023 年現在から振り返るに、大学入学後の 2 人の変化を分析する際、高校時代の 2 人の様子を知っていることは、その分析に大きなヒントを与えてくれた点が挙げられる。その具体例が、日本人高校生としては珍しい LOTE 学習の経験であり、また、英語多読の経験である。博士論文

のためにインタビューしていた当時、私の興味は英語学習動機づけであった
ため、LOTE 学習動機づけについてはより詳しい話を聞いておけばよかっ
たと残念に思う面も今はある。しかし少なくとも、2 人が高校 2 年時に既に
LOTE を学習していたという珍しい例であり、彼らの LOTE 学習について
も話を聞くことができたことは貴重である。そして、今から考えると、高校
時代に LOTE を学習した経験があることを知っていたことで、その後の 2
人の学習、あるいは考え方の発展にうなずく面があることも確かである。英
語多読と併せて、この点は、特に第 6 章で詳述する。

放送を通じた英語の自主学習

　本章で大きく取り上げる NHK ラジオ講座、あるいはテレビ講座を含めた
「放送を通じた英語の自主学習」は、多くの日本人学習者にはなじみがある
方法である一方、あまり学術的研究が進んでいないトピックである。その原
因としてまず挙げられるのは、そもそも誰がこのような方法で学んでいる
か、研究の協力者となる学習者を特定することや、教室外の学習者を調査す
ることが難しいことである（教育機関に在籍する学習者を含めた上での「教
室外学習」の研究の難しさについては、Mynard & Shelton-Strong, 2022 な
どでも論じられている）。また、放送番組を通じた外国語の自主学習は、海
外ではあまりさかんではない学習方法であることも、先行研究の乏しさの原
因として挙げられる。その上、現在の第二言語習得の分野において、言語習
得のためには会話などのやりとりが重要であるという考え方が主流である中
で、基本的には一方通行であるというテレビ・ラジオの性質上、言語習得に
講座番組がどのように役立つのかについても明らかになっていない点が多
い。自分が博士論文でこのトピックに取り組もうと思ったときにも、先行研
究が少なく、途方に暮れた覚えがある。
　一方で、博士論文のトピックを決める際、私に躊躇はなかった。つまり、
ラジオ講座での英語学習をトピックとして研究に取り組むことには大きな意
味があると考えていた。その理由はいくつかある。まず、私たちが外国語を
学ぼうとしたとき、教室内のみでその学習が完結するということはまずな
く、特に日本のように教室外でなかなか学んでいる言語に触れる機会がない
環境（foreign language environment、外国語環境と呼ばれる、今後 FL 環境
とする）において、ラジオ講座は、その貴重な機会になる可能性があること

である。外国語習得としてラジオ講座での学習を捉えたとき、教室外での学習の機会を提供するという点において、それは重要なトピックになり得ると考えた。第二に、私自身、中学、高校と計6年間ラジオ講座での学習を続け、それで自分の英語力の基礎ができたことに間違いはないと感じていたことである。これには何の学術的根拠があるわけでもないが、大学学部時代、自分が4年間アメリカに留学した際にも、ラジオ講座での学習は大いに役立ったと感じていたため、学術的に取り上げることにも意味があると考えていた。第三に、海外でもあまりさかんではない学習方法で、先行研究が少ないということは、それだけ自分が取り組むことにも意味があると考えたことであった。皆が取り組むトピックでないものに取り組む者がいてもよいのではないか、明らかにできることがいろいろとあるのではないかと考えたということで、先行研究は乏しかったが、ラジオ講座を通じた英語学習を博士論文のトピックとして取り上げることにした。

　先行研究が少ないと書いたこの分野であるが、研究が皆無なわけではない（例えば大串, 1991; 原, 1992; 原・服部, 1995; Rybak, 1984; Takahashi, 2008; Umino, 1999, 2005, 2006 など）。これまでの研究では、例えば、学習者からすると、「経済的な学習方法であること」、「学習を習慣化しやすいこと」などがテレビ・ラジオ講座を通じた外国語学習のメリットとして捉えられている（Takahashi, 2008; Umino, 1999 など）。この「学習を習慣化しやすいこと」については、同じ自習教材でも、例えばインターネット上の素材などとは大きく異なる点として、ラジオやテレビの場合、放送時間帯が決まっているため、一度決まった時間に毎日学習するということを習慣化してしまえば、学習者があまり意識しなくても学習を継続しやすいという面がある。一方、この「毎日同じ時刻に放送があること」は、柔軟性に欠けるということで、他の学習者からはデメリットとしても捉えられている（Takahashi, 2008）。また、他にも、学習者によって捉え方が違う特徴としては、特にラジオについて、視覚情報がないことが挙げられる。学習者によっては、リスニングに集中できることがメリットとして捉えられている一方、視覚「情報」がないことをデメリットとして捉えている学習者もいる（Umino, 1999）。他のデメリットとしては、上述した「一方通行性」も挙げられている（Umino, 1999）。例えば、学習していてわからない点がでてきても、教室で教師から教えられている場面とは違い、すぐに疑問点を解決するというのはなかなか

難しい。さらに、スピーキング力を鍛えようと思っても、一方通行であると
いうことは、コミュニケーション、すなわち、学んでいる言語でメッセージ
のやりとりをするということがテレビやラジオの場合はできない。

　さて、先ほどの「学習を習慣化しやすいこと」とは裏腹に、テレビやラジ
オ講座での学習の一番の問題点として挙げられているのは、学習継続が難し
いことである（大串, 1991; Umino, 1999）。これは無理もないことで、直接
番組講師からの指導や励ましがあるわけではなく、例えば、講座を聴いて学
習することで、大学のように単位がもらえるわけでもない。この点では、一
見、放送を通じた自主学習と似た種類の学習にも思える放送大学での学習
や、大学内の自立学習センターなどでの学習（self-directed learning）などよ
りも、さらに学習の継続は難しいと考えられる（これらの枠組みでの研究に
ついては、Cheng & Lee, 2018; Mynard & McLoughlin, 2020 など参照）。す
なわち、教育機関での学習ではなく、学習を始めるもやめるも学習者の自由
というわけであるから、学習の継続も難しいと言える。ただその一方、学習
者の中には、シオンのように何年も学習が継続する人がいることも確かであ
る。だとすると、学習を継続できる学習者とそうでない学習者の違いはどこ
にあるのか。その1つの要因として私が興味を持ったのが、学習動機づけで
あった。

　以上のことから、高校2年時の2回のインタビューで取り組もうとした研
究課題は以下である。

(1) ラジオ講座での英語学習の典型的な学習経験とはどのようなものか。
(2) 英語学習動機づけとラジオ講座を使った学習の継続力はどのように関
　　連しているか。
(3) ラジオで自習する学習者はどのように英語コミュニケーションに取り
　　組んでいるのか。

これらに取り組むことで、ラジオ講座での英語学習の実態を明らかにできる
とともに、その継続力と動機づけがどのように関わっているか、また、一方
通行であるラジオ講座での学習以外で、学習者がどのように英語でのコミュ
ニケーションに取り組んでいるか（あるいはそのような機会はないのか）を
明らかにできるはずだと考えた。ここからは、これらの研究課題に向き合い

つつ、ユズルとシオンの動機づけの変化を詳述していく。

ユズルの集中的な学習

　先にも述べたが、ユズルはインタビューに協力してくれた13名の中でも、特に際立った学習者であった。ユズルがラジオ講座での学習を始めたのは2012年4月、1回目のインタビューのわずか2か月前のことであった。この時期、ユズルは最上級のビジネス関連の英語講座をはじめとして3講座を同時に聴いており、その集中的な学習が顕著であった。英語学習なのだからラジオ講座でもなるべく英語の部分が多い方がよいとのことで、ある講座については、「日本語部分が多いことには不満を持ってました」と言う一方、別の講座については「ネイティブの方がぱーっとしゃべる部分がありまして、そこが僕大好きなんですよ」と教えてくれた。さらに、NHKにはラジオだけでなくテレビ講座も多くあるが、ユズルにとってはテレビ講座は進度が遅いことも理由となり、ラジオを選んだとのことであった。ここからは、ユズルがラジオ講座での学習を開始したきっかけと、細かい学習の様子から見ていこう。

　ユズルが英語講座を聴き始めたきっかけは、その前年度に高校から派遣された中国でのプログラムである。このプログラムには、同じ高校から計20人が参加し、中国でホームステイをしながら北京の高校生とも交流するというものであった。ユズルによると、その時出会った中国人高校生が非常に優秀であり、「全員がアメリカの大学を目指して」いて英語力も非常に高かったとのことである。このような英語に堪能な中国人高校生に刺激を受け、英語を頑張ってみようと思ったとき、ユズルはなぜラジオ講座を選んだのか。それについては、本人曰く、まずは「例えば教科書の英語とか本の英語ではなくて、スピーキングの英語とかコミュニケーションの生の英語を学習、習得できる場所はもう、僕の周りだととりあえずラジオだなと思った」とのことであった。また、「音声で聞いて、音声で理解したかった」ということで、ラジオ講座では音に集中できることもその理由の1つだったとのことである。すなわち、先行研究（Umino, 1999）で報告されていた「視覚情報がないこと」は、ユズルにとってはメリットだったということになる。

　英語に堪能である中国人高校生に刺激を受け、ユズルは2012年4月にラジオ講座での学習を始めた。毎日、録音もしながら放送時刻に番組を聴き、

録音した番組は放送後、シャドーイングなどのために使うとのことで、聴き
逃すことはほとんどないとのことであった。また、13 人のインタビュー協
力者の中には、家族と一緒に講座を聴くという人もいたが、ユズルにとって
は、「居間って、くつろぐ場所じゃないですか。勉強する場所じゃないじゃ
ないですか」ということであり、また、「漫然と何かをやるのが嫌いで」、自
室で 1 人で聴いていた。

　先行研究でも報告されているように、ラジオ講座での英語学習には、放送
時間帯が固定されていることから、録音ではなく放送時刻に聴けば、自然と
学習時間が決まるという特徴がある。これは、Dörnyei（2020）で論じられ
ている学習継続の鍵となる学習の習慣化に大きく関係しているのだが、ユズ
ルはこの点について、高校 2 年時に既に以下のように意識していた。

　　この時間はラジオを聴くっていうふうにした方が勉強になるのと、ラジオ
　　講座がその時間にあるっていうことで、他の学習もしやすくなるんですよ。
　　スケジュール管理。この時間はラジオを聴くから、ここは使えないから、
　　その前までに［他の勉強を］ここまで終わらせようとか。

　　　　　　　　　　　　　　　　　　　　　　（2012 年 6 月、高校 2 年生）

すなわち、ラジオでの学習はユズルの他の勉強も含めたスケジュール管理に
役立っており、ラジオの特性を生かしてユズルが学習に取り組んでいたこと
がわかる。また、ラジオ講座にはインターネットストリーミングという学習
方法も用意されているが、ユズルは「ストリーミングなどいつでも聴ける状
態だと僕の気性として多分、どんどん先延ばしにして」しまう、とのことで
あり、ラジオを通じて、放送時間帯に毎日学習していた。

　ユズルの集中的な学習を示す 1 つの資料が、彼がわざわざインタビュー当
日に持参してくれたお手製の語彙カードである。これは毎日の番組を基に彼
が自作したもので、図 3-1 に示すようなイメージのものであった。

図 3-1　ラジオ講座を基にしたユズルの語彙カードイメージ

ユズルによれば、このようなカードがあることで、それぞれのフレーズ、あるいは単語をどこで初めて聴いたのかがわかり、そしてこれらをアルファベット順に綴じることで単語帳にもなるとのことであった。そして、例えば別の機会に知らない単語が出てきたときには、「もしかしたら前に［その単語、あるいはフレーズに］どこかで出会ったかもしれない」ということでまずこの単語帳を引くということを教えてくれた。さらには、「暇なときに見返すのも面白いんですよ。こう、『勉強だ』と肩ひじを張るのではなく、パラパラ見るだけで復習になりますし。」ということであった。このような様子からも、ユズルがどれくらい学習に熱心で、真剣に勉強しているかがひしひしと伝わってきたことを、初めて会った日から 10 年以上経った今でも、鮮明に覚えている。

　さて、2012 年 6 月のインタビュー時、ユズルの英語学習動機づけの特徴として顕著だったのは、非常に強い内発的動機づけである。私が「英語はお好きですか？」と尋ねると、「英語っていうか、語学が好きなんです。語学を学ぶっていうのはほんとに好きで、全く苦になることはないです。」と答えていたし、言語学にも興味があるとのことであった。以下、ユズルの言葉を紹介する。

　　もちろんやっぱり実用的な側面っていうのはあるんですよ。例えばいろんな言語ができたらいろんな人としゃべれるじゃないですか。でもそれだけではなく、言語学にも興味があるんですよ。例えば、人が、ものに言葉を与えることで初めてそれを認識するとか、そういう理論ってあるじゃないですか。……普通に何かやっぱり、何か好きなんですよね。うーんと、まあ文法ばっかりやってるっていうのは嫌いなんですけれども……。［英語が好きな］理由はと聞かれても難しいんですが。　（2012 年 6 月、高校 2 年生）

　英語だけではなく「語学が好き」という言葉通り、ユズルはこの時期、既に日本人高校生としては珍しく、中国語を学んでいた。中国でのプログラムに参加する前に、ホストマザーは英語を全く話さないと伝えられたことから中国語を学び始め、プログラムが終わった 2012 年 6 月にも、学習を続けていた。また、子供の頃には、統合的態度（Gardner, 1985, 2001, 2020）を表すと考えられるような、「すごくフランス語に憧れていた」時期もあったとのことで、その興味が英語だけではなく既に多言語に向いていたことがわかる。このことは、例えば、Huhtala et al.（2019）におけるフィンランドの上級多言語学習者の「小学校からずっと言語を学ぶのが好きだった」という様子（p. 296）とも類似する点がある。日本人高校生で特に LOTE を学ぶことが一般的ではないことから判断しても、ユズルの視点が、既に高校生の頃に非常に特徴的だったことがわかる。

　この時期のユズルは、大学入学後とは対照的に、将来の職業として特定の何かに興味があるということはない状態であり、「就きたい職業は結構いろいろある」とのことであった。そしてそのことも関係して、はっきりとしたL2 理想自己はまだ発展していない状態であった。また、海外留学にも興味はあるとのことであったが、言語を学びに行くことには興味がないとのことであった。以下、彼の言葉である。

　　何ていうか、語学留学みたいなのはあんまり興味がなくて、やるならほんとにそこで学問をやりたいと思いまして、で、大学入ってほんとにこれだって思ったものがあって、で、それを学べるならここだっていうとこにちゃんと理由を持っていって、まあ 1 年なり 2 年なり行くのなら、行くことにしようと思ったんです。
　　　　　　　　　　　　　　　　　　　　　　（2012 年 6 月、高校 2 年生）

以上より、この時期のユズルは、英語を含む様々な言語に対する興味があり、内発的動機づけが非常に強い一方、「将来、このような場面でこのように英語を使っていたい」と想像する具体的な L2 理想自己はあまり発展しない状況であったことがわかる。

　さて、日本のような環境においては、「一方通行」ではない実際の英語でのコミュニケーションの機会というのはなかなかないものであるが、ユズルとシオンはともに、この点に関しても非常に特徴的であった。2 人とも、高

校時代は英語多読を進める塾で週1回、3時間過ごし、英語の多読やアカデミックライティングに取り組んでいた。また、この塾には日本人講師だけでなくネイティブスピーカーの講師がおり、英語でコミュニケーションする機会もあるとのことだった。「塾」と聞くと、何か大学受験の対策に取り組む内容を想像するが、この塾について、私はどちらかというと海外の大学への留学を見据えているような生徒が通う内容という印象を受けた。ユズルはこの塾での英語多読を大いに楽しみ、後の章において詳述するように、外国語で「読む」ことに対する確固たる姿勢を身に付けていく。

ユズルの半年後の変化

　ここまで紹介したように、ユズルのラジオ英語講座での学習は非常に集中的かつ真剣であり、私の予想としては、2回目のインタビュー時にも、学習を継続しているのではないかということであった。しかし、予想に反して、2012年11月、2回目のインタビュー準備として再度メールで連絡を取った際、その時点で既にユズルがラジオ講座では勉強していないことが明らかになった。6月時点での学習の様子が非常に真剣であったため、メールで知らせてくれたその変化に非常に驚いた覚えがある。ここからは、半年を経てユズルのラジオ講座での学習および英語学習動機づけがどのように変化したかを見ていく。

　ユズルがラジオ講座での学習をストップした大きな理由は、その後控えていた大学受験であった。ユズル曰く、「2学期に入って、受験を意識し始めた」とき、使うべき時間を教科別に割り振り、英語に割ける時間を考え、ラジオ講座に割いている時間の割合が高すぎることに気づいたとのことである。他の教科の勉強や、学業以外にも様々な行事に取り組んだりと忙しく過ごす中、受験で「必要とされている能力、技能であったり知識であったりをもっと凝縮していちどきに勉強できるような勉強方法をとりたいと思って、その限りでラジオをやめた」というのが理由であった。彼にとって、ラジオはコミュニケーションに使える表現を提供してくれたりリスニングの練習になったりというメリットがある一方、受験勉強の「効率」を考えると、ラジオでの勉強に時間を割いている余裕はないと感じたようであった。興味深いことに、ユズルの意識としては、話す力を含めた英語の総合的な力を伸ばしていこうとする、いわば英語学習の総合的意欲は変わっていないということ

であり、このような高い意欲がありつつも、この特定の時期には受験勉強の
優先順位が高く、そのことがラジオ英語講座での学習をストップさせる原因
となった。

　この年の 12 月、つまりちょうど 2 回目のインタビューを行った月には、
ユズルの高校の 2 年生は文系か理系かという進路選択を行っており、真剣に
受験勉強について考え始めようという時期に差し掛かっていた。そして、そ
の受験勉強にはラジオでの学習は効率的ではないと考え、「優先順位をつけ
てしまった限り、ま、延期しましょうっていうこと」になったとのことで
あった。

　ユズルの、この「延期」という言葉は、高校 2 年時のユズルを振り返る
2023 年現在の私にはとりわけ印象的である。なぜなら、高校 2 年生当時の
ユズルが考えていたように、大学学部に入学してすぐにラジオ講座での学
習を再開したわけではなく、その後も再開はしない状況が何年も続いた後、
第 6 章で述べるように、本研究の最終局面、2020 年度になってから、当時
と同じ最上級の講座での学習を再開したからである。この意味で、ユズルの
「延期」という言葉は、何年もの時を経てそのとおりに展開したのであった。
何年も研究を続けていなければ、この「延期」という言葉の結末もわからな
かったわけであり、このような面においても、長期間の研究には意味がある
と感じられるところである。ユズルがなぜラジオ講座での学習を何年も経た
後に再開したのかについては、2020 年度という特殊な時期の背景とともに、
第 6 章で分析する。

　さて、日本の入試制度については、センター試験から共通テストへの変更
や民間試験の活用の試みなど、様々な改革が行われてきたわけであるが、少
なくとも学習者が考える限り、この「入試のための英語」と「コミュニケー
ションのための英語」は未だ別物のようである。これはユズルをはじめとし
て、インタビューした何人もの学習者から聞かれた内容であり、ラジオ講座
は「コミュニケーションのための英語」であるため、「入試のための英語」
とは別物とのことであった。このような様子であったから、ユズル自身、
2012 年 12 月の 2 回目のインタビュー時、もし受験がなかったらラジオでの
学習を続けていただろうと述べていたし、晴れて受験勉強が終わって大学に
入学した後の希望としては、以下のように述べていた。

　大学に入ってから、ラジオにするか、それとも例えば英会話教室に行くとか、それはわからないですけれども、そういった方法で、コミュニケーションのツールとしてのフレーズを使えるようになったり、会話を円滑にしたりする能力がどっちにしても必要ではあるけれども、それはまあ大学入って以降身に付けるべきなのかなと思って［ラジオ講座での学習を］やめました。
（2012 年 12 月、高校 2 年生）

　第 1 章で述べたように、日本人英語学習者の動機づけについて様々な研究を行ってきた八島智子によれば、彼らには、英語学習に関して二重の目標・志向性が見られるということである（Yashima et al., 2004 など）。1 つ目の目標は、入試や各種の試験を突破するという短期的で具体的な目標、あるいは志向性であり、もう 1 つは、1 つ目の目標よりは漠然とはしているが、様々な国の人と英語でコミュニケーションしようとする長期的な目標、志向性である。ユズルのケースは、明らかにこの二重の目標・志向性を表しており、2012 年 12 月当時は、特に前者が後者を上回っていた時期であった。2 つ目の長期的な目標は「延期」したのであり、当時のユズルにとっては、まずは無事に入試を終わらせるという 1 つ目の短期的目標が顕著な時期だったのであろう。

　このような様子であったから、2 回目のインタビューにおいては、ユズルの口から英語あるいは LOTE の学習自体が楽しい、あるいは言語自体が好き、というコメントは聞かれず、内発的動機づけの低下（あるいは「延期」）が見られた。日本の英語教育が「コミュニケーション」を目指し始めてから何年も過ぎていた 2012 年においても、ユズルという 1 学習者からすると、学校の英語あるいは入試の英語とコミュニケーションの英語は異なるものであるということであり、そのことが、彼の英語学習の動機づけ、あるいはラジオ講座での学習にも影響を与えていたということである。

大学以降につながるユズルの多言語に対する姿勢
　上述したように、ユズルはこの時期、既に中国語学習の経験があり、このことは、シオン同様、彼らの後の発展にも大きな影響を与える要素となった。また、ユズルについてもう 1 つ特筆すべきは、高校 1 年時に中国でのプログラムに参加しただけではなく、高校 2 年の夏には、中国に一人旅をし、

「中国語と英語を併用しながら」1 週間過ごしたことである。この旅行期間
中、ユズルにとっては「英語が通じる状況で自分の語学力が足りなかったと
いうよりは、英語が通じる状態が少なかった方が問題」であり、中国語を使
う機会も多かったとのことである。「中国語も併用しながらなんとか生き延
びた」と笑いながら当時のことを振り返り、旅行中のことを楽しそうに教え
てくれたユズルの様子は特に印象的であった。感性豊かな若い時期に、英語
以外の言語を学び、その言語が話されている国でその言語でコミュニケー
ションする機会を得たことが、多言語を重視する後のユズルの姿勢や考え方
に大きな影響を与えたことは、その後の彼の成長を知った後に振り返ると、
なおさら感慨深い。

シオンの 4 年を超えるラジオ講座での英語学習

　さて、ここからはシオンのラジオ英語講座での学習と動機づけについて見
ていく。既に紹介したように、1 回目のインタビュー時、偶然、シオンはユ
ズルのインタビューのすぐ後に会った協力者であった。それぞれの協力者の
都合に合わせて日程を組んでいくとそのような順番になったという単なる偶
然なのだが、ユズルのすぐ後に会ったシオンは、ユズルと類似点を持ちつつ
も、多くの点で対照的な学習者にみえた。ユズルが非常に集中的な学習者と
いう印象であった一方、シオンはどちらかというとラジオ講座での学習に対
してリラックスした印象で、純粋に番組を聴くのが楽しいから続けていると
いう状況であることが見て取れた。インタビュー時にも、シオンに気負った
ところは全くなく、私は彼女について、シンプルに英語が好きなのだなとい
う印象とともに、ラジオ講座での学習の様子や自分の意見を簡潔明瞭に伝え
る能力が非常に高い高校生という印象を持ったことを覚えている。
　シオンは、インタビューを行った 13 名の中で最も長い、4 年を超える期
間、ラジオ講座での学習を継続していた。中学 1 年生のときからずっとラジ
オ講座を聴いているという珍しい学習者であり、彼女の長期にわたる学習を
支えた動機づけとはどのようなものであったのかをぜひ明らかにしたいと考
えていた。ここではまず、シオンの普段の学習の様子から見ていく。
　シオンがラジオ講座での英語学習を始めたきっかけは、中学校の先生に勧
められたことである。始めた当時は中学生向けの講座を聴いていたが、学年
が上がるにつれてレベルの高い講座に変更し、初回のインタビューを行った

高校2年時には、英会話力の向上を目的とした講座を聴いていた。シオンも
ユズルと同じように、誰か家族の他の人と講座を一緒に聴くということはな
く、いつも一人で番組を聴いており、また録音はせず、放送の時間帯に学習
しているとのことであった。塾などの都合で放送の時間帯に家にいない場合
は、スマートフォンのアプリで「どこにいても聴けるようにはして」おり、
また、時たま番組を聴けない時があっても、「聴けないときはしょうがない
かなっていうくらい」の気持ちで、気負わず聴き続けているとのことであっ
た。

　シオンは学校の科目としても英語が好きとのことであったが、学校で使っ
ていた教科書に比べて、ラジオ講座では以下が特徴的だと捉えていた。

　　いろんなスキットがあって、ストーリーがいろんな年代の人とかいろんな
　　職業の人でできているので、いろんな場面があって。学校の教科書って、
　　やっぱり生徒とか、観光客と日本人とかいう限定されたパターンが多いの
　　で、[ラジオ講座の方が]現地で話されている言葉に近い感じがします。

　　　　　　　　　　　　　　　　　　　　　　　（2012年6月、高校2年生）

特に、シオンが当時聴いていたラジオ講座では、スキットと呼ばれる会話部
分の登場人物は生徒に限られているわけではなく、様々な職業、年代の人物
が登場しており、「現地の言葉に近い」英語を学べるとのことであった。ま
た、ラジオ講座での学習を通して、特にリスニング力が身に付いたと感じて
おり、テストの点数も上がったとのことであった。

　2回目のインタビューを行った2012年12月、ユズルの方は既にラジオ講
座での学習をストップしていたわけであるが、シオンの方は、大学入試を意
識する時期が近づいていたにもかかわらず、驚くほど変化なく、それまでど
おりラジオ講座での学習を続けていた。すなわち、聴いている番組にも変化
なく、半年前と変わらず放送時間帯に番組を聴き、放送時間帯が塾帰りに
なったときにはスマートフォンのアプリで番組を聴いているとのことであっ
た。先行研究から考えても私の研究の他の協力者の様子から考えても、ラジ
オ講座での学習の継続はなかなか難しいだろうと感じられる中、シオンに学
習を継続するのは大変ではないかと尋ねたところ、彼女は以下のように教え
てくれた。

　絶対毎日聴いてるわけではなくて、聴けないときはしょうがないかなって
いうくらいなので、そうですね。そんなにこう、やらなきゃとかいうので
はなくて、まあやりたいからやってる、趣味みたいな感じなので。

（2012 年 12 月、高校 2 年生）

　シオンからすると、講座での学習は「続けなければ」と気負って続けるもの
ではなく、「まあできなかったらしょうがない、あまり気にしない」と捉え
ていたため、逆に「気が楽なのかな」ということであった。このような様子
であったため、2 回目のインタビューを行った 2012 年 12 月時点で、シオン
のラジオ講座での学習期間は 4 年 9 か月に及んでいた。紹介したように、こ
れはインタビューを行ったどの学習者よりも長い期間にわたる学習であっ
た。

シオンの学習継続を支えた英語学習動機づけ

　シオンの 4 年を超えるラジオ講座での学習を支えた英語学習動機づけと
は、どのようなものだったのだろうか。特に、ラジオ講座での学習のよう
に、強制力がない自主学習という場面において重要となるのは、どのような
動機づけなのだろうか。2 回のインタビューから見えてきたのは、①強い内
発的動機づけの維持、②はっきりとした L2 理想自己、そして③受験勉強と
ラジオ講座との関係性に対するシオン独自の視点であった。以下では、これ
ら 3 つの要素について、詳しく見ていく。

　まず、内発的動機づけについては、上述したようにシオンはラジオ講座で
の学習を「趣味みたい」と捉えており、学習自体が楽しいということが見て
取れた。また、「ストーリーが面白い」ということも言っており、「やっぱ
り、それがたぶん日本語の番組であったとしても聴いているくらい、面白い
んだっていうのがあるんで」とのことであった。学校の英語も好きというこ
とで、英語自体が好きで、さらに聴いているラジオ講座の内容が楽しいとい
う、純粋な内発的動機づけの強さが窺える。この内発的動機づけは、1 回目、
2 回目のインタビューとも、全く変化がなかった。

　第 2 に挙げられるのは、職業に関する理想自己と関係した、L2 理想自己
である。シオンは高校 2 年生のこの時期、職業に関する理想自己として、国
連で働くということを意識しており、この理想自己について、半年の間に変

化はなく過ごしていた。そして、国連で働くためには英語が必要であるということを意識していたため、英語に関する理想自己もはっきりしていた。シオン自身、ラジオ講座での学習を続けているのは「そういう意味もかなりある」、すなわち、自身の「国連で働く」という理想自己を実現するためにラジオ講座を続けているという側面もあると教えてくれた。このことから、はっきりとした L2 理想自己が、ラジオ講座での学習につながっていることがよく見て取れた。

　この「国連で働く」という理想自己は、高校生ながら、既にシオンが英語に加えて LOTE（中国語）を学んでいたことにも関係している。国連で働くためには英語以外の言語も必要であるという意識があり、ラジオ講座についても、英語だけでなく、一時期、中国語講座も聴いていたとのことである。さらに、偶然ではあるが、シオンもユズルと同じ、高校から派遣される中国でのプログラムに参加しており、そのためにも中国語を勉強していたのである。偶然の一致にせよ、シオンとユズルが2人とも、日本人高校生としては珍しく、既に LOTE を学び、しかもその LOTE が話されている国に滞在するという経験を得たことは、2人のその後の成長に大きく関係していくことになる。これについては、第4章以降で詳述する。

　さらに、他の多くのインタビュー協力者と異なるシオンの考え方として、入試のための勉強とラジオ講座での学習の間に矛盾がなかったことが挙げられる。ユズルを含め、ほとんどのインタビュー協力者にとっては、ラジオ講座での学習と受験勉強はその性格が異なっており、実際にユズルは受験勉強のためにラジオ講座での学習をやめていた。一方、シオンに言わせると、講座での学習はリスニングに関係があり、さらに、ラジオを聴くことで英語に興味を持ち続けることができ、受験勉強にもよい影響があると捉えていた。すなわち、ラジオで学習を続けることは、受験勉強にもマイナスではなくプラスの影響があると考えていたのである。このような考え方は高校生にしては非常に珍しいと言え、このような考え方をしていたからこそ、高校2年生の12月という、受験を意識し始めた時期においても、ラジオでの学習を継続していたと分析することができる。

　上述した「日本人英語学習者の二重の目標・志向性」（Yashima et al., 2004 など）について、シオンの考え方は大いなる示唆を与えてくれる。すなわち、シオンにとって、入試のために英語を勉強するという短期的な目標と、

英語で様々な国の人とコミュニケーションするという長期的な目標は、両者が矛盾することなく、同時に存在していたということである。シオンのケースは、英語のコミュニケーション能力を身に付けるという長期目標に基づくラジオ講座での学習が、入試を突破するという短期目標にもよい影響を与え（「英語に興味を持ち続けられる」ので）、そのようにして両者が助け合いながら学習を継続することが可能だということを示してくれた。そのような状態であったからこそ、シオンのラジオ講座での学習は、4 年 9 か月という長い期間継続したと考えられる。

シオンの英語コミュニケーションの機会

　高校生の頃、シオンもユズルと同じ、英語多読を進める塾に通っていた。そのため、英語でたくさん読むということに慣れていただけでなく、英語でコミュニケーションするという機会も日常的にある状態であった。日本のようになかなか英語でコミュニケーションすることがないような環境において、この塾の存在が、普段から英語でコミュニケーションする貴重な機会を2 人に提供していたことが窺える。加えて、シオンの場合は、以下のように、聴いていたラジオ講座のナレーターに実際に出会うという珍しい経験をしており、その経験が講座での学習を継続する要因の 1 つにもなっていたことがわかる。

　シオンがそのナレーターに遭遇したのは、彼女が通っていたスポーツリハビリの病院であった。そのナレーターと 10 分くらい英語で話したとのことで、会話している間、伝えたい内容を表す言葉が出てこないということも少しあったようだが、「向こうが察して助け船を出してくれた」ので、スムーズに運んだとのことである。そのような貴重な経験は、そのラジオ講座での学習を続けていこうという動機づけにもなったそうであり、シオンにとっては、偶然のうれしい出来事であった。

研究課題についての考察

　本章で取り上げた 2 回のインタビューは、2012 年度、ユズルとシオンが高校 2 年生のときに、ラジオ講座での学習の継続と動機づけの関係性を探ることを主たる目的として行った。具体的に、取り組んだ研究課題は以下のとおりであった。

(1) ラジオ講座での英語学習の典型的な学習経験とはどのようなものか。

(2) 英語学習動機づけとラジオ講座を使った学習の継続はどのように関係しているか。

(3) ラジオで自習する学習者はどのように英語コミュニケーションに取り組んでいるのか。

　研究課題（1）については、実際に高校生がどのようにラジオ講座を捉え、どのように講座で英語を学習しているか、その詳細が明らかになった。また、その学習の様子については、2人に多くの共通点が見られた。2人にとって、ラジオ講座は実際のコミュニケーションにおいて使われる表現を多く学べる内容であり、会話部分で登場する人物の職業や年代も様々とのことであった。これは、他のインタビュー協力者にも共通して見られた捉え方である。

　学習者が自主学習を行おうとする場合、今ではインターネットの存在により「いつでも、どこでも」使える教材が好まれるように見受けられるが、そのような時代にあって、2人の学習方法は、少なくとも「いつでも」には当てはまらないものであった。また、技術が発達した現代の様子から考えて、その学習方法は、驚くほどシンプルであった。すなわち、基本的に、2人とも、取り組んでいたラジオ講座の放送時間帯に、ラジオを使って1人で学習を行っていた。シオンの場合は、在宅日でない場合はスマートフォンのアプリを使っているが、その場合でも、放送時間帯に学習することが基本であった。また、ユズルは番組を録音していたが、これも録音したもののみを聴くということではなく、放送時間帯に聴いた後、さらに練習するための材料とするためとのことであった。2人とも、放送時間帯に合わせて学習時間を固定していたということになる。

　2人の、この原始的とも言える学習方法は、学習の継続力という観点からすると、非常に理にかなったものである。例えば、オンラインの教材などであればいつでも学習できることがメリットである一方、動機づけ、あるいは意志が弱い学習者であれば、「いつでもできるので今は学習しないでおこう」と考えて学習を先延ばしにし、そうこうしているうちに数日が過ぎ、学習すべき内容もたまっていって億劫になるようなことがよくある。古い時代の話で恐縮ではあるが、例えばカセットテープの時代であれば、ラジオ講座を録

音したとしても、実際にその録音した内容を聴かないで放っておいた場合、翌日になるとさらにその日の番組を録音する必要がでてきて、気がついたら聴いていないテープが堆く積まれていた、などということもある。一方、シオンやユズルのようにオンタイムで聴いていれば、聴かない番組がたまっていくということがない。また、毎日この時間にはラジオを聴く、ということが続けばそれが自然と学習の習慣化を助け、強い意志の力なしでも学習の継続につながっていく。この「学習の習慣化」は、Dörnyei（2020）においても学習継続の鍵の 1 つとして挙げられていることであり、2 人が放送時間帯に聴いていたということにも大きくうなずける。例えて言うならば、毎日、歯磨きをするように、食事をするように、お風呂に入るように、決まった時間にラジオを聴くというスタイルである。

　研究課題（2）については、3 つの大きな要因が明らかになった。1 つ目は、強い内発的動機づけである。シオンの「趣味みたい」という言葉から見て取れるとおり、強制力のない自主学習においては、ラジオ講座での学習自体が楽しい、聴いている目的は聴きたいから、と感じられる内発的動機づけが、おそらく他の種類の学習（例えば学校での学習や、遠隔教育での学習など）にも増して重要であるということである。長期間学習を継続したシオンにとっては、学習しなければならないから聴いていたのではなく、内容が楽しく、ラジオを聴き続けたいから聴いていたということである。

　2 つ目の要因は、L2 理想自己である。この時期のシオンとユズルの違いとして、シオンの方は、比較的 L2 理想自己がはっきりしており、国連で働きたいという理想自己には半年を経て変化がなかった。一方、ユズルにとっては、将来、何をするにしても英語は必要であると感じつつ、はっきりとした L2 理想自己の発展は、大学時代まで待たねばならなかった。シオンのこの L2 理想自己は、ラジオ講座での英語学習のみならず中国語の学習にも関係しており、L2 理想自己の具体性が普段の学習の努力に大きくつながっていくという Dörnyei（2009）の主張（p. 19）を実証的に裏付ける形となった。

　そして最後に、受験勉強とラジオ講座での学習の関係性である。ユズルを含め、多くの学習者は、ラジオ講座での学習と受験勉強は別物であると考える傾向にあった。そのような中、シオンにとっては、ラジオ講座での学習が受験勉強に役立たないことはなく、リスニング力をつけたり、英語に対する興味を保ったりするという面において、プラスであると捉えていた。高校

生、特にシオン達が通っていた高校のような進学校の生徒にとって、大学入試は真剣に考えるべき一大事であることは確かであり、それゆえ、受験勉強がラジオ講座での学習の継続・非継続に与える影響も大きかったと推測できる。受験勉強が大事だからラジオ講座での学習はやめるのか、受験勉強が大事だからラジオ講座での学習も続けるのかという点については、それぞれの学習者で捉え方が異なっており、その捉え方により、ラジオ講座での学習も継続するか否かが変わってきたと考えられる。Yashima et al.（2004）などで提案された英語学習の二重の目標・志向性について、本研究のシオンの様子は、両者が矛盾しない可能性を示してくれたと言える。

　研究課題（2）をもとに、ユズルとシオンの高校時代の動機づけ変化を分析してみると、そこには半年間で大きく変化した動機づけと全く変わらなかった動機づけがあることがわかる。例えば、ユズルの内発的動機づけは、大学受験という要因が関係して大きな変化があった一方、シオンの内発的動機づけは同じ高校 2 年生後半という時期においても強いままであった。また、ユズルの L2 理想自己はあまりはっきりしない状態が続いた一方、シオンの「国連で働く、そのためには英語も、英語以外の言語も」という L2 理想自己はそのまま続いていた。これらの動機づけ要因は、大学に入ってからも、様々な変化を見せることとなる。

　次に、研究課題（3）について、FL 環境で英語でコミュニケーションする機会がなかなかない中、シオンとユズルの経験は特に特徴的であった。英語多読の塾のおかげで、2 人は日常的に英語でコミュニケーションする機会があり、英語でたくさん読むという環境もあった。学校の授業やラジオ講座での学習以外にこのような機会があったことは、日本人高校生の 2 人にとっては貴重であったと言える。ラジオ講座は一方通行であり、講座での学習のみでは「コミュニケーション」の機会がない中、2 人はこの貴重な機会のおかげで、日本においても英語でコミュニケーションできるという環境にあったと言える。さらに、この塾の特徴であった英語多読については、大学入学後、特に 2 人の重要なテーマとなる「専門分野の文献を英語あるいは LOTE で読むこと」に大きく関係してくることとなる。これについては、第 4 章以降で詳述していく。

　さて、この時期のインタビューは、既に紹介したように英語学習を中心としていたのだが、インタビューを行ってみて初めて、2 人とも既に、この時期、

LOTE を学んでいることが明らかになった。Kubota & Takeda（2021）が描写するように、日本の外国語教育は "monolingual or homogeneous approach to foreign language education"（外国語教育に対する一言語の、あるいは、均質的なアプローチ）(p. 463) ともいわれるほど英語が中心である中で、2 人の高校での LOTE 学習の機会は例外的とも言える。この時期、LOTE を学んで実際にその言語が話されている国を訪ねる機会を得たことは、ユズルとシオンが、後に、「英語のみでよい」（Lanvers, 2018, p. 138）、あるいは英語が「他の外国語より重要」（Busse, 2017, p. 572）であるという考えに至らなかったことに関係していると考えられ、その後の 2 人の外国語学習にも影響を与えたと考えられる。これについては、特に第 6 章で詳述する。

2 人のラジオ講座での英語学習の様子から学べること

　ラジオ講座をはじめとして、教育機関におらずとも英語を自主学習する日本人学習者は多い（講座のリスナーが、中学生や高校生だけではなく、特に上級の番組では社会人も多いことを考えるとよくわかる）。ここでは、シオンとユズルのラジオ講座での学習の様子を振り返り、私たちが外国語を自習しようとする際にヒントとなる内容を考えてみたい。

　最初にヒントになるのは、教材の媒体と学習の継続方法についてである。ラジオの場合は、放送時間帯が毎日同じであるため、毎日のスケジュールが大体決まっているという学習者にとっては非常に学習を習慣化しやすいというメリットがある。一方、毎日のスケジュールがバラバラで、あるラジオ講座の放送時間帯には家にいたりいなかったりするという学習者の場合は、「いつでも、どこでも」学習に取り組めるような媒体の方が学習を継続しやすいであろう。先行研究において、放送時間帯が同じというラジオ・テレビ講座の特徴が、学習者によってメリットとしてもデメリットとしても捉えられていることとも一致する。よって、学習を継続するためには、学習者それぞれが自分のスケジュールを見極め、より、意志の力に頼ることなく学習を習慣化する方法や媒体を見つけていくべきだと考えられる。

　次に、自分が伸ばしたいと考えている英語力はどのようなもので、それには、どのような教材や媒体がふさわしいかを考えてみることである。ユズルの場合は、会話で使える様々な表現、「生の」英語が学べるとのことで、ただ漫然と聴くだけでなく、語彙カードを作って自分の学習に生かしたりして

いた。一方、シオンの場合は、講座での学習を通してリスニング力をつけられることに加えて、英語自体への興味を保つことができると考えていた。ラジオ講座は既に述べたとおり一方通行であり、例えば英語で「会話する」ことは無理であるし、そのような英語力を伸ばしたければ、おのずと学習方法は異なってくる。学習を継続するという観点から考えれば、自分が伸ばしたい英語力と合わない教材を選ぶと不満がつのっていくのは当然のことであり、教材や学習の媒体を分析してメリットを実感できるものを意識的に選ぶことが、学習を継続する意欲につながっていくと考えられる。

　そして最後に、強制力のない自主学習であるからこそ、可能であれば、学習が「楽しい」と感じられることが大切である。強制力がない場合、番組を聴くことが「苦行」になると、学習を継続することは難しいであろう。教育機関での学習よりもずっと強く求められるのが、学習自体を楽しむという内発的動機づけであると考えられる。この意味で、シオンの言う「日本語だったとしても聴き続けると思うくらい面白い」というのは、この内発的動機づけを如実に表したコメントである。

　本章の最初に述べたとおり、特に言語学習のような学習は、教室だけで学習が完結するものではなく、教室外の努力が不可欠である。さらに、ある言語で相応の習熟度に達するためには、長い時間がかかるものである。外国語の学習は、ユズルもいつかのインタビューで言っていたように、できれば「毎日とか一日おきくらいでやらないと絶対だめだろう」ということで、毎日、長期間、地道に続けていって初めて身に付くものだと考えられる。この意味において、例えば学校にいても、授業がない日にどのように学習に取り組むのか、どれくらい学習に取り組むのかが非常に重要であると言える。すなわち、自主学習の重要性が非常に高い分野の学習が言語学習であり、シオンとユズルのラジオ講座での英語学習の様子は、そのヒントをいくつも与えてくれるように感じる。

高校時代の 2 人を振り返って

　以上、本章ではユズルとシオンの高校 2 年時の様子を分析した。この後、2 人は大学や大学院において実に様々な経験をしていくことになるのだが、今振り返ってみると、高校 2 年時は 2 人のみを対象としたインタビューではなく、深さに欠けるインタビューであったにもかかわらず、その内容からは、

既に大学入学以降の経験の基盤となることがいくつもあることに気づく。その 1 つが英語多読であり、そして中国語を学んで中国でのプログラムに参加するという経験である。日本人高校生で LOTE の学習経験があるというのは非常に珍しいことと言え、学んだ LOTE が使われている国を訪れる機会があるというのはさらに珍しい。詳しい分析は次章以降に譲ることとするが、2 人のこの経験は、9 年を経て 2 人がたどり着いた、言語あるいは言語学習に対する同じような考え方の基盤になったものであると考えられる。その意味で、高校時代の 2 人にインタビューできたことは、その後の発展を分析する際に大きく参考になるという点で非常に意味のあるものであった。

　本章では特に、動機づけの変化をラジオ講座での英語学習の継続力との関係性から分析したが、大学入学後は、2 人ともラジオ講座での学習は全く行わない時代が続いていく。大学入学後にインタビューを続けていた時期、私としては、2 人ともラジオ講座での学習に戻ることはないであろうと考えていたのだが、ラジオ、あるいはテレビ講座での英語学習は、本研究の最終局面にもう一度登場することになる。それは、本研究最後の年である 2020 年度であり、この時期、既に社会人となっていたシオン、そして、大学院修士課程 2 年生であったユズルが経験したコロナ禍と大きく関係している。コロナ禍とラジオあるいはテレビ講座での学習にどう関係があるのか。そのヒントになるのは、毎日の生活の規則性であり、外出できずに毎日家にいるという環境であった。詳しい分析は、第 6 章で行うこととする。

第4章
第二外国語学習の（再）スタート

　本章で分析する 2014、2015 年度は、ユズルとシオンが大学生活をスタートした時期である。2014 年度、私の方は既に紹介したように、2人が高校2年生の時の2回のインタビューをもって博士論文を終了しており、研究も保留としていた。研究の再開を目指して2人に連絡をとったのは 2014 年7月で、この時のやりとりで、2人が 2014 年3月に高校を卒業、同年4月に同じ大学に入学していたことが明らかになった。この 2014 年度、そして 2015 年度は、2人が大学1、2年生の頃ということで、高校時代よりもさらに、様々な人生経験、あるいは言語学習に関する経験を経た時期にあたる。2人は厳しい入試を乗り越え、大学生活を楽しむ一方、学業に対するひたむきさは高校時代と変わっておらず、熱心な様子が窺えた。

　現在、日本の大学においては、特に 1991 年の大学設置基準大綱化（文部省高等教育局, 1991）以降、第二外国語の授業が必修であったりそうでなかったりするが、シオンとユズルの大学では、第二外国語を1つ選択し、学ぶことが必修となっていた（大学設置基準大綱化以降の第二外国語教育の現状については、岩崎, 2007; JACET, 2002, 2003 など参照）。この第二外国語として、2人とも、高校時代に学んだ中国語とは違う言語を選択しており、具体的には、ユズルはフランス語、シオンはドイツ語を学んでいた。また、ユズルの場合は、自らの興味に基づき、または専門分野の学習・研究に必要ということで、他の LOTE についても熱心に学んでいた。具体的にどのような LOTE を学んでいたかは、後に詳述する。

　「はじめに」でも述べたとおり、日本人学習者の外国語学習動機づけの分野において、LOTE に関する研究は非常に限られている。私自身の研究とし

ても、特に博士論文のトピックは英語学習動機づけであり、LOTE 学習動機
づけに対する私の関心は、既に高校時代から LOTE 学習に取り組んでいた
ユズルとシオンの様子に影響を受けた面が非常に大きい。

　このような状況の一方、世界に目を向けてみると、第 1 章で紹介したよう
に、特に近年、LOTE 学習動機づけに関する研究は急増している。これは、
21 世紀に入って提案された L2 セルフシステム理論（Dörnyei, 2005, 2009）
に基づいて、共通語としての英語を学ぶ動機づけについて一定の研究成果が
2010 年代前半までに得られてきたこと、多言語主義・あるいは複言語主義
を掲げるヨーロッパなどでは LOTE 学習の重要性が再認識されていること、
さらに中国などでも、近年、高等教育機関において多言語教育を進めようと
いう動きが見られること（Zheng et al., 2022 など）などがその理由として考
えられる。さらに、応用言語学の分野における、"multilingual turn"（多言語
的転回）と言われる多言語に対する意識の高まりも、その背景にある。おそ
らく今後も、LOTE 学習動機づけ研究については、活発な状況が続くと予想
される。

　このような状況の中、LOTE を学習しているユズルとシオンについて長期
にわたる研究を行えたことは、日本発の縦断的 LOTE・英語学習動機づけ研
究という面で非常に幸運であった。学習動機づけというものは、周りの様々
な環境に影響されることが長く議論されている中（例えば Ushioda, 2009,
2013 など）、これまでの LOTE 学習動機づけ研究が中心的に行われてきた
ヨーロッパ、アメリカ、あるいは中国などとは違う環境である日本発の研究
を行うことで、新たな知見を提供できると予想された。具体的に、日本の環
境を考えると、例えば、英語と同じく、学習している LOTE の母語話者が
身近におらず、学んでいる言語に触れる環境がなかなかないこと、様々な形
で重視されている英語教育と違い、国内では LOTE 教育が重視されている
とは言い難い状況が続いていること、また、多くの学習者が、英語 1 言語の
みの学習でも苦労していることなど、様々な特徴が浮かび上がる。それらの
環境要因が学習者の動機づけにどのように影響するかを明らかにし、日本人
学習者の LOTE 学習動機づけの詳細が明らかになれば、LOTE 学習動機づ
けのさらなる理論化にも貢献できることが予想された。

　以上のような背景を踏まえ、本章で主たる分析対象とするのは、ユズルと
シオンの英語と LOTE 双方の学習動機づけの変化である。さらにこの時期、

シオン、ユズルともに必修科目として英語と LOTE を学んでいたが、この時期の最終段階で「必修」という義務がなくなった際に学習は続くのかということも重要であり、英語と LOTE 両方の学習の継続力にも焦点を当てた。具体的には、以下の研究課題を設定した。

　(1)　英語・LOTE 理想自己は時間とともにどのように変化するか。
　(2)　上記の変化に関係する要因は何か。
　(3)　内発的動機づけは時間とともにどのように変化するか。
　(4)　ユズルとシオンは英語・LOTE 学習を継続するか。

LOTE がすべての日本人大学生の必修科目ではないという状況の中、実際に第二外国語として LOTE を学ぶ機会があったユズルとシオンの学習の様子および動機づけを明らかにすることで、日本人 LOTE 学習者が参考にできる点を考察するとともに、数少ない日本発の LOTE 学習動機づけ研究として、LOTE 学習動機づけのさらなる理論化に貢献することを目指したのが本章である。

ユズルの多言語学習

　私の博士論文に登場するユズルは、ラジオ講座での学習を 7 か月でストップしたということもあり、学習を継続しなかったケースとして描かれている。しかし、大学時代に入ってからのユズルは、日本人学習者としては非常に珍しいと言える多言語学習者となり、その学習の様子も時を経て大きく発展していった。毎回のインタビューにおいて、学習の様子を教えてもらう言語は増え続け、ユズルが日本人学習者として、あるいは「日本人」という言葉をはずして、どのような環境の学習者としても例外的であることが見て取れた。

　具体的に、大学初期の頃のユズルは、英語を中心としつつも、必修科目として履修したフランス語、第三外国語として履修したドイツ語など、様々な言語を学習していた。その学習の原動力となった動機づけはいくつか挙げられるが、大学学部時代を通して大きく関係していたのは、政治哲学の分野で研究者になるという理想自己、および言語自体への強い興味を示す内発的動機づけであった。ここではまず、ユズルの多言語学習の様子から見ていく。

　まず、英語学習に関しては、専門関係の文献を英語で読んだり、英語の
ディベートサークルに入ったり、BBC などのポッドキャストを聴いたり、
あるいは将来の留学も視野にいれて IELTS のための勉強をしたりと、多方
面にわたった。このような様子であったから、2014 年 12 月、ユズルが大学
1 年生のときに受験した IELTS では、オーバーオールが 7.5、既にこの時の
リーディングバンドスコアは満点の 9.0 であった。一方、台湾からの留学生
と英語で話すなど、英語でコミュニケーションする機会もなかったわけでは
ないが、学業で忙しくなるにつれ、次第にその機会は減っていったようだっ
た。英語でコミュニケーションする機会があまりないという状況は、日本人
大学生としても典型的なものであったと言える。

　次に、LOTE に関しては、必修のフランス語に加えて、第三外国語として
ドイツ語を履修していた。これらは、ユズル曰く「話すためではなくて文献
を読むため」であり、「政治系や法律系、歴史系はフランス語とドイツ語が
どうしても必要」とのことだった。さらに、2 年生になってからは、「趣味
程度」でギリシャ語とラテン語を勉強しており、これらについても、文献を
読むためという要因が強かった。すなわち、ユズルの LOTE 学習には、常
に原語で「読む」ことが大きな動機づけとなっていたことがわかる。一方、
必修のフランス語授業については、苦労する学習者も多いのではと推測され
る中、ユズルからすると「普通の会話集に載ってるような」、あるいは「旅
行会話に載ってるような」ことしか扱わないということで、不満げな様子で
あった。このような授業の様子は、後にユズルがフランス留学中に経験する
授業との違いをよく表しており、ユズルが満足するような授業は日本ではな
く現地にあったのだと思われるところである。

　ユズルのこのような多言語学習は、Benson & Lamb (2021) に描かれてい
るイギリスの学習者の様子と重なるところがある。彼らによれば、中等教育
の段階にあるこの学習者たちは "language tasters" (taster は、「味利き」など
と訳せるので、「言語のお試し」とでも訳せるだろうか) としてフランス語、
ドイツ語、スペイン語、ギリシャ語、そしてトルコ語を試してみてから、自
分が本格的に学ぶ言語を決めるとのことである。このような学習者と比べ
て、ユズルの場合は特にこのような言語の「お試し」を、教え手主導ではな
く自ら進めているような状況であったといえ、自律的な学習者である様子が
窺える。

　さて、高校2年時のユズルは、第3章で詳述したように、英語学習に対する強い内発的動機づけが受験勉強を原因として「延期」されていた状態であったが、無事に入試も終わり、大学に入ってからはこの内発的動機づけの急激な回復が見られた。言語の学習自体が好きというコメントも聞かれたし、上記の「趣味程度」という言葉からも見て取れるとおり、いろいろな言語に触れ、学ぶこと自体が楽しいという様子がよくわかった。この点は、LOTE 学習には内発的動機づけが大きく関係しているという先行研究における報告（de Burgh-Hirabe, 2019; Zheng et al., 2019 など）と一致するところである。もちろん、多言語を同じ時期に学習することには学習時間の確保など難しい面もたくさんあり、それらも先行研究で報告されているところではある（Fukui & Yashima, 2021; Wang & Zheng, 2021 など）。しかし、その点については、ユズルはその時その時の自分の興味や必要性に応じて、集中的に学習する言語を変え、言語の間を行き来する様子が見られた。すなわち、時期によってはドイツ語を中心的に学習していることもあれば、「やはり古典語をやらなければ」ということで、ギリシャ語、ラテン語に集中的に取り組んでいる時期もあった。1言語のみを学習するのではないユズルの姿勢は、以下のコメントにも表れている。

　　　今はとりあえず［いくつもの言語の］基本的な文法事項と、基本的な読解力
　　　だけ養っておいて、必要になったらどれか特化してできるような状態にし
　　　ておくのがいいかなって思いましたね。　　　　　　（2015 年 9 月、大学 2 年生）

このように、ユズルが「必要」という言葉で何度も説明してくれたのは、自身の専門分野において、様々な言語で「読む」ことの必要性であった。ユズルの専門は政治哲学であり、ユズル曰く、政治系、特に思想をやろうと思うと「古典語がどうしても要る」とのことであった。親しくしていた西洋古典文学の教授からは、政治思想、特に古代や中世の政治思想を専門とするのであれば、特にラテン語は絶対に必要だと言われたそうで、既にこの時期、ユズルの多言語学習の中心には、「読む」ことがあったことがわかる（必修の第二外国語として履修していたフランス語についてすら、ユズルはその一大動機づけとして「読むこと」を挙げていた）。

　さて、やや言語学習からは話題が逸れるが、ユズルが専門とした政治哲学

に興味を持ったのは、中学の頃にさかのぼるとのことである。具体的には、ユズルは、中学生の頃に読んだナショナリズムに関する本に興味を持ち、「政治思想に少し興味が向き始めた」ということが、この分野に興味を持ったきっかけだったそうである。そして、中学生ながらも既にその本の参考文献に載っていた本をたどっていってさらに読むという、いわば研究者が日常的に行っている方法で読んでいく本を増やし、興味を広げていったということであった。ユズルが具体的に挙げてくれた本としては、ベネディクト・アンダーソンの『想像の共同体』、そしてアーネスト・ゲルナーの『民族とナショナリズム』であり、そして高校のときに読んだトーマス・クーンの『科学革命の構造』であった。これらの興味が基盤となり、さらには大学入学後に政治思想の本、具体的には小野紀明の本から政治哲学に興味を持ち、本人曰く、小野先生の著書を読んだときに、「もうこれに決めた」とのことであった。その飽くなき探求心、そしてその分野で研究者になるという希望は、この後、ユズルの多言語学習を長く支えていくこととなる。

　日本人学習者の L2 理想自己に関する研究では、その多くで、将来の理想自己として「話す」ことが中心にあることが報告されている（Taguchi, 2013 など）。なるほど、将来例えば仕事で英語を使おうと考えれば、多くの日本人は「話す」ことを想像するであろうし、あるいは「海外旅行」の場面を思い浮かべても「話す」ことが中心になるであろう。しかし、この点において、ユズルの動機づけは一般的なそれとは異なっており、特徴的であった。特にこの時期、専門分野での学習あるいは研究が生活の中心にあったユズルにとっては、外国語で「読む」ことが非常に重要だったと分析できる。

ユズルのイギリスでの経験と L2 理想自己

　さて、この時期のユズルの重要な経験として、大学 1 年冬のヨーロッパ各地での一人旅と、大学 2 年夏のイギリスはオックスフォード大学でのサマースクールへの参加が挙げられる。一人旅が好きなユズルらしく、大学 1 年生の終わりの時期には、トルコ、オーストリア、ポーランドなどヨーロッパ各地を旅行し、そこでの経験は、直接的に言語というよりも、彼の異文化あるいは他者に対する視点、考え方に影響を及ぼすことになる（詳細は次章参照）。また、イギリスでのサマースクールとは、彼の大学の教授が企画したオックスフォード大学での 1 か月のプログラムであり、ここでの経験は、こ

の後、ユズルの専門分野の学習や英語学習に、大きな影響を与えることとなる。

　オックスフォード大学のプログラムでは、ユズルは、もちろんすべて英語で教えられる法律やギリシャ古典学・古典文学の授業を履修した。この時の経験について、大変だったかと私が尋ねると、以下のように教えてくれた。

　　もちろん不自由がないって言ったら嘘になります。この法律のある概念がわからないから自習で調べようとか、あるいは言いたいことが伝わらないとか、もちろん随所随所ありますけど。全体的に言ったらまあまあという感じでしたけどね。　　　　　　　　　　（2015 年 9 月、大学 2 年生）

謙虚なユズルが「まあまあ」と言うということは、彼なりに英語でのコミュニケーションができ、あるいは英語で行われる専門分野の授業にもついていくことができたということであると考えられる。また、「やっぱり専門的な語彙ももっと増えるともっと世界が広がるだろうな」というプログラム参加後の感想も教えてくれ、イギリスでの経験がその後の彼の英語学習の動機づけとなったことも窺える。

　イギリス滞在中には、ユズルはイギリス各地に旅行したり、さらにはケンブリッジとエディンバラで開催された研究会に参加したりする機会もあったとのことであった。これらの経験は、ユズルの人生の基盤となり、さらに学問の世界の片鱗に触れる機会となった。

　第 3 章で触れたように、高校時代のユズルは、将来の職業として特別なものは決まっていないという状況で、それも影響して、L2 理想自己も「何をするにしても英語は必要になる」というぼんやりとしたものであった。しかし、大学入学直後から、彼は政治哲学の分野で研究者になるという希望を持ち始め、その職業に関する理想自己は、時を経るにつれて以下のように段々と確固たるものになっていった。以下、その発展の様子を紹介する。

　　アカデミズムの世界は憧れますけど、道が険しいのも知っているので。あと、最近結構先輩とか社会人になってる学校の先輩とかによく会ったりするんですよ、試験終わった後とか。そうするとまあ実務の世界も楽しそうだなって。正直模索中としか言えない。　　　　（2015 年 2 月、大学 1 年生）

最近はアカデミズムに関してもというか、例えば政治系や思想系の分野の
学者にしても、やはり英語で論文を書くと確実に読者の数って、違うわけ
じゃないですか。日本語で書くのとは。海外に積極的に発信することによっ
て新たな研究の仲間に入れるかもしれないし、逆に反論とかも受けられる
かもしれない。それで自分のその研究が練磨されていくプロセスは非常に
重要だと思うので、アカデミズムに行ったとしてもやっぱり英語でものを
書くとか、あるいは外国の方と英語で話すとか。自分の専攻分野に関して
ちゃんと議論ができる、そうですね、話す [力] って言うと、議論をちゃん
とできるように目指したいなとは思いますね。　(2015 年 2 月、大学 1 年生)

それ [将来の進路] は非常に悩んでいまして、一応まあ政治思想っていう分
野にすごく興味があるんですが、それはそんなに、社会の利益が顕在化で
きる形で他の仕事に就くというのは難しい分野なので(笑)、やっぱり研究
職は憧れっていうのは変わらず。でも、それが本当に変わらず狭き門なの
は狭き門なので、それがうまくいかなかったときも考えなきゃっていう意
識でいて。　(2015 年 9 月、大学 2 年生)

やっぱり自分のその研究を英語で発表できて、向こうの教授とかともいっ
ぱいコンタクトが取れて、自分のその研究を国際的な議論のテーブルに出
せるかどうかが重要っていうのを痛感したので、やっぱり研究者になると
しても、英語で読めるだけじゃなくて、コミュニケーションを取ったりす
る、っていうのは相変わらず必要なんだなっていうのはすごく実感しまし
た。それは、今回 [オックスフォードへ] 行ってよかったなっていうか、気
づいた点の一つではあります。　(2015 年 9 月、大学 2 年生)

このようにして、大学入学後のユズルは、他の選択肢も吟味しつつ、研究者
という理想自己のために必要とされる技能や能力をはっきりさせながら、こ
の理想自己を具体化していった。この「研究者になる」という理想自己には
英語をはじめとした外国語が深く関わっており、研究者として様々な文献を
英語で読む、そして国際的な議論のテーブルで英語で議論をするというユズ
ルの L2 理想自己として発展していったことが見て取れる。
　さて、先行研究においては、L2 理想自己の発展には教え手、あるいは先

輩など、身近なロールモデルの存在が助けになると報告されている（Peng & Wu, 2022; Wang & Liu, 2020 など）。しかし、ユズルの場合、他者からの影響はあまりない中で L2 理想自己が発展していったと分析できる。具体的なロールモデルについては「あまり意識したことはない」と語っていたし、唯一刺激を受けた人たちとして挙げられたのは、第 3 章で紹介した、中国でのプログラム中に出会った英語に堪能な現地の高校生たちとのことであった。ユズルの場合、他者から影響を受けて外国語学習を進めるというよりは、内なる力、希望、必要性、興味などによって外国語学習が進んでいったのだと考えられる。

　大学前半のこの時期、ユズルにとって大きな決断の 1 つは、大学 3 年時にフランスへ 1 年間交換留学することを決めたことである。高い競争率の奨学金を得て、彼の専門分野に関係したパリの大学に留学するということで、具体的な大学については、中でも特に、「ゼミ形式、あるいは少人数制の教育にかなり力を入れている」ことに惹かれたとのことであった。1 年間交換留学すると、大学学部としては 5 年間過ごすことになるのだが、興味深いことに、そのことについてもユズルは前向きに捉えており、卒業が延びるということは自分が勉強できる時間も増える、と述べていた。

　当時の私の予想としては、もともと文献を読みたいという動機づけに支えられて進んでいたユズルのフランス語学習は、留学を決めることによって「読む」動機づけから変化するのではということだったのだが、留学を決めた後でも、ユズルのフランス語学習動機づけは「読む」ことに支えられていた面が大きかった。もちろん、交換留学であるからにはフランスで学位を取ろうとしている人たちの中に交じって授業を受けることになるため、2016 年 2 月、既に留学を決めていた時期には「会話というか、表現もできるようにしないといけないので、あと半年はもう本当に頑張らないといけないな」とのことであったが、その時期ですら、フランス語学習の動機づけについて、以下のように語っていた。

　　哲学書って難しいイメージがありますけれども、意外とボキャブラリーが
　　少ないんですよ。だから初めの 20 ～ 30 ページでひたすら辞書を引いて、
　　出てくるボキャブラリーを押さえてしまうとかなり読みやすくなるんです。
　　（中略）そういうものを読みたいなあっていうモチベーションに引っ張られ

　　ていたんです。　　　　　　　　　　　　　　　（2016 年 2 月、大学 2 年生）

　すなわち、留学が正式に決まった後も、ユズルはフランス語を一生懸命読む
ということに力を入れており、「原書で読む」ことに対する彼の姿勢は揺る
ぎないものであったことがよくわかる。

　ここまでが、ユズルの大学 1、2 年時の多言語学習とそれを支えた動機づ
けの詳細である。高校時代にも増して様々な人生経験を経ながら、ユズルは
「研究者になる」という理想自己に支えられて英語をはじめとしてフランス
語、ドイツ語、ギリシャ語、ラテン語を学習していた。主にその活動は「読
む」こと、特に専門分野の文献を読むことを通してであったが、イギリスの
プログラムに参加していた間は、もちろん読むこと以外の活動も多くあっ
た。ユズルの多言語学習、そして L2 理想自己は、次章でもさらに発展して
いくことになる。

シオンの多言語学習

　2014 年 7 月に再度連絡を取った際、シオンもまた、ユズルと同じように
大学 1 年生として大学生活を楽しみながら、学業に精を出している状況で
あった。彼女は必修の第二外国語としてはドイツ語を選択、同じく必修の英
語に加えて、「かなり大変」というドイツ語の学習に熱心に取り組んでいた。
一方、大学に入ってから、シオンは国連で働いている人の話を直接聞くとい
う機会があり、この後、高校時代に描いていた「国連で働く」という L2 理
想自己はなくなっていくことになる。さらに、大学に入ってから、それまで
進んできた文系分野から理系分野に転向するという大きな決断も影響し、こ
の時期のシオンは、様々な進路を模索するという状況が続いていくことにな
る。ここからはまず、シオンの英語およびドイツ語学習の様子からみていこ
う。

　まず英語学習については、この期間、シオンは既にラジオ講座での学習は
ストップしており、主として大学の必修および選択授業を中心に学習を進め
ていた。これらの授業はすべてアカデミック英語に焦点を当てており、例え
ば、アカデミックライティングとプレゼンテーションを扱う授業や、ネイ
ティブスピーカーの教員が英語論文の書き方を教える授業などについて、そ
の様子を詳しく教えてくれた。例えば、英語論文の書き方を学ぶ授業では、

シオン曰く、英語の論文は「堅苦しい言葉で書かないといけない」と思って
いた彼女の最初の印象と違い、実際の論文が「分かりやすく簡潔に」書かれ
ていることに驚き「[視界が]ひらけた感じ」がしたとのことであった。一
方、ユズルと同じように、英語でコミュニケーションする機会は多くなく、
例えば、大学の国際交流課が企画した留学生との交流イベントに参加したり
もしていたが、基本的には英語を「全然使っていない」という状況であっ
た。ある意味、高校時代に通っていた塾で得られていたような英語でのコ
ミュニケーションの機会は貴重であり、このような機会が大学ではなかなか
なかったことが窺える。

　第二に、必修の第二外国語学習については、もともとシオンの第一希望
の LOTE はスペイン語だったのだが、定員の関係上、第二希望のドイツ語
になったとのことであった。しかし、シオンはそのことについて何か不満を
述べ続けるということはなく、「1 学期でもう文法が終わった」というほど
進度が速いドイツ語学習を熱心に続けていた。しかし一方で、ドイツ語学習
にかなりの時間をとられることからなかなか英語学習に時間を割けない（大
学 1 年時夏の様子）、あるいは別の時期には逆のパターンで英語学習に時間
がかかってドイツ語学習に時間を割けない（大学 1 年時冬の様子）というこ
とも述べていた。このことは、先行研究において、例えば中国人英語・日本
語学習者の 2 言語同時に学ぶ難しさが報告されていること（Wang & Zheng,
2021）と類似している。

　大学の必修ドイツ語授業ではその後もかなりの進度で学習が進んでいき、
大学 2 年生前期には、既にドイツ語でトーマス・マンを読んでいるという状
況であった。また、シオンはこのような状況に鑑みて、ドイツ語の教員とし
ては「たぶんドイツ語で学問をやってほしいっていうことなのだろう」とそ
の意図を理解していた。このことは、特に日本の高等教育機関においては
「各々の専門分野で文献を読むために第二外国語学習を行う」という、戦前、
あるいは戦後早い時期の日本の外国語教育の方針（大学基準協会, 1950）に
つながるところがあり、現代においても、特に LOTE で専門分野の文献を
読む能力を育てる授業という位置づけが見て取れる。

　必修の授業という枠組みの中で、シオンのドイツ語はかなりのスピードで
上達していった。その結果、大学 1 年生秋（2014 年 10 月）にはドイツ語検
定 5 級に満点で合格、4 級は受験せず、翌 2015 年 6 月、大学 2 年生が始まっ

てすぐの時期には 3 級に合格したということであるから、その努力がよくわかる。一方、その後、「クラス旅行でドイツに行けたら楽しいかな」ということ以外は、例えばドイツに留学しようとか、ドイツ語で何かさらに進めようという希望はシオンの口からは聞かれず、具体的なドイツ語理想自己は特に発展しなかった。必修期間終了後、シオンは、ドイツ語学習については「(上述した) 3 級でとりあえず打ち止めています」と説明しており、必修授業の終了と同時に学習もやめるという状況であった。この点については、日本の大学生として、ごく一般的な LOTE 学習者の例と言える。

　さて、高校時代には英語に関する内発的動機づけが非常に強く、「英語自体が好き」という面が強かったシオンだが、大学に入ってからは、「ツールとしての英語っていうイメージが強い」ということで、その動機づけが変化していった。この点は、国際共通語としての英語の側面を強く反映しており、シオンの以下の言葉からも、それがよく見て取れた。

　　今、中国人の人と、中国語でしゃべる、[あるいは] 日本語でしゃべるよりも、英語でしゃべった方が通じるから。困ったら漢字使うけどって感じですね。日本人以外の人としゃべるなら英語しか今ないって感じですね。

　　　　　　　　　　　　　　　　　　　　　　(2014 年 8 月、大学 1 年生)

　　英語だけじゃたぶん差がつかないと思うので、いくつかの強みのうちの 1つとして英語は押さえたい、っていう感じです。

　　　　　　　　　　　　　　　　　　　　　　(2014 年 8 月、大学 1 年生)

すなわち、この時期のシオンの考え方は、英語の母語話者、非母語話者にかかわらず、コミュニケーションの相手に通じる共通語が英語であり、英語はコミュニケーションの手段であるということであった。また、この点から派生して、共通語である英語を使いこなせることは将来の職業においても強みになると考えられるものの、英語のみでは強みとして足りないとも考えており、「いくつかの強みのうちの 1 つ」として英語力をつけておきたいというのがこの時期のシオンの動機づけであった。このように「強み」として英語力を身に付けたいがそれだけでは足りないという考え方は、海外の先行研究でも共通して見られるものであり、例えば、Wang & Liu (2020, p. 208) に

おいては、中国人ドイツ語学習者が「英語は誰でも話せるので強みにはならない」と考える様子が報告されていることと一致している。

シオンの L2 理想自己と進路選択

　第 3 章で紹介したように、もともとシオンは将来国連で働きたいと考えており、そのような理想自己が高校時代のシオンの英語・中国語学習を支えていたのだが、この理想自己は、大学に入学してから変化していくことになる。以下、シオンの L2 理想自己、あるいは職業に関する理想自己の様子である。

　　国連は……ちょっと希望意志が落ちたなって思います。（中略）国連で働いている人の話を直接聞くことがあって、すごい厳しいという。［職員に］なれたとして、すごく底知れないやる気がないと続かないのかな。

　　　　　　　　　　　　　　　　　　　　（2014 年 8 月、大学 1 年生）

　　なんか英語を使って人と仕事したい。取引先と仕事するっていうか、同僚としゃべる言語が英語みたいなのは憧れるので。

　　　　　　　　　　　　　　　　　　　　（2014 年 8 月、大学 1 年生）

　　共通語としての英語を使えればまあいいかなっていう。

　　　　　　　　　　　　　　　　　　　　（2015 年 2 月、大学 1 年生）

　　仕事とかまたよくわからなくなってきてるんですけど……。（中略）前は企業と思ったんですけど、研究職もないわけじゃないって思ったり。

　　　　　　　　　　　　　　　　　　　　（2015 年 2 月、大学 1 年生）

　　論文を読まないといけないので。かなり。それに［英語を］使うのと、看護師の資格を取って、それを健康についての専門的知識があることの証明として使いたいっていう感じなので、ちょっとスペシャリスト的な仕事をしたくて、それで、海外ともつながるような、WHO 的ないろんな NGO みたいな団体に入れたら、それはまあ結構スペシャリストっぽいし。

　　　　　　　　　　　　　　　　　　　　（2015 年 9 月、大学 2 年生）

大学時代、希望する進路がいろいろと変化することはごく自然なことであり、この時期、シオンも将来の方向性を模索していたことがよく見て取れる。ただ、このような進路の模索が原因となり、シオンにとっての新しい確固たる L2 理想自己がなかなか生まれないという状況につながっていった面もある。日本人大学生にとって、将来の職業関連の理想自己がはっきりし、その理想自己が英語に関係していると、英語理想自己の発展にもつながっていくという先行研究の報告があるとおり（Nitta & Baba, 2015; Taguchi, 2013 など）、その逆の場合はなかなか英語理想自己が発展しづらいという様子がシオンから見て取れた。

　シオンのこの時期の模索の理由の 1 つとして、彼女が大学入学後、文系から理系へと、進路を大きく変更したことが挙げられる。高校時代、シオンは文系を選択し、大学にも文系で入学したのだが、シオンの大学のシステムとして、正式な専攻は 2 年時に決定することになっていたため、制度上は、理系への転向も可能であった。そのこともあり、大学初期の頃のシオンは様々な分野を専攻として検討しており、吟味の結果、看護学という理系の専攻に落ち着いたのだった。選択肢の中には、例えば心理学など文系の分野もあったのだが、シオンからすると、心理学の分野では「できるだけ多くの人に共通する部分を調べている」という印象があり、彼女の興味である「個人差でバラツキが出るような」分野を模索した結果、「一人ひとりに合ったケアをするにはどうしたらいいかっていうところまで扱っている」という看護学を専攻する決断に至ったとのことである。

　看護学を正式に専攻分野と決めた後、卒業後の進路については、その模索がしばらく続いていくことになった。以下は、大学 2 年時終了近くの彼女の言葉である。

> 　院に行くかも就職するかもわからない。っていうのは、たぶん何にもまだ専門知識がなくて、あんまり自分の強みがこれですって言える状況じゃないので、わかってないのかな。　　　　　　　　　　（2016 年 2 月、大学 2 年生）

この後、大学 3、4 年時のシオンは、大学 2 年生から専門の看護学の学習を始めたという事情もあり、専門分野での学習、あるいは研修で非常に忙しい毎日を過ごすことになる。英語に関しても、「専攻がらみでしかやっていな

い」という状況になっていくのだが、この、「理転」という決断には後悔はな
かったようである。この点について、シオンは以下のように教えてくれた。

　　　正解だったとは思いますね。というのは、なんか理系の勉強を全くせずに、
　　　知識も全然ないまま社会に出ていくのが結構不安だと思っていて、それが
　　　この学科を選んだ1つ理由としてあります。

（2016年2月、大学2年生）

　文系から理系に変更したということは、同じ専攻の周りの学生にも増して学
習を重ね、追いついていかなければならないということである。それにもか
かわらず、シオンの考え方は非常に前向きであった。その背景としてシオン
が挙げたのは、彼女の高校の、文系・理系の選択にかかわらず生徒はすべて
の教科を学ぶという方針である。文系を選んでいてもある程度理系の科目も
学習してきたという彼女自身の学習経験もあり、「やればどうにかなる」とい
う前向きな考え方であった。
　以上のように、大学1、2年時のシオンは、必修の第二外国語であるドイ
ツ語、そして英語を熱心に学習しつつ、進路については模索を続け、それま
での文系から理系に変更するという時期であった。進路を模索していたこと
から、それまでの彼女の英語学習を支えていた国連で働くというL2理想自
己はなくなるという結果になったものの、行動的な彼女らしく、この時期に
実現はしなかったものの、自分で留学の候補先に連絡を取って自身の留学計
画を練ってみたりするなど、様々な形で行動を積み重ねていった。

研究課題についての考察
　本章では、2014年度および2015年度、大学1、2年時のユズルとシオン
の英語およびLOTE学習と動機づけの様子を分析した。特に、この時期は
英語、LOTEそれぞれの理想自己や内発的動機づけの変化を追うとともに、
その学習の継続力に注目した。設定した研究課題は以下のとおりであった。

　（1）英語・LOTE理想自己は時間とともにどのように変化するか。
　（2）上記の変化に関係する要因は何か。
　（3）内発的動機づけは時間とともにどのように変化するか。

（4）ユズルとシオンは英語・LOTE 学習を継続するか。

　研究課題（1）については、高校 2 年時の様子とは異なった発展が 2 人の間で見られた。まず、ユズルについては、高校時代にはぼんやりとしていた L2 理想自己が、大学入学後の「研究者になる」という職業に関する理想自己に影響を受けて発展し、英語をはじめとして、フランス語理想自己も具体化してくるという結果になった。大学初期の頃には、研究者以外の職業の選択肢も考えていたユズルだが、時が経つにつれて、研究者になるという理想自己がはっきりし、この理想自己にも支えられてユズルの多言語学習が継続していったと言える。一方、シオンについては、実際に国連で働いている人の話を聞いた後、希望を変更し、高校時代に持っていた「国連で働く」という英語理想自己はなくなっていった。その後は、具体的な将来の職業を決めていなかったこともあり、はっきりとした英語理想自己は描いていないという状況であった。また、シオンのドイツ語学習も、学習開始後わずか 1 年あまりでドイツ語検定 3 級に合格するという成果があったものの、具体的なドイツ語理想自己が発展したわけではなく、必修期間修了をもってドイツ語学習も終了するという結果になった。

　研究課題（2）については、シオンとユズル、2 人の間で、共通点、相違点ともに存在し、複数の異なる要因の組み合わせで L2 理想自己の変化にも違いが見られたと考えられる。第一に、L2 理想自己については違いがあったものの、シオンもユズルも、将来、どのような職業に就くにせよ英語は関係してくると考えていた点は、高校、大学時代を問わず 2 人に共通している。この、「何をするにせよ英語は必要」という内容は、高校時代にユズルが述べていたことでもあるし、シオンの場合も、英語を「強みの 1 つとして持っていたい」と述べていたことからも明らかである。実際に職業に就いた時の英語の必要性にかかわらず、英語の「主観的関連性」が 2 人ともずっと高かったことは、英語学習を継続する理由の 1 つになったと考えられる。

　第二に、2 人とも日本人大学生としては「経験資本」(experiential capital, Irie & Brewster, 2014) が非常に豊富であり、この豊富な経験資本が間接的に言語学習を支えていたと考えられることである。この経験資本とは、「教室内外での経験に投資し、それらを省察すること」を指し (Irie & Brewster, 2014, p. 172)、この経験資本が自己効力感や想像力を育て、ひいてはこの自

己効力感や想像力が L2 理想自己の発展に影響するとのことである。第 3 章
で述べたように、2 人とも既に高校生で LOTE を学び、学んだ LOTE の国
を訪ねて交流したという経験があるし、シオンは「はじめに」でも紹介した
ように、小学校時代にオーストラリアでホームステイした経験もある。ユズ
ルも本章でも紹介したように、ヨーロッパへの一人旅や、第 3 章で紹介し
た中国への一人旅、そしてオックスフォード大学でのサマープログラムな
ど様々な経験がある。また、2 人の経験が英語圏だけでなく、非英語圏に広
がっていることも特徴的である。この「経験資本」は、必ずしも直接的に外
国語学習に影響するわけではないが、間接的に L2 理想自己や自己効力感を
支えるという面で、2 人の豊富な経験資本は外国語学習にも好影響であった
と分析できる。

　第三に、2 人に特徴的なのは、多くの日本人学習者が考えがちな「何年英
語を勉強しても英語ができるようにならない」というネガティブな考え方が
見られなかったことである。2 人とも共通して、英語、あるいは LOTE に対
しても、上達するかどうかは自分の努力次第であると捉えているようであっ
たし、「何年やってもできるようにならない」という類のコメントは、イン
タビューを行った 9 年の間、一度も聞いたことがない。すなわち、2 人は共
通して "personal agency"（Mercer, 2012, p. 41、個人の主体性などと訳され
るもので、「行動が学習に違いを生むことができる」、つまり、「やればでき
る」と捉えられる姿勢のことを指す）が高かったと言える。このような主体
性は、動機づけ面でも大きな差を生むと言え、シオンとユズルが共通して
持っていた特徴である。

　以上のような共通点にもかかわらず、この時期、ユズルとシオンの L2 理
想自己の変化には違いが見られた。この原因を突き詰めていくと、特に日本
のように、普段、教室外で学んでいる言語に触れる機会があまりないような
FL 環境では重要とされる、職業に関する理想自己があったかなかったかと
いう点にたどり着く。複数の研究者によれば、日常生活でなかなか英語ある
いは LOTE に触れる機会がないような環境においては、職業に関する理想
自己に外国語の要素があるかないかが、L2 理想自己の発展にも大きく影響
するとのことである（Nitta & Baba, 2015; Taguchi, 2013 など）。特にシオン
の場合は、この時期、「国連で働く」というもともとの英語理想自己を「再
評価」し「修正する」（Henry, 2015b）という状況になった。大学 1、2 年生

のこの時期、ユズルの「研究者になる」という職業に関する理想自己の発展と、シオンの将来の職業に関する模索という違いが、L2 理想自己の変化にも違いをもたらしたものであると分析できる。

　研究課題 (3) については、高校時代とは大きく異なる結果となった。すなわち、内発的動機づけが非常に強かったシオンは、この期間、どちらかというと英語を道具と捉え、英語自体が楽しいという内発的動機づけは弱くなった一方、入試を終えたユズルは、「延期」していた内発的動機づけに回復がみられ、英語のみならず、様々な言語の学習を楽しんでいる様子が見られた。このような変化は、「動機づけは変化するものである」という様子を如実に表した結果となった。

　最後に、研究課題 (4) については、英語と LOTE で差が見られた。英語については、2 人とも共通して学習を継続するという結果になり、その背景には、上記で述べたような様々な要因や、あるいは 2 人共通して「専門分野の文献を英語で読む」ことを重要であると考えていたことが挙げられる。一方、LOTE については、2 人とも必修科目として LOTE を学ぶ立場にあり、集中的に学習したが、必修期間後、シオンの方は LOTE の学習をストップするという結果になった。一方、ユズルについては、必修科目として履修したフランス語だけでなく多くの LOTE を学ぶという、日本人学習者としては非常に珍しいケースとなった。その背景には、やはり専門分野の文献を読むという必要性があったことが挙げられる。このように LOTE 学習の継続力には違いはあったものの、学習をストップしたシオンについても、必修期間中に既にトーマス・マンをドイツ語で読んだりドイツ語検定 3 級に合格したりするなど、大いに学習の成果があったことは特筆に値する。

2 人の多言語学習から学べること

　本章では、大学 1、2 年時のユズルとシオンの様子を分析した。ちょうど必修科目として英語・LOTE を学んでいたこの時期の 2 人から、私たち言語学習者はどのようなことが学べるであろうか。

　私がこの時期の 2 人の様子を振り返って一番参考にできると思うのは、2 人が、多くの日本人のように、例えば英語に対して何かコンプレックスを抱くということはなく、外国語学習は「やればできる」と考えていたことである。このような捉え方は単純なようであって、決して簡単なことではない。

実際、私自身、これまでも多くの学生から「中学・高校と勉強してきたけど
できるようにならない」であるとか、「文法知識はあってもなかなか英語を
話せるようにならない」といったコメントをきいてきた。「やればできる」
と考えるのか、「いくらやってもできない」と考えるのかは、動機づけ面で
は大きな違いを生むと考えられ、今一度、学習者として考えておきたい内容
である。

　私が第二言語習得関連の授業をハワイ大学時代の恩師の 1 人である L. オ
ルテガ教授から履修していたとき、オルテガ教授は、例えば赤ん坊が生まれ
てから数年間で母語に触れる時間数と、週数時間という形で FL 環境にいる
学習者が学んでいる言語に触れる時間数の違いの話をしたことがある。非常
に単純なことではあるのだが、その違いを考えるとき、言語を習得するとい
うのは膨大な時間がかかるし、特に FL 環境で言語を学ぶ場合には学習者自
身の膨大な努力が必要であると実感した覚えがある。このことから考えると
き、シオンもユズルも、既にこの大学初期の段階で、外国語の習得には長い
時間、そしてかなりの努力が必要であることをしっかりと認識していたので
はないかと考える。このような認識があったからこそ、「外国語の習得には
膨大な時間がかかるが、その時間、努力をもってすれば習得できる」と考え
ており、「やってもできない」とは考えず、自分の努力次第であると捉えて
いたのではないだろうか。

　ここから敷衍して考えると、やはり、外国語を学習するという際に重要で
あると指摘できるのは、その継続力である。かなりの絶対時間数、すなわ
ち、長い時間をかけないと高い習熟度には達することができないのが外国語
であり、特に、日常的に外国語に触れるにはそのような環境を「作る」必要
がある日本では、個人個人の学習者の捉え方、そして学習継続の重要性に対
する認識が必要とされるところであると考える。

　第二に、ユズルとシオン、2 人の人生経験の豊かさを考えるときに指摘で
きるのは、若いときに様々な文化に直接触れ、現地の言葉でコミュニケー
ションする機会が、その人の考え方や姿勢の基盤となるということである。
そして、シオンもユズルも、このような「現地での経験」が英語圏での経験
のみでなかったことは特筆に値する。我々言語学習者としても、実際に現地
に出かけていってコミュニケーションするという経験がたとえ難しいとして
も、まずは、他者に対する興味、異文化に対する興味、あるいはそれらに関

わろうとする姿勢を持っていることは、間接的にであれ、外国語学習につな
がっていくと考えられるところである。

大学学部前半の 2 人を振り返って

　大学入学後の 2 人に引き続きインタビューをお願いした 2014 年当時、ま
だ私の中では、どちらかというと英語学習動機づけが研究課題の中心にあっ
た。LOTE 学習動機づけについては、たまたま 2 人が必修科目として LOTE
を学ぶ立場にあったため研究トピックに含めたわけであるが、時間が経つに
つれ、LOTE 学習動機づけは、本研究の中心的課題となっていった。その背
景にあるのは、紛れもなくユズルとシオンの様々な、また具体的な LOTE
学習の様子であり、その大いなる努力であった。さらに時が経つにつれ、本
研究はどちらかというと英語、LOTE 学習両方に焦点を置いたものになり、
LOTE 学習動機づけは本研究には欠かせない要素となっていった。この点
で、研究者の興味・関心を研究協力者が広げてくれることもあるということ
を、私自身、体感することになった。

　日本では、どちらかというと高校生までは入試があるので勉強が大変であ
るが、大学に入るとあまり勉強しないという印象があるかもしれない。これ
までに英語で発表された論文でも、そのような内容が論じられているものも
ある（例えば Taguchi, 2013; Ushioda, 2013 など）。しかし、ユズルとシオン
が見せてくれた姿は、この一般的に信じられている大学生の様子とは全く異
なったものであった。2 人の外国語、あるいは専門分野での学習は高校時代
にも増して熱心な様子であったし、率直に言って、2 人は実によく勉強して
いたという印象が残っている。また、ユズルの多言語学習の発展やシオンの
文系から理系への転向に大いに驚かされ、若者というのはこのようにして可
能性を広げていくのだと実感させられた覚えがある。

　次章において、ユズルとシオンの熱心な学習は、なお、続いていくことに
なる。ユズルは紹介したように、大学 3 年時にフランス交換留学を経験し、
大学学部卒業には 5 年をかけることになる。一方、シオンは看護学の分野に
おいて、相当な数の授業を履修しつつ、病院での様々な実習も経験すること
になる。このような経験の違いにより、2 人の外国語学習にもまた、様々な
違いが生まれていく。これについての詳しい分析は、次章に譲ることとす
る。

第**5**章
日本で大学生が外国語を学ぶということ

　本章で取り上げる 2016 年度から 2017 年度にかけては、シオンとユズル
の専門課程における学習、あるいは研究、そして実地研修が大きく発展した
期間である。第 4 章で述べたように、シオンは大学 2 年時に理系に転向した
後、大学 3、4 年生時は、新しい分野において集中的な学習や病院での実習
を経験し、非常に忙しい様子だった。おそらく、病院での実習のみでも非常
に忙しいと思われる中、シオンの場合は、それまで彼女が取り組んできた分
野とは全く異なる分野での学習で周りに追いつくため、余計に大変だったと
思われる。加えて、特に大学 4 年時には、卒業論文の提出、大学院入試と看
護師資格取得の国家試験のための勉強ということで、休む暇もないような印
象だった。一方、ユズルはこの期間、大学 3 年生夏から、奨学金を得て 1 年
間のフランス交換留学を経験。フランス滞在時には、ヨーロッパ各地を旅行
する機会もあったようである。帰国してからは、以前にも増して LOTE 学
習に熱心に取り組んでいる様子であった。

　この時期の 2 人の様子から判断して、大学の専門分野における外国語使用
は、特に日本のように、学んでいる言語を話す機会がなかなかないような
FL 環境においては、「読む」という行為を通して、日常的に外国語に触れる
貴重な機会を提供しているように考えられた。2 人とも、専門分野の論文を
英語で読むということを日常的に行っていたし、高校時代に英語多読の経験
がある 2 人は、英語で「読む」ということに全く躊躇なく取り組めているよ
うであった。加えて、ユズルの場合は、専門分野の文献を様々な LOTE で
読むということも日常的にあったようである。外国語使用というと、国内外
の学習者の多くは「話す」ことを真っ先に思い浮かべるかもしれないが、大

学での学びを進める 2 人にとっては、「読む」機会の方が圧倒的に多いように見受けられた。

さて、第 1 章で紹介したように、2010 年を過ぎたあたりから増えてきた海外の LOTE 学習動機づけ研究においては、英語学習動機づけと LOTE 学習動機づけの類似点、相違点、相互作用など、様々な内容が調査されている。その中でも特に報告が多いのは、LOTE 学習動機づけに対する英語の悪影響である。平たく言ってしまうと、事実上の共通語として英語が機能しているため、英語さえ学べば世界中のたくさんの人とコミュニケーションができ、したがって、敢えて LOTE を学習する意欲が湧かないという学習者が多いのである。英語母語話者の場合も、母語である英語があればいろいろな人とコミュニケーションできるということで、どの外国語に対しても学習意欲が低いという報告が、例えばイギリスなどから出ている（Lanvers & Chambers, 2019; Lanvers & Martin, 2021 など）。もちろん、LOTE 学習者の中には学習意欲が高い者もおり、例えば日本語学習の場合はアニメや日本の音楽などに対する興味から日本語を学んでいる例などの報告もある（Nakamura, 2019 など）し、学んでいる LOTE を母語とする人たちのコミュニティーに対する前向きな態度が原動力となる統合的動機づけ（Gardner, 1985, 2020）が強い学習者も存在する（Bui & Teng, 2021; Minagawa et al., 2019; Oakes & Howard, 2022 など）。しかし、先行研究を概観すると、そのような前向きな例よりは、LOTE 学習動機づけに対して英語が悪影響を与えている報告の方が多いように見受けられる。

翻って、英語、LOTE ともに、日常にコミュニケーションの機会があまり存在しない日本においても、この「共通語となっている英語の、LOTE 学習動機づけに対する悪影響」は存在するのだろうか。具体的には、ユズルとシオンは、英語が共通語となっていることの LOTE 学習動機づけへの影響を何か経験したのだろうか。

以上のような背景を踏まえ、この期間、すなわち、大学 3 年生から 4 年生にかけての 2 人の動機づけの変化を追う上で、設定した研究課題は以下のとおりであった。

(1) ユズルとシオンの英語および LOTE 学習動機づけは、時間とともにどのように変化するか。

（2）ユズルとシオンの英語／LOTE／多言語理想自己は学習の到達度や継続力にどのように影響するか。

（3）英語はユズルとシオンの LOTE 学習動機づけに影響するか。

すなわち、本章では、第4章に比べて、より英語・LOTE 学習動機づけの相互作用に焦点を当てている。以下では、英語・LOTE 学習動機づけの変化や学習の継続力を分析しつつ、海外の先行研究で多く報告されている、「共通語としての英語の LOTE 学習動機づけへの影響」の有無を明らかにすることで、日本という環境を踏まえた上での長期的多言語学習動機づけの特徴を考察することを目指した。

フランスへの交換留学、そして留学前後のユズルの多言語学習

こちらは昨日から一段と暖かくなり、カフェのテラス席で陽光を愉しむパリジャンの姿が増えてきました。学校は学期の中間の時期で、ペーパーや中間テストなどに追われて忙しい日々を送っております。

さて、語学の学習はいろいろと成果が出ております。

先学期は英語の授業中心でしたが、今学期は折角ならばとフランス語での授業の受講を増やしました。フランス語は渡仏当初は全くというほど歯が立ちませんでしたが、意識的に「フランス語に浸る日を作る」（授業や読書も含め英語に触れずフランス語だけの日を作る）ですとか、学校の内外でランゲージ・エクスチェンジのパートナーを複数人作ることで一対一の会話の機会を増やす、といった工夫が奏功し、ラジオや街中の人々の発話も大分聞き取れるようになってきました。（中略）

英語はフランス語ほど劇的に伸びた感覚はありませんが、それでも授業の中の議論や他の留学生との会話の経験を積む中で前よりは話せるようになってきている感を受けます。授業によっては英語圏からの留学生が非常に多いこともあり、さながらアメリカの大学に留学しているかのようなハードな英語漬けを味わうこともあります。

研究発表というほどではありませんが、英語でもフランス語でもプレゼンテーションの機会は何度もございました。

また帰国してからお会いする機会があった際に詳しくお伝えしますね。

（2017 年 3 月 18 日、メールにて）

　少々長い引用になったが、これはフランス留学中にユズルが送ってくれたメールの一部である。第4章でも紹介したとおり、ユズルはこの時期、2016年夏からフランスに渡り、このメールをくれた2017年3月は留学生活の真っただ中であった。メールの文面からは、ユズルが日常的にフランス語や英語で勉学に励むだけでなく、「フランスにいる」という経験自体を存分に楽しんでいる様子が窺える。「フランス語の音も好き」で、小さいときにフランス語に憧れていた時期もあったというユズルが、実際に長期にわたり現地に滞在し、その文化にどっぷり浸っていたことは、言語学習以外にも、異文化に対する考え方など、多方面でユズルに影響を与えたのではないかと思う。

　本章で扱う期間中は、シオン、ユズルとも大学3、4年生ということもあり、既に必修の第二外国語授業はない状態であった。そのような中、フランス出発前のユズルは、留学してからのことを見据えてフランス語の語学学校に通ったり留学の準備をしたりしつつも、英語をはじめとして、フランス語以外の言語にも積極的に触れるという状態であった。留学中、そして帰国後、大学4年時の様子と併せて、ユズルの英語・LOTE学習の様子から見ていこう。

　まず、フランス語については、留学前は語学学校に通う他、フランス語のニュースを聴いたりしていた。また、1つ出発前のエピソードとして語ってくれたのは、ユズルがフランスで学ぶ予定だった大学には寮がないため、一人暮らし専用の部屋を探すため、住居斡旋サイトで得た情報を基に、「30件くらいいろんな人に［メールを］送って」、ようやく滞在先が見つかったということであった。大家とのやりとりはフランス語であり、ユズルが相手にとって「全然知らない東洋人」のため、最初は信用してもらえず、最後にはSkypeでのやりとりでようやく滞在を認めてくれたとのことであった。本格的には大学入学後に勉強し始めたフランス語の生きた使い方とも言えるが、やりとりの先が30件くらいというから、その苦労が推し量られる。出発前のユズルは、それまでのフランス語に関する膨大な努力にもかかわらず、留学については「不安しかない」と言っていた。

　そうして始めた留学生活では、最初はやはり苦労したようである。フランス語の語学としての授業もあったものの、専門の政治学関連の授業に加えて、文化人類学など、人文系の授業も履修し、授業はフランス語または英語

で行われるということであった。また、特に1学期目は、フランス語に関して「最初全然歯が立たない」と感じた状態であり、日本で大いに努力していた「フランス語で読む」ということについても「あんまりできない」と実感したことがショックだったそうである。

　昨今はコロナ禍の影響もあってなかなか思うように進まないケースが多い留学であるが、ユズルの経験を踏まえると、留学中をはじめとして、留学前や留学後も、学習者としてどのように学習に取り組むかという姿勢の重要性がわかる。現地の学生に交じって外国語で授業を受けるということは、おそらく日本にいるときに一生懸命その言語を勉強する、あるいは会話学校で学ぶということとは格段の差があり、特に、学術的な内容を理解しつつ、ディスカッションなどにも参加するということには大きな苦労が伴う。ユズルの場合もその点については上記のように苦労しているが、重要なのは、大変なときにどうするかである。できないことを嘆き、そこで終わるのか。あるいは、そこから血のにじむような努力を続けるのか。ユズルの場合は、平日、週末かかわらず、丁寧に語彙を復習するなどの地道な努力で、大変な時期を乗り越えたとのことである。本人によれば、「フランス語が読めない」と感じた時期を乗り越えて、「フランスに来てから4、5か月くらいしてから、ぱっと展望が開けるみたいな瞬間があって」、その後、読むことに関してもスムーズに進んだとのことであった。さらに、ユズルが通っていた大学の場合は、英語で行われる授業も多くあったことが理由であるからか、アメリカ人をはじめとした留学生も多くいたとのことである（「授業によっては［ユズル以外は］英語ネイティブの人だけ」とのことであった）。よって、フランス語で読む、話す、などが要求されただけでなく、授業によっては、英語母語話者のみを相手に、英語でディスカッションを行うというような状況であった。

　授業外での生活はどうだったかというと、アパートで階下に住んでいた大家が1、2か月に1回ほどディナーに呼んでくれたり、様々な国籍の友人ができたりとのことであった。また、フランス語で話す力を伸ばすことを目的として、ランゲージ・エクスチェンジ（お互いの言語を学ぶことを目的として、例えばユズルの場合は、日本語を学びたいフランス人と定期的に会って半分の時間をフランス語で、もう半分の時間を日本語で過ごすような学習の仕方のことである）にも取り組んだとのことである。さらに、一人旅に慣れ

ているユズルらしく、長期休暇中にはスペインやモロッコ、そしてイスラエルにも旅行したとのことで、高校時代の中国への一人旅に始まり、実に様々な国に一人旅に出かけるユズルの様子がよくわかった。

　このようなフランス留学の成果として、ユズルは 2017 年 1 月末に Diplôme d'études en langue française (DELF) B2 に合格、また、帰国前の同年 5 月には Diplôme approfondi de langue française (DALF) C1 に合格した。この DALF C1 は現地の大学院を受験するとなってもプラスになるということで、そのような動機もあったとのことである。興味深いのは、フランス語で「読む」ということをずっと重視してきたユズルであったが、DALF C1 のテストで一番スコアがよかったのはスピーキングのスコアだったとのことで、これは本人にとっても意外だったようである。

　さて、帰国後のユズルは、フランス語でニュースを聴いたり新聞を読んだり、あるいは、フランス語の新聞記事を翻訳するアルバイトなどにも取り組んで「フランス語に触れる機会を意識的に作」っていた。上述したように、留学を経た後、帰国後の努力も大切であるということがよく見て取れる。その一方、やはり彼の外国語学習の中心にあったのは、学問であった。専門分野の文献はフランス語、英語ともに「必然的に読んだり」するだけでなく、ラテン語の一次文献を読む機会もあり、さらにドイツ語講読のゼミでも文献を読んだりしていた。さらに、4 年生の 2018 年初期の時期には、次のように語り、オランダ語も学習していることを教えてくれた。

　　実は今、オランダの法学者のことを研究してまして、その人が書いてるのはラテン語なんですよ。ラテン語で書いてて文献はフランス語とドイツ語が同じくらい多いんですけど、まあ、でもベーシックなオランダ語はわからないといけない時があったので、ちょっとかじってるくらいはしてます。

　　　　　　　　　　　　　　　　　　　　　　（2018 年 3 月、大学 4 年生）

第 4 章で詳述したように、大学 1、2 年時のユズルは、必修の英語やフランス語に加えて、主として自身の専攻分野で文献を読むためにドイツ語やラテン語、ギリシャ語を学んでいた。大学 3、4 年時、フランス留学後も、その様子は変わることなく、新たな言語としてオランダ語も加えて、多言語の学習が進んでいったのだった。さらに付け加えるならば、これらの多言語学習

は、先行研究で報告されているような教え手からの影響（Peng & Wu, 2022;
Wang & Liu, 2020 など）はほとんどなかったと言ってよく、ユズルが自ら
の学習をコントロールし、言語のレパートリーを増やしていったということ
である。

ユズルの職業関連の理想自己と L2 理想自己

　大学学部入学後、早い段階から将来の職業として研究者の道に興味を示し
ていたユズルだが、この期間中も、周囲からの情報収集も進めつつ、「研究
者になる」という職業関連の理想自己を強固にしていった。具体的に、イン
タビューでは以下のように語ってくれた。

　　最初、例えば就活とかも並行してやろうかなとかも思っていたんですけど、
　　やっぱり就活をした同期の話とかを聞いていると、非常に時間を使うって
　　ことなので。それでまた二足の草鞋になって時間がなくなってしまうと結
　　局どちらもできないかなってこともありまして。

　　　　　　　　　　　　　　　　　　　　　（2017 年 7 月、大学 4 年生）

　　［研究者以外の職業について］あんまり実際にほんとにその職業に就いてる
　　人に会ったりしたことが少ないからかもしれないんですけれども、特にやっ
　　ぱりこれが魅力的っていうのは今のところないですね。

　　　　　　　　　　　　　　　　　　　　　（2018 年 3 月、大学 4 年生）

以上のように、ある時期までは就職することも視野にいれていたユズルだ
が、時間が経つにつれて、希望進路を研究者一本に絞っていった様子がわか
る。希望する研究者になるためには様々な言語が大切になるという意識のも
と、ユズルの職業に関係する理想自己は、英語やフランス語の理想自己、そ
してさらに、多言語ができるようにという多言語理想自己の発展につながっ
ていった。研究者になる道の途中に位置すると考えられる「フランスで博士
課程に進む」という可能性についても、インタビューでは、具体的に以下の
ように教えてくれた。

　　もし行けたら博士［課程］とかは興味ありますね。で、フランスは学費が安

　　いので、やっぱり英米はそれがネックなので、フランスに行ければいいな、
　　というとこなんですけど。　　　　　　　　　　　（2017 年 7 月、大学 4 年生）

以上のように、ユズルにとって、その時その時、必要な言語を選びつつ様々
な言語に触れ、専門分野の学習あるいは研究を進めていくことは、もはや日
常となっていたようである。研究者という理想自己も、その努力の先にはっ
きりと見えるもので、この職業関連の理想自己、そして L2 あるいは多言語
理想自己は、この期間を通して揺るぎない様子であった。

言語自体に対する興味と言語・文化の関係に対するユズルの見方

　　ユズルのこの期間の動機づけの変化を分析すると、L2 理想自己が発展し
ていっただけでなく、言語自体に対する強い興味が持続され、内発的動機づ
けを維持していた様子がわかる。すなわち、研究者として様々な言語が必要
になってくるだろうという次元とは別に、様々な言語、あるいは言語を学習
すること自体に興味があったのである。ユズルの口からは、よく「趣味」と
して言語を学んでいるということが語られていたし、「フランス語自体好き」、
あるいは「語学の勉強好きなんですよ」とも言っていた。言語への興味は外
国語にとどまっていたわけではないようで、高校時代に言語学に興味がある
と言っていたことと併せて、あるインタビューでは、以下のように、方言へ
の興味を語ってくれた。

　　父の実家が香川なんですけど、香川の祖父母と電話とかで話すとき、昔か
　　ら僕は香川の言葉をしゃべってたんですよ。それは、例えばバイリンガル
　　みたいに自然と身についたっていうわけではなくて、何か自分で勉強して
　　たんです、香川の言語を。（中略）讃岐弁の辞書とか自分で作ったりしてて、
　　今でも香川の実家にあるらしいんです。　　　　（2017 年 7 月、大学 4 年生）

このような様子であったから、ユズルの長期にわたる多言語学習は、「こと
ば」というもの自体に対する強い興味が 1 つの動機づけ要因としてしっかり
と支えていたようであった。
　　さて、本章の冒頭でも説明したように、LOTE 学習の動機づけ研究にお
いては、英語以外の学習に意味を見出さない学習者の例が多く報告されてい

る。そのような状況の中、この期間のユズルの動機づけを分析すると、これ
らの例とは対照的な姿が浮かび上がる。すなわち、大学 1、2 年時にイギリ
スでの研修に参加したりするなど特に英語を熱心に学習していたのに比べ、
この時期のユズルは、英語というよりも様々な LOTE を特に熱心に学習し
ていた。ユズルによれば、「例えば自分が英語は完璧だから次の言語にいく
というような意識は全くない」とのことであったが、ユズルにとっては、事
実上の共通語として英語が機能していることが、何か LOTE 学習の動機づ
けに悪影響を与えているという様子は全く見られなかった。ユズル自身、何
が多言語を重視する姿勢の原動力になっているかについては、以下の 3 つの
要素を挙げてくれた。

　第一に、高校時代の英語での多読経験を通じて、元の言語で読む大切さ、
あるいは楽しさを実感したことである。ユズルはそれを「オリジナルな言語
でものを読むことに対する信念」と表現し、次のように多言語を重視する姿
勢を説明した。

　　オリジナルの言語で読む経験っていうのは全然違うんだな、そして何て言
　　うか、とても意義があることなんだなっていうのは多分僕の脳の中にすり
　　こまれたんですよね、高校時代。　　　　　　　（2018 年 3 月、大学 4 年生）

この「オリジナルの言語で読む」ことについて、ユズルは、専門分野での学
習を通して、言語の背後には様々な思考あるいは思想があり、それらを理解
するためには、言語を選ぶことが必要だと捉えていた。「分野や内容にもよ
ると思う」とはしつつも、「非常に簡単な例」としてユズルが教えてくれた
のは、英語でいう "law"（法）と "right"（権利）、そしてそれら 2 つを同じ言
葉で表すドイツ語（"Recht"）、フランス語（"droit"）、そしてラテン語（"jus"）
の違いである。この 2 つを別の概念として考えているか、分化していない状
態で捉えているかの上に、ある思想の体系なども発展しているわけであるか
ら、これらの 2 つの言葉も、英語ではなくそれぞれの言語で理解する必要
があるというのがユズルの考えであった。つまるところ、ユズルからする
と「どうしても英語に訳せないものもある」のであれば、いくら共通語とし
て英語が機能していても、その内容を理解するにはその言語で理解すること
が必要だということである。このことは、言語と密接に関係する思想あるい

は思考を理解するためには、英語だけでは無理だと考えていたユズルの様子がよく見て取れる内容であった。さらにこのことは、例えば、Henry（2011）で紹介されているオスカー（仮名）というスウェーデン人の学習者が、英語とスペイン語を学びつつも、「読む」ことに関してはスペイン語よりも英語を優先させていること（p. 252）などとは異なる様子であることがわかる。

　興味深いことに、この「元の言語で読む」ということに関して、ユズルは、フランス滞在時の経験を以下のように説明し、国によって「元の言語で読む」ことへの姿勢が違うことを教えてくれた。

> 日本にいるときに、例えばドイツ語を僕は勉強してるよ、それはドイツ語の文献読みたいからだよって言っても、別にそんな意外な顔されないんですよね。なんですけど、昔誰だか忘れましたけど、フランスにいる間だったかな、ドイツ人の友達に、僕がドイツ語を勉強していて例えば、なんですけど、フリードニヒ・ニーチェとかマックス・ヴェーバーとかドイツ語で読めたらいいと思ってって言ったら、めちゃくちゃ変な顔をされまして、「え、それで勉強すんの？」みたいなこと言われて、「やっぱ言語の楽しさって人とコミュニケーション取ることじゃないの？」みたいなこと言われて。
>
> （2018年3月、大学4年生）

もちろん、原著を読むことについて、日本でその意味を実感していたのはユズルの周囲の、ごく一部の人が中心だったかもしれない。しかし、ユズルの観察は、「コミュニケーションを取ること」が英語以外でも身近にあるヨーロッパの人からすると、まずは「口頭でのコミュニケーション」が頭に浮かぶであろうということに対して、日本では「外国語で読む」ということも（少なくともユズルを含めてユズルの周囲の人間からは）重視されていたことが推測される、興味深い観察であった。

　2つ目の要素は、第3章で紹介した、ユズルの高校2年時の中国への一人旅である。ユズルは高校時代に中国語を学習しており、学んでいる言語でコミュニケーションする楽しさを、高校時代に実感している。この、現地の言語でコミュニケーションするという楽しさは、「英語のみでよい」とは考えない原動力になったようである。同じような考え方は、例えば、Lv et al.（2017）において、日本語を勉強している中国人学習者が「日本語を学習す

ることで異文化間の対話のしっかりとした基盤を築き、そのことが日本語を学び、より良い異文化間の理解を得ようという動機づけとなった」という様子（p. 19）においても紹介されているとおりである。ユズルの場合は、この例とは逆で、中国語を学ぶことで、中国の人をより良く理解するということにつながっていき、ひいては異文化間の理解を促進しようとする態度につながっていったと捉えることができる。

　そして最後に、「差異を大事に」しようとする姿勢、言い換えれば、言語的、あるいは文化的多様性を重視する姿勢である。第4章で紹介したように、ユズルは大学1年時に、3週間ヨーロッパに一人旅をしており、特に、オーストリアのウィーンからスロバキアのブラチスラバに列車で移動した時の経験を中心に、その姿勢について次のように語ってくれた。

　　［ウィーンからブラチスラバの］1時間の距離でも、政治的な距離や、様々な距離によって文化的な距離って生じるんだなって思って。その後、ウィーンからポーランドまで夜行列車で行ったんですけど、目覚めたら全然違う国に立ってたみたいな意識があって。そういった経験から思うのは何というか、世界の国に対して、ヨーロッパはヨーロッパとか、あるいはアングロサクソン世界とか様々なグループ分けをどうしてもしてしまうけれども、でもやっぱりそれぞれの国に絶対違うものはあるし、例えば日本と韓国は全然違うみたいに、やっぱり全然違うので、その差異を大事にしたいなと思ったんですよ。（中略）なので、ある同じ内容をすべて英語で読むのではなくて、敢えて差異を設けて様々な言語からアクセスしようっていう意識はそこから来てるのかもしれないですね。　　　（2018年3月、大学4年生）

以上の3要素に大きく支えられて、ユズルは特に英語の悪影響を経験することなく、多言語学習を進めていった。特筆すべきは、高校や大学時代、ユズルは実に様々な国に一人旅をしており、その時感じたこと、考えたことが、間接的にかもしれないが、彼の多言語に対する確固たる姿勢につながっていったということである。一見、言語学習とは関係ないとも捉えられる様々な人生経験が間接的にでも言語学習に関係していくということは、第4章で述べたように、"experiential capital"（経験資本）という概念で先行研究でも報告されているところである（Irie & Brewster, 2014）。ユズルの場合は、こ

の経験資本が豊富な典型的な例であると考えられる。豊かな人生経験と研究者になるという夢に支えられて、ユズルの多言語学習は続いていった。

シオンの専門分野での集中的な学習・実習と外国語学習

　大学3年生から4年生のこの時期、シオンの生活は、まさに専門関係の勉強と実習を中心に回っていた。特に2年時にそれまでの文系から理系に転向したこともあり、分野の内容に追いつくべく、3年時には週25コマの授業を履修していた学期もあったそうである。加えて、3年後期からは病院での実習も行われるようになり、その期間については、3年が終わろうとしている春休みの時期、「それ一色で過ごして。土日も一応その振り返りとか要約の作文の記録があるので、それをやって。もうなんか、やっとこさ終えたみたいな」と振り返っていた。4年生になってからは、授業はなく毎日がすべて実習で終わっており、教えてくれた実習の種類も、「基礎看護実習」から「母性看護実習」、「成人看護実習」など、様々であった。

　さらに大学4年生に入ってからは、「看護の実習中の勉強があり、国試があり、院試があるし、卒論がある」とのことで、この時期、大学院進学を進路として選択したシオンは、大学院入試に向けても忙しく過ごしていた。そしてこの大学院入試は、シオンの外国語学習にも深い関係があった。ここからはまず、シオンの英語学習の様子についてみていこう。

　この時期、必修科目という形での外国語の授業はなかったシオンだが、選択科目の英語の授業を履修し、10人以下の少人数の授業で、論文をはじめとしたフォーマルな英語で読んだり書いたりするということを学んだそうである。この授業を通して、シオンは日本語と英語で論文の組み立て方には違いがあることを学んだ。また、4年生になって授業がなくなってからも、卒論や大学院入試に向けて、主に論文を読むという形で、英語に触れていた。大学院入試に向けて様々な文章を読む中で、シオンは「科学的な文章に使われる単語とか、意見を対立させて議論形式で文章が出来上がっているので、その筆者の主張と、そのカウンターパートの主張がどこで切れ目なのかっていうのを注意深く見る」という側面において、力が伸びたとのことであった。卒業直前の2018年3月には、自身の直近の英語学習について、論文を読む活動が中心だと振り返り、英語論文を読むことに対する自身の成長を教えてくれた。

　　出てくる事柄って最初は難しいんですけど、専門用語なので、それがわかっ
　　てしまえば大体何を言っているかはわかるんで。読みやすかったです。

（2018 年 3 月、大学 4 年生）

　このように、この時期のシオンにとって、英語学習の中心にあったのは、特
に英語論文を読むことであったが、「読む」こと以外の経験も様々にあった。
例えば、大学 3 年時の夏休みには大学の研修として 10 日間フィンランドに
行き、専門分野の内容について英語でディスカッションする機会もあったと
のことである。その時の経験について、シオンはリスニングに関しては特に
問題なかったとしつつ、以下のように振り返った。

　　言いたいことが伝わらないというよりは、言いたいことが言えなくて話題
　　にすらできないっていう感じで。だからあんまり、自分の深い考えだった
　　り、自分はこう思うんだけど、あなたはそれに対してどう思いますか、み
　　たいな話ができないんですよね。だから、それってすごいいいと思うぐら
　　いしか言えないし、まあ一応、これについてどう思いますかみたいなこと
　　を聞いたりはしたんですけど、なんか日本語で話すようには、込み入った
　　話ができない、というのは、もどかしかったですね。向こうのかたの方が、
　　全然英語のレベルは高かったので。　　　　　（2016 年 9 月、大学 3 年生）

　フィンランドでの研修中は、単なる英語での日常会話だけでなく、専門内容
についてコミュニケーションする機会もあったことから、シオンにとって
は、込み入ったことを瞬時に英語で表現する難しさを実感したようである。
この他にも、海外の大学の先生を招聘して大学で行われた英語での講義に参
加したり、大学を卒業しようとする 2018 年 3 月の時期には、次章で詳述す
るアメリカ旅行の計画のため英語で SNS でのやりとりを行ったりと、様々
な形でのコミュニケーションの機会があった。フィンランドでの研修と併せ
て、これらはすべて、シオンにとって自分の英語力を伸ばすとともに力を試
す、貴重な機会になっていった。

シオンの外国語学習動機づけの変化
　以上のように、この時期のシオンにとっての外国語学習は英語が中心と

なっており、特に文献を読むということを通して英語に触れる機会が多かった。そのような様子であったから、シオンの英語学習動機づけについても、「英語で読む」動機づけが強く見られた。以下、インタビューの一部を紹介する。

　　高橋：今どうして英語に触れてるか、どうして勉強してますかって聞かれ
　　たら、今のシオンさんならなんて答えますか？
　　シオン：論文読むためです。　　　　　　　　　（2017年3月、大学3年生）

　　読める、がまず基礎にあって、やっぱコミュニケーションっていうか、話
　　せるとか、海外の研究者と議論ができることが大事っていう気がしますね。
　　　　　　　　　　　　　　　　　　　　　　　　（2018年3月、大学4年生）

一方、L2理想自己については、この期間、あまり具体的にはならなかったようである。

　　高橋：理想としては、まあ5年後10年後とかでいいんですが、こういうこ
　　とができているっていう自分、英語に関してはどう思いますか？
　　シオン：英語に関してですよね、あんまり考えたことなくて、最近は。
　　　　　　　　　　　　　　　　　　　　　　　　（2017年9月、大学4年生）

シオンの英語に関する理想自己があまりはっきりしなかった背景には、彼女の職業に関する理想自己もまた、この時期、定まっていなかったことが挙げられる。企業で働く、あるいは省庁で働く、研究者になるなど、様々な可能性を模索しつつも、この時期のシオンは、希望進路が決まっていない状態であった。大学4年時のインタビューでは、修士課程が終わったら就職するだろうということまでは決めていたものの、「この職業にぜひ就きたい」ということは決まっていなかったようであった。それはすなわち、職業に関する理想自己がはっきりなかったため、それに大きく関係する英語に関する理想自己もはっきりしていなかった状態と言える。先行研究（Nitta & baba, 2015など）と同じように、シオンにとっても、進路が見えてくれば英語に関する理想自己も見えてくるのではないかと考えられた。

　一方、シオンの英語に関する理想自己に比べて、この時期は特に、シオン
にとっては英語の義務自己や「L2 恐怖自己」（feared L2 self、将来、自分が
外国語に関してこうはなりたくないと想像する自己像）の方がはっきりして
いるようであった。

> やっぱり高校生の時とかよりは、［英語の］必要度合いが増していて、必要
> 度合いのレベルに対して、高校生の時は割と楽に超えてたんですけど、ど
> んどん必要レベルが上がってくるにつれて自分が追いつかなくなっていく
> 感じがあって。だからやりたいなっていうよりは、やらねばっていう気持
> ちになってる。　　　　　　　　　　　　　　（2017 年 3 月、大学 3 年生）

> やっぱりなんか相手が、例えば取引先とかが英語圏の人だから［交渉に］失
> 敗したみたいなことはあってほしくない。　　（2017 年 9 月、大学 4 年生）

この恐怖自己は、それ自体が学習意欲に対して悪影響を及ぼすわけではな
い。Dörnyei（2009）によれば、「こうありたい」という理想自己を描きつつ
もそれがうまくいかなかったときに「こうなったら困る」という恐怖自己が
あることは、L2 理想自己とのバランスをとり、両者が現在の学習意欲を高
めることにつながるとのことである。しかし、この時期のシオンの英語に
関する理想自己はそこまではっきりしていたというわけではなかったため、
L2 理想自己がはっきりしない中で L2 恐怖自己の方がはっきりしていたこ
とは、どちらかというと彼女に義務感や不安を感じさせる要因となっていた
ようである。シオンのこの心理的側面は、大学院よりも大学学部のときによ
り強く感じていたようであるが、その原因については、学部を卒業してから
よりはっきりと語ってくれる結果となった。この内容については、第 6 章で
詳述する。
　高校 2 年時には、英語自体に対する興味が非常に強く、強い内発的動機づ
けがあったシオンだが、この時期、特に内発的動機づけは強くない状態で
あった。彼女の言葉を借りると、「やっぱり自分の中で英語はなんか、それ
自体が魅力っていうよりは、使うものっていう印象が強い」とのことであっ
た。高校時代には、英語の学習自体が好きと言っていたシオンが、この時
期、道具としての英語の側面の方を強く感じていたのには、L2 恐怖自己や

L2 義務自己の存在が関係している。すなわち、L2 義務自己などの自己決定
度の低い動機づけがあることが、シオンの内発的動機づけという自己決定度
の高い動機づけを「引っ張る」状態になっていたのである。このような動機
づけの作用については先行研究で報告されているところでもあり、例えば、
Wang & Fisher（2023）においては、"the stress I felt sometimes dampens my
enthusiasm"（感じていたストレスのせいで時に熱意がそがれる）という中国
人フランス語学習者の声が紹介されている。シオンの義務自己の変化とそれ
に伴う内発的動機づけの変化は、次章においては、義務自己が弱まり内発的
動機づけが強まるという逆の発展を見せることになる。

LOTE 学習に対するシオンの見方

　大学 3 年生から 4 年生のこの時期、必修のドイツ語学習も既に終了してい
たシオンは、英語以外の言語の学習に取り組むということはなかった。この
時期のシオンは、外国語学習よりも専門分野の学習や実習に忙しい日々を
送っており、特に LOTE を学ぶ時間的・心理的余裕はなかったようである。
　このような状況の中、シオンの LOTE 学習に対する考えは揺れ動いてい
るように見られた。大学を卒業しようとしていた 4 年生の 3 月には、大学で
必修科目として第二外国語を学ぶことについて振り返り、その意義につい
て、次のように語った。

> 　その外国語を習うっていうのって、何ていうか、英語圏とは違うものの考
> え方とか、その大事にしていることが文章構造とかに出てきたり、相互に
> 影響してるっていうのはあると思うんですけど、じゃあ、まあ、言語であ
> る必要があったのかっていうか、世界史とかそういう歴史の勉強でそれは
> 満たされたんじゃないのかみたいなことを考えると、確かに 1 年半とか 2
> 年かけて第二外国語をやって格別、他と違うよかったところっていうと、
> ちょっと難しいですね。
> 　英語でみんなでしゃべってる分には意思疎通ができちゃうので、それをみ
> んなわざわざお互いの言語を勉強して理解していくとかって、まあ、あっ
> たらいいけど、便利かっていうと便利じゃないですし、まあでも、そこま
> で多分深く踏み込めなかったんだろうと思います。例えば、なんか他の外
> 国の人がじゃあ日本語勉強しないって言われたら、ちょっと悲しいし（笑）。

（中略）
　日本語は日本語なりの良さがあるからとかそこでしか伝わらない表現とか
感情とかあるからって思うと、私はドイツ語でそこまでわかることができ
なかったから、そう思ってるんだと思います。（2018 年 3 月、大学 4 年生）

　上記からわかるのは、シオンが、共通語があることは便利であり、LOTE を
必修科目として学ぶ意味をあまり実感できないと感じつつも、LOTE の学習
を否定するには至っておらず、言語の独自性やその背後に背負っている「も
のの考え方」や「大事にしていること」があるということにも気づいていた
ということである。そのため、言語を手段的なものと見なしつつ、それだけ
ではないと感じるという揺れ動く状態だったのだと考えられる。
　また、共通語として英語が存在はしているものの、フィンランドでまさに
この共通語としての英語でコミュニケーションした経験からは、英語の細か
いニュアンスについて、以下のように語ってくれた。

　なんかこう、フィンランドでは通じるんですけど、ちょっと引っ掛かりが
あるというか、何かうまいこと言えてないなっていうことが多かったので、
もうちょっとなめらかに会話ができたりとか、互いにノンネイティブだか
ら、言いたいことはわかるっていうのはできていたし、ネイティブだから
ちょっとその使い方は引っ掛かるなみたいなことは起きないんですけど、
ノンネイティブ同士だから。でも相手がもしネイティブだったら、なんか
ちょっと、変な風にとられたりとか、誤解が生じたりとか、なんか嫌な感
じに聞こえたり、あるいはすごい仰々しく聞こえたりとか、感覚の違いみ
たいなものとか、もっと問題になってくるような気がして。
　　　　　　　　　　　　　　　　　　　　　（2016 年 9 月、大学 3 年生）

　すなわち、共通語として英語を使う場面が多い世の中ではあるものの、英語
の微妙なニュアンスまで理解した上でコミュニケーションしたいというのが
シオンの気持ちであり、言語には独自性や細かいニュアンスの違いがあるこ
とまで理解していたことが窺える。また、英語の論文を読む上でも、「同じ
論文の英語版と日本語訳があったとしても、まあ英語が読めないと、なんか
リアルと少しずれたものを受け取ってしまうことがあるのかな」と捉えてお

り、そこには、元の言語で理解したいという、ユズルの思考との類似点が見て取れる。

　以上の内容から、シオンはこの時期、特に LOTE 学習を行っていないこともあり、その学習に大きな意味を感じるという状態ではなかった。その一方、特に原語で読むことの重要性や言語の独自性を理解しており、英語ですべて事足りるとも考えていなかったようである。シオンのこのような言語に対する見方は、この時期の後も変化していき、次章では、より「道具」としての言語を超えて、人間にとって本質的なものと捉えるようになっていく。

研究課題についての考察

　本章では、2016 年度から 2017 年度にかけて、シオンとユズルが大学 3、4 年時の様子を分析した。具体的に設定した研究課題は、以下のとおりであった。

(1) ユズルとシオンの英語および LOTE 学習動機づけは、時間とともにどのように変化するか。
(2) ユズルとシオンの英語／LOTE／多言語理想自己は学習の到達度や継続力にどのように影響するか。
(3) 英語はユズルとシオンの LOTE 学習動機づけに影響するか。

　研究課題（1）については、以下の 3 点が明らかになった。まず、先行研究（Nitta & Baba, 2015; Taguchi, 2013 など）でも指摘されているように、特に日本のような FL 環境においては、L2 理想自己の発展には「職業に関する理想自己」が大きく関係しているということである。普段、日常的に外国語に触れる機会がなかなかない日本において、「○○語が必要な△△という職業に就きたい」と想像することは、その外国語を学習しようとする大きな動機づけになる。一方、職業以外では、日常で使う機会も限られるため、なかなか理想自己を描くのは難しい状況であると言える。シオンはこの時期、理系に転向したこともあり、卒業後の職業、あるいは進路をはっきり決めていなかった。このことから、どのような場面でどのような英語を使いたいか、あるいは必要になるかが明確ではなかったと思われる。日常の大学生活においては、専門分野の論文を英語で読むということが求められることもあ

り、特に大学院入試に向けては英語に触れる機会が多くあった。しかし、英語は「将来必要になる」とは考えていたものの、理想自己としてはなかなか具体的にならなかったようである。一方、ユズルについては、「研究者になる」という職業に関する理想自己が以前に比べてはっきりしていった時期であり、この、職業に関する理想自己が、英語をはじめとして、様々な言語の理想自己につながっていった。ユズルも大学においては専門分野の文献を英語で読むことが求められた一方、英語以外の文献を読む必要性も日常的にあったようであり、英語理想自己のみならず、フランス語理想自己など、様々な LOTE 理想自己が発展していった。また、それら様々な言語の学習の先には、可能であればフランスで大学院に行くなど、多言語を伴う理想自己が見据えられていたことがわかる。

　第二に、内発的動機づけの変化も 2 人の間で異なる様子であった。シオンはこの時期、英語を手段的なものとして捉えている様子で、「英語学習自体が好き」、あるいは「英語自体が好き」という状態ではなく、内発的動機づけは強くはなかった。この様子には、英語を勉強しなければならないと感じるシオンの L2 義務自己や L2 恐怖自己が関係していた。ユズルの場合は、英語だけでなく様々な言語の学習自体が好きとのことで、彼の口からはしばしば「趣味」という言葉が聞かれた。ユズルの強い内発的動機づけは、この 2 年間を通して変わることなく、あるいは強くなり続けていた印象であった。

　少し俯瞰して考察してみると、ユズルの強い内発的動機づけ、およびはっきりとした英語・LOTE 理想自己の様子は、Zheng et al. (2019) で紹介された中国人英語・スペイン語学習者と類似点がある。この研究では、学習者の一部が言語自体に魅力を感じるとともに、英語だけで十分だとは考えず、多言語主義者となり、"multilingual posture"（p. 600、多言語志向性のことで、多言語主義を介して国際社会と自分を重ね合わせ、多言語のレパートリーを多様化させようとする意欲）を育んでいった様子が描かれている。この点では、ユズルもまた、この「多言語志向性」が強かったと表現することができる。

　第三に、専門分野の学習あるいは研究という面において、多言語が必要とされているかどうかは 2 人の間で異なっていた。シオンの場合は、専門が看護学ということもあり、主として求められるのは英語で読む能力であり、LOTE で読む能力は特別必要とはされていなかった。一方、ユズルはインタ

ビューにおいて何度も「○○語で読めなきゃいけないので」という発言をしており、政治哲学という分野の性質上、古典を含めて、英語と様々なLOTEで文献を読む必要性があったのだと考えられる。彼にとって、専門分野の文献を多言語で読むということはもはや日常であり、学んでいる言語もその時その時取り組んでいる内容によって増えたり、あるいは比重を置く言語を変えたりしていた。このような大学での様子から、多言語で読む必要性の有無の違いが 2 人の LOTE 学習動機づけの差異にもつながったと考えられる。

　ここまで、特に動機づけ面から本章で分析した 2 年間を振り返り、主として 2 人の相違点が明らかになったが、大学で「読む」ということについては、相違点だけでなく、類似点も明らかになった。それはすなわち、大学で学ぶ 2 人の日常には、外国語を「話す」という機会よりも「読む」機会の方が多くあり、そしてそのような活動には、2 人が高校時代に取り組んだ英語多読の経験が大いに役立ったであろうということである。シオンもユズルも同じように、この、外国語で「読む」重要性を強調していたことを考えると、特に日本のような FL 環境では、外国語で「読む」ことの大切さ、あるいは機会がもっと認識されてもよいのではないだろうか。

　2 人の間のもう 1 つの類似点としては、前章の期間同様、2 人とも、将来の英語の必要性を認識していたということである。シオンにとって、将来実際就く職業はまだこの時期はっきりしていなかったものの、どのような職業に就くにせよ、英語は関係すると考えていた。また、ユズルにとっても、将来希望していた研究者という職には英語が必要になると考えていた。実際の必要性の有無にかかわらず、このような英語の「主観的関連性」が高かったことから、シオンもユズルも、英語学習はずっと継続していくという結果になった。

　研究課題（2）については、上記のような様々な動機づけの変化が影響し、2 人とも英語学習は継続、LOTE 学習についてはユズルは継続、シオンは継続しないという結果になった。英語については、シオンはまだその職業面での関係性ははっきり見えていなかったものの、将来必要になるであろうという側面を認識しており、そのような側面に加えて、英語を「読む」という活動を中心に、英語学習も継続していた。ユズルについては、この期間にフランス留学を経験したこともあり、英語、LOTE とも継続するという結果になった。また、それぞれの言語の到達度について、シオンは特にこの期間に

TOEIC や英検のような試験は受けなかったため明らかではないものの、ユズルはこの期間中にフランス語に関して DALF C1 を獲得するという結果となった。

　最後に、研究課題（3）について、LOTE 学習動機づけに対する英語の影響は様々であることが明らかになった。シオンについては、ちょうどこの章で扱った研究期間の終わりにあたる大学学部卒業時に必修の第二外国語学習を振り返って、英語が共通語として機能しているのでそこまではっきりとした第二外国語学習の意義を感じられないということであった。すなわち、彼女の場合は、LOTE 学習動機づけに対して、英語の悪影響があるという結果であった。このようなシオンの捉え方は、海外の先行研究の結果と一致するところである（Busse, 2017; Henry, 2015a; Wang & Liu, 2020 など）。一方、ユズルにはこの英語の影響はほとんど見られなかった。説明した 3 つの要因（英語多読の経験から得られた原著で読む大切さの認識、高校時代の中国での経験、そしてヨーロッパ一人旅時に感じた言語あるいは文化の多様性）から、ユズルは英語と LOTE 両方に重きを置いており、英語が LOTE 学習動機づけに悪影響を及ぼすということは見られなかった。

　研究課題（3）について興味深いのは、LOTE 学習に対するシオンの見方である。シオンにとってはこの時期、LOTE 学習動機づけに対する英語の悪影響が見られた一方、その考えは揺れ動いているように見られた。すなわち、英語が共通語として存在しているのでお互いの言語を学ぶのは「便利でない」としつつも、そのことによって、例えば日本語非母語話者が日本語を学ぶのをやめてしまうのは寂しいとのことであった。また彼女は、必修科目として学んでいたドイツ語について、その独自性を認識するレベルにまで至らなかったため上述のような考え方をしているのかもしれないと述べていた。さらに、英語についても、共通語としての機能はある一方、その微妙なニュアンスなども理解したいと言っていた。このような揺れ動くシオンの捉え方は、共通語としての英語のみでよいのか、他の言語を学ぶ意味は何かという点について、様々な学習あるいは人生経験を経ながら学習者の考え方が変化する様子を表している。次章で扱う研究最後の 3 年間においても、シオンの考え方は、彼女の周りの様々な環境の変化にも影響を受けながら、さらに発展していく。

2 人の専門分野での学習から学べること

　本章では、同じ大学にいても異なる専攻で全く違う経験を積んでいく 2 人
の様子が明らかになったわけではあるが、その一方、2 人の共通点にも着目
すべきであると感じている。それはすなわち、日本で勉学に励む大学生に
とって、外国語との一大接点はその言語で「読む」ことにある、ということ
である。これは 2 人の間に共通していたことであり、2 人とも同じようにそ
の重要性を指摘していた。この重要性の認識には、第 3 章で紹介した、ユズ
ルとシオンの高校時代の英語多読の経験も一役買っていたと考えられる。外
国語で「読む」ことは、「外国語学習」と聞いて多くの学習者がまず思い浮
かべることではないかもしれないが、シオンとユズルの姿は、外国語で「読
む」という可能性が日本でも大いにあることを教えてくれた。

　視点を広げてみても、日本だけでなく、海外においても、この、「外国語
で読む」ことの大切さはあまり認識されていないことではないかと思う。海
外の様子としては、ユズルが留学中の経験として教えてくれた、ドイツ語で
読みたいというユズルの動機づけに疑問を呈した友人の様子からもよくわか
るとおりである。外国語といえば「コミュニケーション」、特に「話すこと」
が重視される時代ではあるが、話す機会があるのか、あるいは話す能力がど
れくらい必要なのか（日常会話程度でよいのか、その言語で議論ができるよ
うなレベルなのかなど）ということはそれぞれの環境によって異なることで
あり、日本のような FL 環境の様子を考えるとき、コミュニケーションを狭
義で捉えるのではなく、今一度、その意味を学習者それぞれが考えるべきで
はないかと思う。すなわち、コミュニケーションには、本質的には「話す」
「聞く」「書く」「読む」の 4 技能が含まれ、外国語で「読む」こともまた、
その著者と「コミュニケーション」することであると捉えられると考える。
このような考え方に基づき、この「外国語で読むこと」の重要性、あるいは
可能性について考えるとき、これはヨーロッパなどの学習者よりも、外国語
で話す機会が多くない日本人学習者が特に認識しやすいと言えるのではない
か。さらに、この「外国語を話す環境が身近にない中で話すこと以外の内容
からその可能性を広げていくこと」は、大学生に限ったことではなく、どの
年代の学習者でもできることではないかと思う。

大学学部後半の 2 人を振り返って

　大学 3、4 年時の 2 人を現在から振り返ると、専門分野において一生懸命（という言葉が陳腐に聞こえるほど）勉学や研究に励んでいた 2 人の様子がひしひしと感じられる。また、外国語の学習においては、2 人の間には違いもあったものの、様々なものを読み、思考し、また様々な授業を履修し、シオンの場合は病院での実習に参加したりフィンランドでの研修に参加したり、ユズルの場合は交換留学を経験し、と、実に様々な学習経験、人生経験を積んでいった様子が見て取れる。表面上は言語学習には関係ないようにも思われる人生経験も、2 人の思考に様々に影響し、それが回り回って言語学習にも影響を与えるということが、2 人の心理状態や思考を長期に渡って分析することで、徐々に明らかになっていった。

　さて、大学 4 年生まで終了したこの時点において、当時の私は、ユズルはこのまま研究者になるという道を突き進み、シオンは大学院修士課程修了後就職するであろうと予想していた。しかし、この予想は半分はずれることになる。シオンは、彼女の言葉通り、修士課程修了後就職することになるのだが、ユズルもこの後の 3 年間を終わってみたところ、同様に修士課程修了後就職という道を選んだのであった。研究者という道を選ばなかったことは私にとってはかなりの驚きであったが、さらに驚いたのは、研究者という職業関連の理想自己がなくなった後も、ユズルの多言語学習が継続していったことである。日本のような環境で、職業関連の理想自己がなくなっても多言語学習が続いていった背景には何があるのか。また、つまるところ、ユズルやシオンにとって、大学院以降も見据えて、言語や言語学習とは何を意味するものだったのか。次章では、これらについて詳しく分析する。

第6章
人はなぜ言語を学ぶのか
～教育機関における外国語学習を超えて～

　本章で分析するのは、研究最後の3年間、すなわち、2018年度から2020年度にかけてである。この3年間は、研究期間中の9年の中でも、特に2人の人生が大きく動いた時期である。2018年度から2020年度の間に、ユズルは大学を卒業、大学院修士課程に入学、そして最後のインタビューを行った2021年3月には修士課程を修了しようとしているところであった。一方のシオンは、2018年3月に大学を卒業後、同年4月に同じく大学院修士課程に入学、2020年3月に修士課程を修了、2020年度には社会人1年目を過ごすという時期であった。このような人生のステージが大きく動いた時期、2人の外国語学習および外国語学習動機づけもまた、大きな動きを見せた。本章では、2人の外国語学習や外国語使用の詳細、動機づけの変遷を、彼らの人生の動きとともに検証し、言語学習に対するヒントを探っていく。

　外国語学習動機づけに関する研究について今一度考えてみると、既に何度も紹介している対象言語の偏りに加え、研究対象者の偏りが挙げられる。すなわち、国内のみならず、海外を含めて考えてみても、多くの動機づけ研究の対象者は大学生であり、少数が高校生であったり中学生（あるいは最近は小学校で英語が必修化されたこともあり、最近の研究では小学生も含む）であったりする。一方、大学院生や社会人に関する研究は国内外とも非常に限られている（例外として、例えばKubota, 2011）。しかし、外国語の学習について一般的に考えてみると、例えば、必ずしも学習者が教育機関に属していないこともありえるし、NHKラジオ講座のリスナーについて考えてみても、社会人の場合もあったりと、様々な学習者が存在する。研究面においては、このような研究対象者の偏りを是正し、様々な学習者を対象とすること

が、これからの研究に大いに期待されている。それはすなわち、多くの場合、高校生や大学生は必修科目として英語あるいは LOTE を学んでいるのに対して、大学院生、社会人の多くはそのような状況にないため、大学院生や社会人の外国語学習の動機づけには、高校生や大学生とはまた違った特徴があると考えられるからである。余談ではあるが、私自身、データ収集を行っていた間は、2 人が高校生のときからずっとインタビューを続けていたため、大学院時代や社会人になってからのデータの貴重さについてあまり深く考えることのないままインタビューを続けていたが、今では、得られたデータの貴重さを大いに実感している。

　このような研究動向を踏まえると、シオンとユズルは、LOTE も含めた日本人多言語学習者であり、かつ、教育機関からも離れようという状況であったため、二重に貴重なケースであった。大学院生として、あるいは社会人として、彼らは、一体何に支えられて言語学習を続けたのであろうか。また、特にアジアのような環境では、動機づけにも大きな影響を与えると主張されている "student's role obligations"（学生の役目・任務、Huang et al., 2015, p. 36）がなくなりつつあった 2 人にとって、そもそも言語の存在とは何なのか、あるいは言語学習の意味はどのようなものだったのだろうか。これらが明らかにできれば、多くの場合、学校で必修科目なので英語、あるいは LOTE を学んでいるという状態の一般的な外国語学習者にとっても、動機づけ上のヒントが得られるのではないだろうか。動機づけ研究で明らかにしようとしている「なぜ人は言語を学ぶのか」という大きな問いに、正面から向き合おうとしたのが本章である。

　以上のことから、特にこの 3 年間で明らかにしようとした研究課題は以下のとおりであった。

(1) ユズルとシオンの英語／LOTE／多言語理想自己は時間とともにどのように発展するか。
(2) 学生としての役目が減っていくことはユズルとシオンの外国語学習動機づけに影響はあるか。
(3) ユズルとシオンにとって言語と言語学習は何を意味するのか。

これらの研究課題に取り組むことにより、本研究を通して突き詰めて検証し

てきた「動機づけの長期的変化」が明らかにできるとともに、単なる「動機づけ」を超えて、特に様々な言語を学習してきた2人ならではの言語や言語学習に対する思考を明らかにし、これからの言語学習者に示唆となる内容を提供できるはずである。

ユズルのその後の多言語学習

　ユズルは2019年3月に大学学部を「卓越」（成績最優秀者表彰）を受賞して卒業、同年4月、大学院修士課程に進学した。また、彼の大学では通常、大学院に進学するためには筆記試験が課されていたが、ユズルがそれよりも前に学部に提出していた論文があまりにも素晴らしく、筆記試験は免除されたということであった。ユズルはその時学部に提出した論文のデータも私に送ってくれたが、まず驚いたのは、参考文献の多さと、それらの文献が何語で書かれているのかという言語の多さであった。

　ユズルの多言語学習は、この時期、授業内外でさらに発展した。例えば、大学学部や大学院においては、履修者の「9割方が留学生」で、英語で教えられるという行政学の授業や、フランス文学をフランス人教員がフランス語で教えるという授業を履修。また、大学5年時から大学院1年目にかけては、16世紀のマキャベリをイタリア語で読む勉強会に毎週1回、2時間参加したりしていた。また、この時期より前のユズルはどちらかというとどの外国語においても「読む」ことに対する熱意が強かった一方、本人曰く、「僕は若干リスニングが弱いっていう反省がある」とのことで、この時期には、例えば「5分［海外］ドラマを見て、一回止めて、聴き取れなかったところをもう一回聞いて、で、さらにできなかったらそのトランススクリプトを見るのを繰り返したり」して、読むこと以外の技能にもその学習を広げていった。さらに、哲学を読みたいのでフランス語を勉強していると言っていた学部初期の頃とは違い、話す力もさらに伸ばしたいということで、フランス語母語話者と週に1回会い、お互いの言語を学ぶという「ランゲージ・エクスチェンジ」も行っていた。言語を学んだり使ったりする機会は、特に日本のような環境では与えられるものではなく作るもの、という彼の意識がよく見て取れる。

　この時期のユズルについて特筆すべきことの1つは、高校時代に聴いていたNHKのラジオ英語講座での学習を、大学院に入ってから再開したことで

ある。第3章で詳述したように、高校2年生時のユズルは、ラジオ講座の中で最もレベルの高い、特に英語でビジネスを行うような学習者も対象にした講座を含む3講座を同じ時期に聴いており、その熱心な学習に驚いたものだが、彼のラジオ講座での学習は長続きせず、7か月で学習をやめ、その後、受験勉強に注力するという結末になっていた。しかし、彼によると「原点に立ち返る感じ」で、高校2年時と同じ、ラジオ講座の中で最もレベルの高い英語講座を聴き始めたのである。特に、この時期はコロナ禍の初期にあたり、ユズル、シオンともに基本的に家にいることを余儀なくされた頃に重なる。ユズルの大学院の授業もすべて遠隔授業となり、否応なく毎日家にいながら、修士論文に取り組むという状況が続いていたそうである。このような状況の中では、毎日同じ時刻に放送があるというラジオの特性を大いに生かした学習が彼に合っていたようで、論文に取り組みながら、合間にラジオ講座を聴く、という毎日だったそうである。Dörnyei (2020, pp. 141–142) が主張する「学習の習慣化」の観点からすると、ラジオ講座を毎日同じ時刻に聴くということは、本人が何か意識しなくても自然に学習が習慣化できることにつながるということで、この時期のユズルには継続しやすい英語学習方法だったようである。彼自身、「意識的に、タイムスケジュールを1日の中で作りたいなということもあったので、そうするとやっぱりお昼の時間にラジオがあってっていうのは結構、いいメルクマール［ドイツ語で「中間目標」などを指す］になってた」と振り返っている。今の世の中、外国語を自習しようとすると実に様々な媒体がある中、ユズルが古典的とも言えるラジオ講座に戻ったのは、オンラインの教材などと比べて、この「規則的なスケジュールの中、規則的に学習して、学習を習慣化する」という学習方法の利点を十分に理解していたからだと推測できる。

　ところで、ユズルに毎回インタビューを行っていたのは、高校時代の「空き教室」を除いては、毎回、大学の食堂だったり喫茶店だったりしたのだが、一度、大学の食堂でインタビューさせてもらった後、そのまま話しながら大学最寄り駅の方まで一緒に歩いたことがある。歩いているときにはもちろんインタビューは行わないわけで、普段の大学での様子やら自分の研究のことやら、いろいろな話をしたのだが、あるインタビューの後、英語とLOTEの学習の類似点、相違点、また相互作用の話になったことがある。雑談の中で出てきた話題ではあるのだが、ユズルはこれらについてかなりはっ

きりした意見を持っており、雑談で聞くのにはもったいない内容であった。それを鋭く察知したユズルは、その後すぐ、インタビュー当日にメールで自分の考えを披露してくれた。ここではその一部を紹介する。

- 私を含め、近年は英語は小学生の頃から特に自発的な意欲なく勉強を始めることが多いと思います（もちろん、自分の意思で海外大学に進学されたりするケースは別ですが）。しかし第二・第三外国語…をモノにしようと思うと、どうしても自分で試行錯誤が必要になります。そうしてある言語を自発的に勉強した経験は、翻って英語力を向上させる上でも非常に意義深いものだと思いますし、事実私の英語学習もフランス語等々を学習する中で体得した方法を活用している部分があります。また英語（語彙、用語法、あるいは英語の言語文化全体）を相対化する意味でも、別の言語の学習経験は意義あるものでした。
- ただし思い返してみると、私の場合は高校の頃の英語学習がその後の多言語学習に繋がっている部分も多々あります。私は高校のころ英語多読（およびネイティヴの先生の授業）を経験できる環境にありましたので、受験勉強で細かい文法や用語法を確認しつつ、実際に英語に触れることで英語力を伸ばせました。ある意味、ハードとソフトの勉強法を車の両輪のようにした部分があります。こういった意識は後にフランス語等々を勉強したときにも持ち続けていた点かもしれません。
- したがって英語学習の経験と他言語の学習経験は、私の中では相互作用あるいは相乗的な役割を果たしているような気が致します。

（2019 年 3 月 8 日、メールにて）

文面からしても、ユズルが自身の多言語学習を客観的に分析できていることが窺える。また、英語と LOTE が決して邪魔をし合う状況になかったことがわかる。この点は、共通語となっている英語を学んでいるから他の言語の学習は不要であると考える、先行研究の多くの学習者（Busse, 2017; Henry, 2015a; Wang & Liu, 2020 など）とは全く違う意見であり、このような見方をしていたからこそ、多言語学習に成功したのだと考えられる。

　以上のような学習に支えられ、ユズルは、長期の英語圏での滞在経験なしに、TOEFL iBT では 103 点（リーディング 30 点（満点）、リスニング 28 点、

ライティング 23 点、スピーキング 22 点）を 2019 年 3 月に獲得、また同年
7 月には TOEIC を受験、955 点を獲得した。TOEFL103 点ということは、
英語圏の大学学部の正規授業に問題なくついていけるレベルということで、
ユズルの惜しみない努力の結果ということができる。第 5 章で紹介した、フ
ランス語の DALF C1 レベル獲得という成果と併せて、彼の努力の結果を示
すスコアである。

進路変更と多言語学習の動機づけ

　この時期、私が最も驚いたのは、ユズルがそれまで目指してきた研究者と
いう希望進路を変更したことであった。それまでのユズルの希望進路は揺る
ぎないものに見えたため、その決断には本当に驚いた覚えがある（今でも、
それを聞いたときに私が非常に驚いた様子だったのを見て、ユズルが何とも
言えない表情で笑っていたことを思い出す）。また、ユズルの多言語学習は、
政治哲学の研究者になるという理想自己に大きく支えられていたという印象
が強かったため、もしかしたら、多言語学習の動機づけも失ってしまうので
はないかと考えたこともあった。しかし、研究者という将来の理想自己が変
わってからも、驚いたことに、彼の多言語学習動機づけは相変わらず強固で
あり、2019 年暮れからはさらに朝鮮語という新たな言語が学習対象として
加わったのであった。

　そのような様子であったから、本研究で特に重要だと考えたのは、研究者
になるという夢に支えられていた L2 理想自己がなくなったにもかかわらず
多言語学習が発展していったのは、一体どのような動機づけに支えられてい
たからなのかということであった。動機づけは変化するものであり、また、
同時に複数の動機づけに支えられている方が学習を継続しやすいということ
から、明らかにすべきは、L2 理想自己を含むがそれだけではない、ユズル
の多言語学習を支えた複数の動機づけであった。

　ここではまず、ユズルの「職業に関する理想自己」の変遷と、それに伴う
「L2 理想自己」の変化から見ていこう。インタビューでは、具体的には次の
ように教えてくれた。

　　　［研究者という道について］本当にやっていけるかなみたいな、そういう意
　　味での不安はありますけど、別の道に行こうかみたいな希望はあんまりな

いですかね。 （2018 年 10 月、大学 5 年生）

話すと長いんですけど。まあ博士課程に行こうとは思ってるんですけど、様々な昨今の事情があるので、修士で出て、就職することもちょっと考えてもいいかなっていうことを思い始めて。（中略）もちろん気持ち的には博士課程行きたいんですけど。ただ博士課程行って、その後、生計を立てられる 100% の自信はないので。 （2019 年 8 月、大学院 1 年生）

［大学院博士課程への進学希望について聞かれて］それは、あんまり考えていないですね。指導教官と話してはいるんですけど、諸般の事情で、はい。（中略）例えば博士課程 5 年とか続けていく、経済的な問題もやっぱりありますし、精神的な問題もありますし、その後の、博士号取ってから先の問題もやっぱりあるので。 （2020 年 3 月、大学院 1 年生）

［就職が決まった機関］の場合は、中に、ずっと調査とかやってる部署もあるので、研究職的な人が多いし、アカデミズム的な人が多いので、職種的にも、あるいは人柄的にも、今まで私が来た方向とそぐうことがあるっていうのは間違いないですかね。 （2020 年 3 月、大学院 1 年生）

［選択した進路について後悔はないか聞かれて］ゼロかって言われると難しいですけど、今のところ自分にとって最適な選択をしたかなっていう気はしてますけどね。 （2020 年 10 月、大学院 2 年生）

もちろん、おそらくインタビューにおいて、ユズルが彼の様々な思考の 100% を語ったということではなく、ここでは語られていない動機もいろいろとあるのだと推察できるが、ユズルがいろいろ悩みながら進路を選択し、最終的には、その選択に満足しているという様子が窺える。

　さて、それまでの研究者という理想自己から変更になった進路であるが、ユズルが最終的に就職先として選んだのは、日本の中枢に位置するとも言えるある公的な機関であった。興味深いのは、実際に就職する前に、既にユズルの中ではどのようにその職に言語が関わってくるか、想像がついていたことである。公式の場においては、基本的にはそれまで学んできた様々な

LOTE ではなく英語を使うことになるだろうとしつつも、非公式な場面も含めて、以下のように、L2 理想自己を披露してくれた。

> 国を代表して交渉とかをしなければいけないわけなので、それも真正面ではなく、1 対 1 のコミュニケーションであるとか、あとは会議の正式な場以外での、インフォーマルなコミュニケーションとか関係は、日本の○○［ユズルの就職先］とその国の△△［ユズルの就職先に相当する諸外国の機関］の関係を円滑にするためには必要になってくると思うので、フォーマルなコミュニケーションとインフォーマルなコミュニケーションと両方、特に、読んだり書いたりに限らず、話したり聞いたりと、生のコミュニケーションを円滑に行って、国の利益のために働けるようになりたいというところですかね。　　　　　　　　　　　　　（2020 年 10 月、大学院 2 年生）

> 出向とかで国際機関に行ったりすることもあるんですよね。それで例えば、××［国際的な機関］とか行くと、まあもしかしたらアフリカの国への援助とかもあるでしょうし、そうするとフランス語とかも使うかもしれないですし、あるいはアジアの、例えば中国、韓国、ASEAN とかそうした国々との折衝とかになれば、直接、僕は中国語とか韓国語とか、非公式の場とかでも、相手の国の言語を使って、信頼関係を築いたりできるようになりたいとは思っています。　　　　　　　　　　　（2021 年 3 月、大学院 2 年生）

以上のインタビュー内容から判断すると、ユズルにとっては、選択した職業については英語が中心になりつつも、非公式な場面では相手方の言語でコミュニケーションすることで、相手と信頼関係を結ぶことが可能だと考えており、そこにははっきりと、英語だけを重視しない、多言語を重視する姿勢や、英語理想自己、LOTE 理想自己が見て取れる。職業に関する理想自己は変化しても、ユズルの多言語に対する姿勢は全く揺るがず、多言語を行き来する状態であり続けたい、多言語使用者でありたいと考える彼の多言語理想自己（ideal multilingual self、Henry, 2017）は変わらなかった。

　このようなユズルの多言語理想自己を支えた要因はいくつか考えられるが、まず一貫しているのが、他者を理解しようとするとき、その人の言語を学んで理解しようとする姿勢である。例えば、研究最後のこの時期に新たに

学び始めた朝鮮語についても、その学習動機づけは、彼らの考え方や視点を理解したいという思いであった。ユズルがちょうど朝鮮語を学び始めた2019年から2020年あたりにかけて、日本と韓国の関係は「非常に良好」とは言いづらい状況であったが、だからこそ、例えば、「韓国の人たちの発想とか、政治の発想」を理解したいとのことであった。このような姿勢は先行研究においても見られ、例えば、Gao & Lv（2018, p. 230）における中国人日本語学習者が、日本語を学ぶことにより、多角的に物事を捉えられるようになり、中国、日本、両方に対する見方が変わったという報告とも類似している。

　次に挙げられるのが、ユズルのL2理想自己とL2義務自己の間に矛盾がなかったことである。L2セルフシステム理論（Dörnyei, 2009, p. 20）では、将来、外国語に関して「こうありたい」と願うL2理想自己と、「こうあるべき」と考えるL2義務自己に矛盾がないことが、学習行動にとってはプラスであるとされている。この点において、ユズルの考え方は、まさにその様子を表したものであった。また、ユズルにとっては、理想自己と義務自己でいうと理想自己の方が大きかったようであり（「やっぱ『なりたい』の方が大きいですかね」、「[ある言語を学ばないことで]困るっていう状況があるわけではない」という発言から見て取れる）、「むしろ、そういう風になりたいっていうのと、なるべきっていう両方が、相互に補完的に作用している気はします」とのことだった。また、L2理想自己がはっきりしているからこそ、日常の外国語学習にも影響を与えていたということが、以下のインタビュー内容からよくわかる。

　　義務感に駆られてやってるというよりは、ある意味好きでやってるからこそ、日常的に転がってる様々な学習の機会をちゃんと、漏らさずにすくっていくことが大事だと思っているんですよ。　　（2019年3月、大学5年生）

このような考え方をしているユズルからすると、外国語を学ぶ機会は日本のような環境でも「日常的に転がっている」わけであり、映画を見たり、新聞記事の英語をストックしていったり、様々な機会を見つけていくことで、学習は可能だと捉えていた。

　外国語学習者の多くは、例えば、「グローバル化した世の中だし、将来は

英語ができるようになっているべきだろう」という L2 義務自己のみがある
とか、「将来は英語ができるようになっているべきであろうが、自分から特
段強くそうなりたいというわけではない」ということで L2 理想自己と L2
義務自己が矛盾しているとか、そのような難しい状況にあるのではないだろ
うか。しかしこの点において、ユズルの L2 理想自己と L2 義務自己は、相
互に補完し合う、調和がとれたものであった。「こうあるべき」だけでは外
国語学習は長続きせず、自分が「○○語ができる状態になっていたい」と具
体的にイメージしていたこと、そしてこの「こうなっていたい」と「こうあ
るべき」が「相互に補完的に作用している」状態だったからこそ、ユズルの
多言語学習は発展し続けたのだと言える。

　さらに、ユズルの長期的な動機づけを考えるとき、言及しなければならな
いのは、非常に強い内発的動機づけである。多くの学習者にとって、言語学
習は、その言語を学ぶことでほかの何かが得られるという「外発的動機づ
け」に支えられているが、ユズルはそれだけでなく、言語学習自体が楽し
い、また意味があると、特に大学学部入学以降、一貫して言い続けていた。
例えば、朝鮮語学習についても、朝鮮語は「すごく日本語の漢字の熟語に似
ていることが多いので、それが面白い反面、とても似ているんだけれども、
若干違うところもあって、面白いんですよね」ということで、類似点と相違
点、その両方に興味があると言っていた。また、スウェーデン映画が好きだ
から、スウェーデン語を学ぶのもよいと言っていたこともある。つまり、彼
の言葉を借りると、「別に何語でも好きなんですよ」であり、「もう完全に趣
味ですね」とのことであった。ユズルの自己分析によると、他者からの影響
が全くゼロというわけではなく、「姉が例えばロシア語ができたりするのも
多分 1 つの影響ではあると思う」としつつも、基本的には、「言語そのもの
が好きってのももちろんある」とのことであり、彼の動機づけは彼自身の内
面から湧き出てくるものであると分析できる。動機づけが内発的ということ
は、言語を学習することによって何かほかのものを得なくても学習自体が楽
しいということであり、この内発的動機づけが、ユズルの長年の多言語学習
を支えたであろうことは間違いない。

　以上のようなユズルの姿勢や動機づけに支えられ、この時期、ユズルは
TOEFL iBT 103 点という結果だけでなく、研究終了直後の 2021 年 4 月に受
験した朝鮮語検定の TOPIK I では 2 級に合格(リーディングは満点、リスニ

ングは 100 点満点中 98 点）した。学習を開始してわずか 2 年も経たないうちにこのような結果を出したということで、ユズルの努力が見て取れる。しかし、これらのスコアにも増して言及すべきは、ユズルが常に、その時そのときに必要と感じる、あるいは興味がある言語を見極めつつ実に多くの言語を学び、他者を理解しようとしたことである。このような、言語あるいは文化を超えようとする姿勢は、時を経て、より強固なものになっていった。

ユズルにとって言語や言語学習が意味するところ

　さて、本研究のこの最後の局面において、特に 2 人が教育機関、つまり様々な「学校」から離れようとしていた時期ということもあり、明らかにしなければならないと考えたのは、彼らにとって言語とは、また言語学習とは何を意味しているのかということであった。教科として学ぶこともなくなり、言語を学習「しなければならない」という状態もなくなるというこの時期、ユズルにとって、シオンにとって、言語や言語学習の本質的な意味とは何だったのだろうか。なぜ、ユズルは、大多数の言語学習者と違い、英語以外の言語にも学習の意味を見出し、学習を楽しみ、そして血のにじむような努力を続けていたのであろうか。これらの質問に対して、ユズルが語ってくれたことは、人間の本質的な側面を表す、素晴らしい内容であった。

　　ぱっと思いつくのは、その言葉を使って生きている人々の人生そのものというか、生き方そのものっていう感じですかね（笑）。例えばフランス語だったら、その言語を使って生きている、フランス人だけじゃなく、様々な、アフリカの方々とか、それを国際語として使ってる国際機関の人々とか、そういった人々の、日々の営みを、言語がフレーミングしてる部分も、言語が生活をフレーミングしてる部分も、絶対あると思うんですけど。逆に、そういった人々の生の活動があって、例えば新しいボキャブラリーができたり、特有のこうイディオムができたりとか。やっぱり、言語が人生を作り、人生が言語を作ってると思うんですよね。そのなんというか、相互作用が、言語だと思うので、だからこそそれを、言語を学ぶことで……言語っていうフィルターを通して、それを使って生きてる人々の人生に触れることもできるし、それはすなわち、文化に触れることもできるし、それを使って生きてる人々の人生、というか、生き方そのものが、そこに投影されて

るものなのかなと思ってます。　　　　　　　（2021年3月、大学院2年生）

　例えばフランス語だったら、もちろん日本とフランス、文化も違えば生き
方も違うという中で、言語を勉強することで、そのフランス語圏の人々と
か、フランスの文化がわからなかったものが、少しわかるようになると
（笑）。ひたすら言語の勉強の道というのは長いですし、もう、本当にネイ
ティブレベルになるってのはもちろん大変なことではあるからこそ、フラ
ンス人が思っているようにフランスのことをわかるようには、まあほぼな
らないわけですけれども、ただ、もともとあった距離っていうのを確実に
縮めていくことができるのが言語学習だと思っているんですよね。なので、
終わりのない道ではあるけれども、確実に、その国の文化とか人々へ、距
離を縮めていくことができるのが、言語の勉強なのかなって思ってますね。
　　　　　　　　　　　　　　　　　　　　　（2021年3月、大学院2年生）

　既に紹介したように、最近急増している海外のLOTE学習動機づけ研究に
おいては、研究対象者の母語に関わりなく、英語が共通語となっていること
を背景として、LOTE学習の意味を見出せずにいる学習者の様子が多く報
告されている（Busse, 2017; Henry, 2015a; Wang & Liu, 2020など）。彼らの
考え方は、英語ができるようになることで就職に有利になったり、経済的に
有利になったりする一方、LOTE学習にはそのような実利面がなく、どこ
へ行っても英語でコミュニケーションできるのだから、LOTEを学ぶ意義が
わからないということである（Henry, 2015aなど）。上記で紹介したユズル
の考え方は、これらの学習者の考え方とは対極にあるものと言ってよく、ユ
ズルにとっては、英語が「学んでいる言語の1つ」にすぎないということが
よくわかる発言であった。すなわち、ユズルにとっては、言語とは人間の営
み、文化と深く関係するもの、「生き方そのもの」であり、「言語が人生を作
り、人生が言語を作って」いるのである。また言語を学ぶこととは、異なる
言語を背景として異なる価値観や考え方を持つ様々な人々との距離を縮める
ものであり、「終わりのない道」、生涯続いていくものであった。2023年現
在、惜しむらくは、本研究をユズルの就職と同時に終了したため、就職後の
ユズルのその後の考え方の変化を知る術がないことである。

シオンのその後の外国語学習と外国語使用

　本章で検証する 2018 年度から 2020 年度にかけて、シオンの人生もまた、ユズルと同じように大きく変化した。具体的には、2018 年 4 月に大学院修士課程に入学、2020 年 3 月に修了、そして同年 4 月には、よく知られた IT 関連の会社に就職した。また、ユズルと同じように、コロナ禍の真っただ中、シオンの生活も大きな影響を受け、2020 年に就職はしたものの、ほとんど毎日が在宅勤務であり、特に 2021 年 3 月のインタビュー時には、2021 年に入ってから一度も出社していないことを教えてくれた。新入社員の時期にほぼ毎日在宅勤務ということは、アドバイスを求める上司や同僚にも直接会わない中でオンラインで仕事をするということで、一時期のシオンは、激務をどうこなし、ワーク・ライフ・バランスをどうとるか、苦労しているようにみえた。シオンによれば、「ほんとに忙しいときは、朝 10 時から始めて夜 12 時とか。ほんとにまずいとき、夜 1 時とか 2 時とかまでやってる日が、3 日 4 日続くみたいなことがあって」ということで、最初の頃は本当に大変そうであった。しかし、インタビューの最終回、2021 年 3 月時には、そのような状況は大幅に改善しており、特に入社直後の大変さがよくわかった。

　この時期のインタビューからは、シオンが学部時代に感じていた大学や社会からの「無言の圧力」が徐々に明らかになり、卒業後、「グローバル人材」になることを期待されているような大学にいたからこそ感じたであろう、期待や重圧といったものが、学部にいたその時よりもはっきりと、明らかになっていった。大学院から就職後にかけては、「学生の役目・任務」が徐々に減っていった時期であり、それにつれて、「無言の圧力」も徐々になくなっていったことが、インタビューから如実にわかった。この点については、台湾の英語および LOTE 学習者を対象とした Huang et al.（2015）においても、学生あるいは生徒の役目として社会で求められていることが L2 義務自己と関連し、教室内の行動にも影響を与えていると主張されていることと合致している。また、興味深いことに、学生としての役目が減り、そのような重圧から解放されるにつれて、シオンの外国語学習自体も、学部時代よりも明るい色彩を帯びていったことが見て取れた。重圧を感じることで、外国語学習がストレスを引き起こしているという点は、中国人学習者の英語・フランス語学習動機づけを調査した Wang & Fisher（2023）の主張と同様で

ある。そのような重圧から徐々に解放されて、シオンの研究最終年度の外国
語学習・使用も、「学生」ではなくなってから、徐々に明るいものとなって
いった。ここからはまず、シオンの大学院から就職後 1 年間にかけての外国
語学習および外国語使用について見ていく。

　まず、大学院修士課程においては、相変わらず、ゼミをはじめとして英語
で論文を読むということがシオンの外国語学習の中心的活動となっていた。
ただ、「読む」こと以外にも、例えば、韓国人の教授が英語で教えるという
大学院の環境健康医学の授業では、講義はすべて英語、提出する課題もすべ
て英語でということもあり、英語で聴いたり書いたりするということもあっ
た。また、英語でディスカッションする機会があるワークショップにも参加
するなど、大学院関係のいろいろなことが英語で行われていた様子が窺え
た。

　大学学部時代には、特に 2 年時に理系に転向したこともあり、専門の勉強
や研究に追われ、なかなか外国語学習に注力できない状態だったシオンだ
が、大学院に入ってからは、履修する授業のコマ数が減ったこともあり、専
門関係の勉学、実習、あるいは研究以外に割く時間的余裕ができたようであ
る。その例として、英語での様々なコミュニケーションの機会を得ることが
できた 2 回の海外旅行（アメリカおよびフランス・スペインへの旅行）が挙
げられる。まず、第 3 章で詳述した、高校時代の中国でのプログラム中に出
会った中国人が、この時期にはアメリカの大学で学んでいたということで、
2018 年 3 月、その友人を訪ねた。渡米中は、様々な話をしてアメリカの教
育事情などについても学ぶ機会があったとのことである。この旅行中、英
語のリスニングでは問題なかったが、「こっちが言いたいことをスパッとい
うってことは難しかったです。それがちょっと悔しい部分でした」とのこと
で、自身の英語でのコミュニケーション能力を試す良い機会だったようであ
る。さらに、2019 年冬に友人と訪ねたフランスとスペインでは、やはり事
実上の共通語となっている英語の側面をよく表すように、非英語圏であるも
のの、英語でコミュニケーションしたとのことである。この旅行では、英語
母語話者ではない外国人が、完璧とはいえない英語でも躊躇なくコミュニ
ケーションしている様子から、自身の心理的側面を振り返ることができたよ
うである。具体的には、インタビューで次のように語ってくれた。

　スペインとか行ってもまた思ったんですけど、みんなそんなに英語が完璧
じゃなくても、ごりごりしゃべってたりとか使ってたりするんで、タクシー
の運転手さんとかも。あんまり、自分ができないからみたいな感じで、引っ
込んでなくてもいいのかなって。ただ、もうちょっと精度が求められるよう
な場では［英語力を］高めたほうがいいだろうとは思いますけど。

（2019 年 3 月、大学院 1 年生）

　それまでシオンが受けてきた日本の教育環境を考えると、英語の授業では、
どうしても「正しくあらねばならない」という考え方がその根底にあり、シ
オンをはじめとした多くの日本人が「完璧ではない」英語でコミュニケー
ションすることに躊躇し、不安を感じる。しかし、ひとたび海外へ出てみる
と、そこには実に様々な英語が存在し、英語母語話者でなくとも、銘々が自
分の英語でコミュニケーションしている。インタビューからは、シオンがそ
のような世界の状況から刺激を受け、自身の英語に対する捉え方も前向きに
なっていった様子が窺える。シオンがこの時期、英語でコミュニケーション
しながら旅をする機会を得たことは、その後の彼女の英語学習や英語使用に
前向きな影響を与える、貴重な経験であったと言える。
　この他にも、同じゼミに所属するマレーシアからの留学生と英語を使って
LINE でコミュニケーションしたり、アメリカにいる中国人の友達と同じく
英語で SNS でのやりとりをしたりする機会があったとのことである。さら
に、この友人が執筆したネットメディアの記事のために英語でインタビュー
を受けるという経験もしており、この時のことを、シオンは「インタビュー
の内容としては 90 点くらい、英会話としては 70 点くらい」と振り返った。
　教室内外のこれらの英語学習あるいは英語使用の結果、シオンもユズル
同様、英語圏に長期で滞在するという経験がゼロであるにもかかわらず、
2018 年 6 月に受験した TOEIC では 900 点を獲得した。このスコアからも、
ユズルと同じように、彼女の、特に学業を通じて触れ、努力を続けてきた英
語学習の様子がわかる。
　シオンの英語以外の学習はどうかというと、この期間中、本格的に LOTE
を学習することはなかった。大学院から社会人にかけての 3 年間、スペイン
語や中国語を学ぶことに少し興味は示したものの、強い「きっかけ」がな
かったとのことで、英語以外の外国語はあまり勉強しなかった。ただ、マ

レーシア人の留学生から中国語を少し教えてもらったことはあり、LOTE と
の関わりがゼロだったわけではないようである。

　シオンについてこの時期、特に詳述すべきは、少なくとも社会人 1 年目に
は、仕事で英語を使う機会がほぼなかったことである。入社前には、部署に
よっては英語を使うこともあるかもしれないと話していたシオンだが、入社
1 年目は英語を必要とする業務がないとのことで、英語使用の機会はほぼな
かった。実は、研究終了後の 2022 年の時期には、シオンは営業部に異動に
なっており、英語を使うこともある環境になっていったため、原著で「社会
人としては英語を使う機会があまりなかった」とした当時の報告とは、現在
は若干違った様子になっている。しかし、シオンの仕事内容の変化も加味し
た上で検証すると、日本のような環境で仕事で英語が必要とされるかどうか
は、その仕事内容によって大きく変わるといえ、寺沢（2015）が論じた、日
本人がおぼろげに感じている仕事での英語の必要性と、仕事上の実際の英語
使用の間には、多くの人にとって乖離があるということは指摘すべきであろ
う。

　仕事の場面で英語を使う機会がなかったこととは対照的に、社会人になっ
てからのシオンは、誰から強制されるわけでもなく、趣味として、NHK の
テレビ英語講座を見てみたり、LINE の VOT で単語をランダムに自分に
送って語彙を学んだりしているという様子を教えてくれた。このような様子
は、大学学部や大学院時代に英語論文を読むという形とは違う形態での学習
であり、自ら進んで取り組んでいた、リラックスした学習形態であったこと
がわかる。

教育機関での学びを終えていくシオンと彼女の外国語学習の動機づけ

　第 5 章まで検証してきたとおり、シオンの外国語学習動機づけは、実に
様々な変遷をたどってきた。高校時代には、他のどのインタビュー協力者よ
りも長い、4 年以上にわたるラジオ英語講座での学習の継続を支えた強い内
発的動機づけがありつつ、大学学部入学後は、専門分野の勉強や研究に追わ
れ、なかなか外国語の学習に手が回らないという状況で、内発的動機づけも
弱い状態が続いていた。また、高校時代には「国連で働きたい、そのため
には、英語も、またそれ以外の言語もできるように」という L2 理想自己が
あったものの、その L2 理想自己は大学に入学してからなくなり、はっきり

としたL2理想自己がない状態が続いていた。本章が対象としている最後の
3年間においても、彼女の外国語学習動機づけは、様々な変化を見せた。

　第一の変化は、内発的動機づけの回復である。大学学部時代のシオンは、
どちらかというと英語を手段と捉え、周りと比べて英語に関して遜色ない状
態にあらねばならぬという思いのもと、L2義務自己が非常に強く、英語学
習自体に楽しみを見出している状態ではなかった。しかし、大学院、社会人
と時代が変化するにつれ、インタビューの端々から、シオンが未だに英語自
体が好きだという側面が垣間見えてきた。彼女自身の言葉を借りると、小
さいときから「英語の音の感じが好きだった」し、社会人になってからも、
「英語学習自体が好きな面は、ありますね、今も」とのことであった。

　この内発的動機づけの回復を、その他の動機づけ要因とともに分析する
と、その回復にはL2義務自己の変遷が大きく関係しており、そのL2義務
自己の変遷には、周囲から感じていた「無言の圧力」の変化が関係している
ことがわかる。大学学部時代のシオンは、大学内で、学業や英語に対するプ
レッシャー、例えば、「英語力を上げろという圧力」を強く感じており、そ
のことが、英語に関しても、「できるようにならなければ、力を落とさない
ようにしなければ」と感じさせていた。以下は、シオンが大学で無意識的に
感じていた、あるいは明示的に感じさせられていた言説である。

　　　総長が変わるごとに新しいプログラムとかシステムがすごく入ってて、
　　　〇〇［シオンの大学の名前］生は今のままじゃいけない。君らは、大学受験
　　　のための狭めの勉強はしてきたかもしれないけど、ほんとの学問をまずやっ
　　　てきてないし、研究って意味での学問はやってきてないし、社会の体験と
　　　か、社会活動みたいなのも足りてないし、英語とか種々のスキルも足りて
　　　ない、みたいな。その辺を伸ばしてほしいみたいな。日本を引っ張るリー
　　　ダーになれ的な……。そうですねー、今とは違う自分になれみたいなこと
　　　を、なんか背中を押されるよりはもうちょっとハードに言われているよう
　　　な。積極性が足りないとか。あんまり褒められてる感じはしないですよね
　　　（笑）。　　　　　　　　　　　　　　　　　　（2020年3月、大学院2年生）

興味深いことに、この「成長圧力」について、シオンの観察によれば、英語
とLOTEの間には大きな違いがあったそうである。すなわち、英語につい

ては、「できるようになれ、英語を駆使するグローバル人材になれ」という
圧力を感じつつ、LOTEについては、大学において、英語ほど重視されてい
ないと感じていたのである。以下、具体的なインタビュー内容である。

> 英語をしゃべれることが、ほかの言語をしゃべれることよりも、重視され
> ていた感じはするんですよね。　　　　　　　（2020年3月、大学院2年生）

> 英語で研究できた方が良いから、英語［圏］の大学院に行った方が、とか海
> 外留学した方が良いし、英語で学問をする、勉強するっていうことが、偉
> いみたいな。（中略）中国の大学院に行くのがいいんじゃん、みたいな感じ
> なのはほんとに聞いたことないですよ。　　　（2020年3月、大学院2年生）

以上の発言は、LOTEに比べて、英語のみが非常に重視され、"monolingual
or homogeneous approach to foreign language education"（外国語教育に対す
る一言語の、あるいは、均質的なアプローチ）(Kubota & Takeda, 2021) と
言われる日本の外国語教育の状況を鋭く察知した故のものだと言える。すな
わち、シオンの観察では、大学の学長や総長をはじめとして、大学側から発
せられる言説は、「英語圏への留学には意味があり、大学院にも英語圏で行
き、研究を英語で行うことには意味があるが、LOTEについてはこの限りで
はない（少なくともそこまで強調されるものではない）」というものだとい
うことである。シオンの観察は非常に鋭く、グローバル化→英語ができるグ
ローバル人材こそ重要、という、日本あるいは世界にも共通する言説を察知
したものであると言える。
　大学での状態が上述のようなものであったから、シオンのL2義務自己も、
そのような状態に大きく影響された、負の影響を伴ったものであった。

> あるべきはもう現状維持。現状より英語力を下げない。それは最低限ある
> べきだなと思います。　　　　　　　　　　（2018年10月、大学院1年生）

> 最低ラインとしてこれ以上下げないってのがありつつ。
> 　　　　　　　　　　　　　　　　　　　　　（2019年3月、大学院1年生）

「現状維持」とは、L2 セルフシステム理論と大きく関係している制御焦点
（regulatory focus）理論（Higgins, 1998, 2014）の prevention focus、すなわち
「防止焦点」（Higgins, 2014）をはっきりと表している言葉である。心理学分
野の理論であるこの理論では、理想自己の方は、希望や願望を叶え、現状よ
りも良くなることを目指す「促進焦点」を伴うのに対して、義務自己の方
は、義務や責任を果たし、現状よりも悪い状態にならないことを目指す「防
止焦点」を伴う。この観点からすると、シオンが言うところの英語力に関す
る「現状維持」は、今より悪い状態にならないようにという防止焦点を伴っ
ており、L2 義務自己の典型的な例であると言える。

　しかし、このようなシオンの L2 義務自己および大学内の状況は、大学院
に入ると徐々に変化していく。シオンによると、大学学部時代は振り返ると
「結構苦行だったかもしれない」とのことで、大学院に入ると、「学部との生
活［の比較］だと、やっぱり大学外に出ていることが多くて」、ずっと感じて
きたプレッシャーにも変化が生まれてきた。以下、彼女の言葉を紹介する。

　　そういうプレッシャーは減ってきたのかなって思います。それはたぶん自
　　分の中に占める大学っていうものの割合が減ってきて、仕事とか卒業後の
　　ことを考える方が多くなるので、相対的に小さくなってきていますね。
　　　　　　　　　　　　　　　　　　　　　　　　（2019 年 9 月、大学院 2 年生）

　　やっぱり大学だけが場ではないっていうのを、出ちゃった今はより強く感
　　じるので。　　　　　　　　　　　　　　　　　（2020 年 3 月、大学院 2 年生）

　　高橋：今は、会社からとか社会からとか、何かこうあるべきっていう圧は
　　感じます？
　　シオン：英語に関してはあまり感じないですね。
　　　　　　　　　　　　　　　　　　　　　　　　　（2021 年 3 月、社会人 1 年目）

以上のような状況であったから、就職後のシオンの L2 義務自己は、以下の
ように、特にないという状態に変化した。

　　高橋：シオンさんにとっては、今、英語に関して、自分がこうあるべきだ

なって思う形っていうのはありますか？　特にこうあるべきだという……
ないですかね？
シオン：今はあまりないですかね……。　　　（2020年3月、大学院2年生）

一方、シオンのL2理想自己はどうだろうか。学部時代のシオンのL2理想
自己は、高校時代の「国連で働きたい、そのためには複数言語ができるよう
になりたい」というものがなくなった後、それほど大きく具体的に描けてい
るという状態ではなく、以下の変遷であった。

> 高橋：こうありたいの方で言うとやっぱり、英語をもうちょっとは、しゃ
> べれるようになりたいなーっていう。
> シオン：うーん。なんかずっと思ってるとか、日常的にってわけじゃなく
> て、やっぱり英語圏の人と話したときにスポットでそう思うっていう感じ
> なので、なんか、うーん後回しになっちゃってますね、今。
> （2019年9月、大学院2年生）

> YouTubeで［英語の］面白い動画があるから毎日見てる、とか。
> （2020年3月、大学院2年生）

> 趣味的に、時々その海外の友だちと話している自分みたいなのは1個理想
> 像としてあって。あるいはまあバリバリビジネス英語使っている自分。
> （2021年3月、社会人1年目）

これらのL2理想自己は、シオンが言うとおり「日常的にってわけじゃなく
て」時たま考えるという状態であり、Dörnyei（2009）が主張しているとお
り、"elaborate and vivid"（具体的で生き生きしている）状態でない限り、L2
理想自己が存在していたとしても実際の学習行動には結びつきにくいという
ことがわかる。
　以上、シオンのこの期間の外国語学習動機づけについて検証してきた。こ
こから見て取れるのは、学部時代は、シオンは学生として大学で期待される
義務自己から大きなプレッシャーを感じ、それがL2義務自己にも影響を与
え、動機づけも自己決定度の低いものに変化し、内発的動機づけも弱くなっ

たことである。このことから、教え手が重圧をかけることは、学習者にとっては不安を高めることになり、動機づけ面では悪影響にもなりえることがわかる。しかし、大学院に入ると、学生としての役目は段々と小さくなり、就職してからは、特に英語に関するプレッシャーを感じることもなくなった。そのような状況の好転で、もともと興味があった英語に対しても、内発的動機づけを回復するところとなり、上述したように、趣味として、NHK のテレビ英語講座を見てみたり、LINE の VOT で単語をランダムに自分に送って語彙を学んだりという、リラックスした学習形態になっていった。一見、関係がないと見える大学での学業に対するプレッシャーが、外国語学習についてもプレッシャーになっていたことは、シオンの貴重な大学学部 4 年間を考えると、残念な面もある。一方、英語以外、LOTE 学習については、この時期は、本格的に学習するということはない状態であった。

　ところで、今思い返してみるに、シオンはこのような複雑な思いについて、大学学部に在籍していた時よりも、卒業して大学院に入ってから、はっきり語ってくれたと感じている。もし、本研究が長い時間をかけて複数回行う縦断的調査でなく、1 回のみのインタビューであったとしたら、ここまではっきりと、シオンの口からこの「無言の圧力」について聞けたであろうか。シオンの思考や感情の変遷を考えるとき、縦断的研究、特に何年もかける研究には、大きな意味があるのだと実感する。何か苦しい経験をしている最中、もしかしたら研究協力者はそのことを語りたがらないかもしれないし、言語化することが難しいかもしれない。しかし、長い時間をかけてインタビューすることで、シオンの複雑な内面に迫ることができたのではないかと、2023 年になった今、思い返している。

シオンにとって言語や言語学習が意味するところ

　さて、ユズルと同じように、この時期、ぜひシオンに聞かなければならないと考えたのは、彼女にとって、結局のところ、言語とは、言語学習とは何を意味するのかということであった。学部時代のシオンは、英語をコミュニケーションの手段と捉え、就職に際しては英語も強みの 1 つとして持っていた方が良いのかなということも教えてくれたことがある。したがって、彼女にこの質問をしたときには、英語を経済的な優位性を獲得する手段と考えているような内容が語られるのではとも思っていた。しかし、シオンの口から

語られたのは、驚くほどユズルの考え方に似たものであった。シオンの言語
に対する考え方とは、以下のようなものであった。

　　わからないお互いを、よりわかって、仲良くしたい、そんな活動みたいな
　　イメージなんですよね、言語って。　　　　　　　（2021 年 3 月、社会人 1 年目）

　　シオン：英語とは何か、うーん。なんか、わかりやすい橋みたいな。
　　高橋：ああー、なるほど。でも違う橋もあるよと。
　　シオン：そうですね。
　　高橋：シオンさんとしてはどうですか？　どっちの橋を渡りたいとかは？
　　シオン：うーん、なんか最初わかりやすい橋で渡って、でも、なんか結局
　　お互いのネイティブの言語を知りたくなったりするじゃないですか。ドイ
　　ツの人と話してて、英語で会話してるけど、それドイツ語でなんていうの？
　　みたいな。結局はもっと相手の生の声が聴ける言葉を知りたくなっていく
　　から、英語はとっかかりやすいというか、うん。最初のコミュニケーショ
　　ン台みたいな。そこでも全然いいんですけど。でもなんかもっとこう、深
　　いところがお互いの第一言語にはあるかもという。
　　　　　　　　　　　　　　　　　　　　　　　　（2021 年 3 月、社会人 1 年目）

これまでの章で詳述してきたとおり、シオンは、高校時代には中国語を学習
し、学校から派遣された中国でのプログラムに参加、大学学部での必修の第
二外国語としてはドイツ語を学習し、検定も取得するなど、一定の成果を得
ていた。一方、ユズルとは外国語学習に関して対照的な面もあったため、シ
オンの考え方は、ユズルとは異なるのではないかと考えていた。しかし、シ
オンが語った内容は、やはり LOTE を学ぶ意味を大いに感じさせる、人間
にとっての言語、特に母語の役割を重視した考え方だった。
　英語が事実上の共通語となっている現状には、様々な側面がある。皆が英
語を学んでいることで、英語なしではコミュニケーションできることもなか
ったであろう異文化の相手とも意思疎通を図ることができるし、友だちに
もなれる。あるいは、私が原著を書いた時のように、自分が発信したい内容
を、共通語という英語があることで世界中の人に知ってもらうこともでき
る。その一方で、例えば私の場合、母語の日本語で伝えられる内容と、外国

語である英語で伝えられる内容は 100% 同じというわけにはもちろんならない。シオンの発言からすると、相手の母語を学ぶことで「相手の生の声」を聴けるということであり、例えば私の生の声は、日本語で聴けるということになる。であるならば、相手をよりよく理解するためには、相手の言語を学ぶ必要があり、それこそが外国語学習の意味ということになる。この点についても、シオンは以下のように教えてくれた。

> ［言語学習とは］情報を取りに行きたいというよりは、やっぱり、その人の感情を知りたいというか……。　　　　　　　　　（2021 年 3 月、社会人 1 年目）

> 相手のことを知りたいっていう気持ちが、言葉を学ぶことにつながるというか、そのモチベーションというか、相手のことをもっと詳しく知りたいから、言語のレベルをアップさせたいと思うし。（中略）その人の感情を知りたいとか、そういうイメージが強いんですよね。
>
> 　　　　　　　　　　　　　　　　　　　　　（2021 年 3 月、社会人 1 年目）

英語、LOTE、いずれにおいても、楽しく取り組んだ時期もあれば苦しんだ時期もあった、ある意味非常に人間らしいシオンであるが、言語に対する見方がたどり着いたところは、やはり言語を人間にとって本質的なものと捉える、ユズルと同じような見方であった。私としては、類似点もあるものの、対照的な面も多くあった多言語学習の道をたどってきたシオンとユズルが、結局のところ、同じような見方にたどり着いたということが、非常に意外でもあり、しかし熟考してみると納得するところでもあった。

研究課題についての考察

　本章は、研究の最後の 3 年間である 2018 年度から 2020 年度にかけてのユズルとシオンに焦点を当てたものであり、取り組んだ研究課題は以下のとおりであった。

(1) ユズルとシオンの英語／LOTE／多言語理想自己は時間とともにどのように発展するか。
(2) 学生としての役目が減っていくことはユズルとシオンの外国語学習動

機づけに影響はあるか。
（3）ユズルとシオンにとって言語と言語学習は何を意味するのか。

　研究課題（1）については、大学学部卒業から大学院、そして社会人とい
うこの時期においても、英語あるいは LOTE、そして多言語に関する理想
自己の発展は 2 人で異なる様相であった。シオンについては、特に社会人に
なって以降、「外国語を学習する」ということに割く時間的、あるいは心理
的余裕はない様子で、英語に関する理想自己も、あまりはっきりしたものと
はならなかった。「英語で読む」ことの重要性は、大学院時代も学部時代と
変わらなかった一方、社会人になってからは、まずは仕事に注力する、そし
てその仕事には少なくとも 1 年目の間は特に英語をはじめとした外国語が関
わることはほぼないという状態であった。一方、ユズルについては、希望す
る進路を変更した後も、多言語を学ぶ姿勢に変化はなく、むしろ、その後も
学ぶ言語が増えるという状態であり、多言語理想自己も発展し続けた。そ
の発展を支えたのは、職業に関連する理想自己、強い内発的動機づけ、そ
して何よりも、異なる言語の他者を理解しようとする一貫した姿勢が挙げ
られる。このようなユズルの態度は、まさに、"an openness to and interest
in relating [him]self to the world beyond national borders and a willingness to
interact with different cultural groups"（Busse, 2022, p. 200、国境を越えて自
身と世界を結びつけることへの開放性と興味、そして、異なる文化集団と交
流する積極性）を体現した様子であった。
　研究課題（2）についても、2 人の様子は異なっていた。興味深いことに、
同じ大学にいても、シオンとユズルが感じていた期待や重圧は異なってい
た。まず、シオンにとっては、学生として求められる役目あるいは任務、つ
まり、彼女の言葉を借りるならば、大学からの「無言の圧力」がときに彼女
の英語学習動機づけにも影響を与えていたが、大学院、社会人と時代が変化
するにつれてその圧力はなくなっていき、英語学習動機づけにも明るい兆し
がみえてきた。最後の時期のシオンの内発的動機づけの回復は、この、「減っ
ていく学生としての役目」と大いに関係があると考えられる。「○○大学の
学生とはこうあらねばならない」という言説からプレッシャーを受けること
もなくなり、社会人になってからは、英語学習自体が好きということを再認
識し、内発的動機づけが回復していった。

　一方、ユズルにとっては、「大学、あるいは社会から期待される学生の役目」は、大学学部、あるいは大学院にいてもあまり意識されない状態で、外国語に関しても他者から何か「義務感」を感じるということはほぼなかったようである。L2 義務自己にしても、自分がどうあるべきかを表す ought-to L2 self/own（L2 義務自己／自己、Teimouri, 2017）は存在したものの、他者からみてどうあるべきかという ought-to L2 self/others（L2 義務自己／他者、Teimouri, 2017）は確認されなかった。さらに、ユズルにとっては、この L2 義務自己と L2 理想自己は相互に補完的な状態にあり、Dörnyei（2009, p. 20）で重要と主張された "in harmony"、つまり調和がとれた状態であった。さらに、ユズルにとっては、「こうあるべき」よりも「こうなりたい」という理想像の方がはっきりとし、大きい状態であった。

　研究課題（3）は、本書で目指してきた「長期的動機づけの変化を明らかにする」ことと併せて、本書で明らかにすべき中心的課題であった。そこで、以下において詳しく考察してみたい。

日本で多言語を学ぶということとその動機づけ

　国内では、これまで進んできた数々の英語教育改革にもかかわらず、未だに多くの日本人が英語学習に苦労し、海外では、共通語となっている英語のみを学習し（あるいは英語母語話者の場合は母語である英語で既に世界中の人とコミュニケーションできるという状態ゆえ）、LOTE 学習には意味を見出せないという学習者が多数である。そのような状況において、ユズルとシオンは、なぜ、このように多言語学習の意味を見出し、言語や言語学習について深い洞察力を有する状態に至ったのであろうか。特に、英語をはじめとして、すべての外国語について、普段、自分から機会を作らないと触れる機会がないという FL 環境の日本において、なぜ 2 人は、多言語学習の意味を理解するに至ったのであろうか。ユズルとシオンのような、ある意味、一般の言語学習者とは言いがたい 2 人の経験から、ごく普通の言語学習者、あるいは教育者は、多言語学習について、何が学べるのだろうか。

　高校時代からの 2 人に接してきた私としては、2 人の経験や思考の背景には、複数の相関する要因が存在していると考えている。1 つ目は、2 人とも、複数の LOTE を学習した経験があることである。大学で必修科目として第二外国語を学ぶ機会がある学習者でも、ほとんどの場合は、学ぶのは英語プ

ラス 1 言語ではないだろうか。それに対して、2 人は、高校時代に既に中国語を学び、しかも、学んだ中国語で現地でコミュニケーションするという機会を得ている。大学に入ってからは、中国語とは違う言語を必修の第二外国語として選択し、英語に加えて「複数の LOTE」を学んだという珍しいケースである。さらに、それらの学んだ LOTE の友人がいることも 2 人に共通しており、「彼らの声を彼らの言葉で聴きたい」と考える理由になったはずである。そのような状態であったからこそ、2 人とも、様々な言語を比較、あるいは客体化することができ、それぞれの言語には独自性があり、その独自性を理解するにはそれぞれの言語を学ぶ必要があると認識するに至ったのではないだろうか。

　第二に、2 人とも、原語で「読む」経験が豊富であり、読むことの大切さ、意味をよく理解していたということである。国内外とも、現在では外国語学習と言えばまず「会話」を思い浮かべる人が多く、話す能力が他の 3 技能よりも重視されている状況である。その一方で、「読む」ことに意義を見出す学習者は少ないと考えられる。日本では、英語といえば「英会話」と考える学習者が多いし、海外でも、例えばヨーロッパなどにおいて「最低限の言語能力を保証するため外国語教授法としてコミュニカティブアプローチが広がった」というとき、念頭にあるのは主として「話す」力である。それに対して、2 人は高校時代に英語多読の塾に通うという、日本人高校生（あるいは日本以外でも同様かもしれない）としては非常に珍しい経験をしている。ユズル自身がその時感じた「翻訳ではなく原語で読む意味」を第 5 章で詳述しているとおり、2 人とも、高校時代に既に外国語でたくさん読むということに慣れ親しみ、その大切さを理解していたと言える。

　言語の 4 技能、つまり話す、聞く、読む、書く、ということについて考えるとき、読むという行為の特徴として、一人で取り組めることが挙げられる。例えば「話す力」を伸ばそうとすると、どうしても（例えば鏡に向かって学んでいる言語で独り言を言ったりもするかもしれないが）ほとんどの場合は会話の相手が必要となり、そのような相手を日本のような FL 環境で見つけることには苦労が伴う（最近は、オンライン英会話なども発展してきており、状況は少しずつ変わってきているとは言えるが、まだまだ発展途上である）。それに対して、何かを「読む」ことに、相手はいらない。その書物を書いた、中には異なる時代の著者と「対話」しているとも言えるが、読む

という行為自体には、相手を必要としない。この「読む」という行為の特徴を考えると、2人が「読む」ことを中心に多言語学習を進めてきたこととFL環境の間には、大いに関係があるように考えられる。

「原書で読む」という行為は、2人の多言語学習の扉を大きく開いてくれた。「読む」ことで基礎的能力をつけ、様々な言語に対する興味を広げ、それらの言語の人たちに対する関心も深めていったことで、例えばユズルのフランス語の場合は、その後「読む」こと以外の3技能にも学習が広がっていき、フランスへの交換留学ということにつながった。もし「話す」ことに主眼が置かれていたならば、もしかしたら、その機会が日本ではなかなかないということで、2人の多言語学習はもっと困難を伴うものであったかもしれない。「読む」ことの大切さや意味は、特にヨーロッパなど、学んでいる言語の話者と直接話す機会が豊富な環境においては、認識されにくいものかもしれない。しかし、学んでいる言語の話者に簡単には接することができないという日本のような環境においては、この「外国語で読む」機会の豊富さやその意味は、もっと認識されるべきではないだろうか。実は、この「外国語で読む」ことの大切さは、私のその後の別の研究（Takahashi, 2024予定）でも全く違ったタイプの研究協力者から同じように語られた動機づけ要素であり、本研究の2人のような学習者でなくても、たくさんの日本人学習者が実感する可能性がある内容だと考えている。

第三に、特に言語と経済面について考えるとき、やはり日本のような環境の特徴と2人の考え方の間には関係があるように感じられる。つまり、寺沢（2015）にもあるように、国内では日本人が漠然と感じているほど就職後の外国語、特に英語の必要性は高くなく、「英語ができる」→「就職で有利」「実利的に優位」という直結性は一部の職種を除いてないのではないかということである。世界的には、先行研究でこの「英語」→「他の人より経済的に優位な位置に立てる」という学習者の考え方が多く報告されている（Busse, 2017; Wang & Liu, 2020; Wang & Zheng, 2021など）が、例えばユズルから「英語ができたら有利になる」という類の発言は一度も聞いたことがない。就職活動を経たユズルとシオンは、もしかしたら語学力以外に自分がアピールできるものがないような状況であったならば「英語→有利」という考え方を持つようになっていたかもしれないが、彼らの能力を考えるとき、語学力はそのごく一部でしかなかったのではないかと思う。

2 人の自己分析から学べること

　さて、ここからは、この時期の 2 人を振り返って、言語学習のみならず、様々な行動に役立つと思われる点を論じてみたい。本章で扱った 3 年間のインタビューのみをご覧いただいてもわかるとおり、2 人はともに、自己分析能力が非常に高い。例えばそれは、ユズルがインタビュー後に送ってくれたメールからもわかるし、大学院時代に大学学部時代を振り返ったシオンのコメントからもわかる。2 人の学習は、自分を分析するその高い能力に支えられている面もあると感じるところである。

　具体的に、例えばユズルは、自身の LOTE 学習について、英語学習との違いや、自身がなぜ様々な LOTE を学習しているかについて、鋭く分析している。そのことはおそらく、意識的であったにせよ無意識的であったにせよ、ユズルの多言語学習の動機づけにつながっていったと思われる。また、シオンは学部時代に感じていた「無言の圧力」を高い言語能力で言語化し、大学院に入ってから様々なことを教えてくれた。このことは、シオンにとってはその最中には苦しかった経験をも冷静に分析し、その後の人生に前向きにつなげられているということである。つらい面も含めて自分を冷静に分析するというのは楽な作業ではないが、それを自分なりに分析し、乗り越えていくことは、言語学習をはじめとして、様々な点で動機づけにつながるのではないかと思う。

　私が普段、大学でこの「外国語学習動機づけ」について授業などで学生と話していると、よく学生から、「自分のこれまでの英語学習を振り返る良い機会になった」と言われる。おそらく、普通に英語あるいは LOTE を勉強していても、自分の動機づけを分析したりなどということをする人はあまりいないのではないかと思う。しかし、一旦いろいろな理論を知り、それを自分の学習に当てはめてみると、その後の学習に役立てられる点が多く出てくる。これはどのような学習者であっても少しやろうと思えば簡単にできることであるし、その後の自分の学習に役立てていくという面で、非常に有益なのではないかと思う。

研究最後の 3 年間の 2 人を振り返って

　本研究の最後の 3 年間は、実に様々な要素が関係した、重要な研究期間であった。まず、本章の最初で紹介したように、大学院以降の学習者について

の動機づけ研究が圧倒的に不足しているということから考えると、大学院から社会人にかけての期間も 2 人の研究を継続できたことは、本研究の幅を大きく広げてくれたと言える。また、特にシオンの様子については、大学学部と大学院での違いが大きく、余計なプレッシャーがなくなれば、言語学習の心理面においてもプラスの影響があり、動機づけが前向きに変化していくことを目の当たりにした。さらに、特に最終年度となる 2020 年度には、コロナ禍初期という特殊な事情で、大学院生あるいは社会人であるにもかかわらず、ユズル、シオンともに毎日家におり、外出もままならないという状況の中、そのような状況のマイナス面だけでなく、外国語学習に関するプラス面を観察することもできた。そして何より、本研究期間中には、教育機関を離れようとする 2 人の、9 年の時を経た言語や言語学習に対する深い考察、温かい眼差しに触れることができた。

　コロナ禍を経た多くの人が考えることだとは思うが、コロナ禍の直前、2019 年頃の自分を思い出すと、やがてこのような大きな危機がやってくるとはつゆ知らず、(当たり前だが) 無邪気に毎日を過ごしていた。そして、2020 月 3 月、日本でも本格的にコロナ禍が始まる直前とも言えるこの時期にユズルに会ったのが、彼に直接会う最後の機会になってしまったことを思い出す。2020 年度の最後 2 回のインタビューはオンラインで行ったのだが、その後、彼に直接会えなかったことが本当に心残りである。このあたりの私の心理については、次章で詳しく紹介する。

　本研究のデータ収集は、2021 年 3 月の 16 回目のインタビューをもって終了した。しかし、まだまだデータ収集を続ければよかったと思うほど、ユズルとシオンの言語学習はその後も続いていった。例えば、シオンは自らの K-POP に対する興味がきっかけで、研究終了後に朝鮮語を学び始めたし、ユズルは英語に戻り、毎日ウォールストリートジャーナルを読んだり、勤務先から派遣される形での大学院留学を見据えて TOEFL のライティング (エッセイの添削指導を受ける) に取り組んだりしていた。その後、ユズルが 2022 年 1 月に受験した TOEFL iBT では、その前の受験時のスコアよりもさらに高い、109 点 (リーディング 30 点 (満点)、リスニング 29 点、ライティング 27 点、スピーキング 23 点) を獲得し、エッセイ添削の成果としてライティングのスコアが上がったことが収穫だと教えてくれた。また、ユズルが今も生きていたならば、間違いなく、その後も「高橋さん、僕、最近

ちょっと○○語を勉強し始めたんですよ。」などと聞くこともあったと思う
し、そのように教えてくれるユズルの姿が目に浮かぶようでもある。シオン
の場合は、その後社内で営業部に異動になったこともあり、英語で仕事を
し、アメリカに出張するような機会もでてきたとのことで、若い彼女の今後
が、一研究者としてだけではなく、一人間として本当に楽しみである。

第7章
人間としての研究者
～原著執筆を決心してから考えたこと～

ユズルの死がもたらしたもの

　この研究は、自分にとってはこれまで取り組んできた研究の中で最もやりがいのある、かけがえのないものになった。原著の原稿を書き終えた後は充実感にあふれ、世界中の読者に2人のことを紹介できることが本当にうれしかった。そんな状況の中、原著の外部査読者からのコメントに基づき原稿の修正もほぼ終了していた2022年5月、私はユズルの訃報に接した。

　研究協力者が亡くなってしまうということなど、私は全く想像していなかった。ほとんどの研究者が、そのようなことは想像もしないと思う。もし機会があるならば、原著の出版後数年してから、長期間の研究に協力してくれたことに対するシオンとユズルの思いを再度インタビューしてみたいとすら考えていた。協力者が亡くなってしまうことにより、私は、いくつもの壁にぶつかることになった。

　やはり一番大きかったのは、自分自身の動揺、悲しみである。「悲しみ」という言葉では、自分が受けた衝撃を十分に言い表せないと感じるほど、心理的に衝撃を受け、悲嘆にくれた。訃報に接してしばらくは、端から見ても心配な状態だったようで、夫には「心ここにあらずの状態で通勤途中に事故に遭わないようにね」とまで言われた。最後のインタビューでこんなことも聞いておいたらよかったのではとか、自分にもっと力量があればまた違ったインタビューができていたのではとか、ユズルのような素晴らしい多言語学習者にはもう一生出会えないのではとか、様々な思いが頭をよぎった。ユズルが亡くなってから1年経った今でも、いろいろなことを考える。

　また、実際的な問題として、研究の世界では、研究への協力に対する同意

を協力者からとりつけているのは当たり前であるものの、その協力者が亡く
なってしまった場合、手元にあるデータをどう扱うべきかについては議論が
進んでいない。医学の世界では問題はもっと深刻で、例えば、ある協力者の
何らかの身体的特徴や遺伝子情報をデータとして把握している場合、そのよ
うな貴重なデータを協力者の死後も使って良いのか、などの議論もあるよう
である（Bak, 2019）。私の場合も、原著についてユズル本人の同意はもらっ
ていたが、この貴重なデータをユズルの死後どうするかについて、研究者と
していろいろと考えさせられることになった。

　幸いなことに、私自身は、その後、ユズルのご家族と連絡がとれる状態に
なり、また、ご家族が本研究に対するユズルの協力についても深い理解があ
ることで、本書にも取り組めることとなった。また、シオンも同様に、本書
に対する深い理解があるだけでなく、ともすればユズルのようないわば超人
的な学習者と一緒に語られるのを躊躇しても不思議ではない中、日本語で出
版するという提案についても、「ユズルと一般的な学習者を結ぶような、間
に入る役割を担える」と、非常に前向きに捉えてくれた。研究協力者が亡く
なってしまうという、予想もしなかった事態に直面した中ではあるが、本書
に取り組む機会を得たことで、私は、自分の心理的変化、あるいは研究者と
しての姿勢を振り返ることができることとなった。このことは、質的研究で
は特に重要とされている研究者の「リフレクシビティ」（reflexivity、日本語
では省察性などと訳される）、すなわち、「研究者が研究に与える影響、そし
てそのことによって、研究者自身に返ってくることについて省察する、そ
のような姿勢」（八木他, 2021, p. 33）に正面から取り組むことにもつながり、
悲しみという感情に向き合いながらではあったが、考察を深めることができ
た。

乏しい先行研究の中で

　研究者としての自分の心理に向き合うということは、これまで私が取り組
んできた研究トピックとは全く違う分野に触れることを意味していた。具体
的には、今回の日本語版出版も機会となり、私はそれまで全く縁のなかった
いくつもの研究トピックに関する論文を読み始めた。そのトピックの 1 つが
リフレクシビティであり、研究者の感情に関するものであり、そして研究協
力者の死にどう向き合うかというものである。それらのトピックに関して、

参考になる文献はもちろんたくさんあったのだが、自分の状況にぴったりと当てはまるものを見つけるのは困難を極めた。結果として私は、乏しい先行研究の中をさまようこととなった。ここではまず、向き合った論文から学んだこと、そして言及がなく、自分でもがくしかなかった内容を整理してみようと思う。

　まず、リフレクシビティについては、近年、応用言語学でも特に関心が高まっており、いくつもの先行研究が存在する（例えば Consoli, 2022; Consoli & Gannasin, 2023; Prior, 2016 など）。リフレクシビティとは、日本語では「省察性」などと訳され、2 つの側面があるとされている。1 つ目は、研究協力者と同様、研究を行っている研究者もまた人間であり、「質的研究の様々なプロセスにおいて、研究者が誰かということが研究に影響を与えている」（八木他, 2021, p. 31）ことである。2 つ目は、研究を行うということはすなわち自分を知るということである。例えば、Dean（2017）は、博士論文に取り組むことが自分自身を振り返ることにつながり、このことが「研究者としても個人としても自分が誰であるかを理解するのに役立った」と述べている（p. 130）し、八木他（2021）が「質的研究において、他者を研究するということは、否応なく、自分を見る、自分を知ることとイコール」と主張している（p. 32）とおりである。

　別の文献では、リフレクシビティのこの 2 側面について、"prospective reflexivity" と "retrospective reflexivity" という言葉で、以下のとおり説明してある（Attia & Edge, 2017, p. 35）。

1. prospective reflexivity: the effect of the whole-person-researcher on the research
2. retrospective reflexivity: the effect of the research on the researcher

すなわち、1 の方が、研究者が誰かということが研究に影響を与えることであり、2 の方が、研究が研究者に与える影響であるということである。リフレクシビティの考え方では、このような側面を排除し、あるいは隠すのではなく、これらの側面も踏まえた上で、質の高い研究を行おうとされている。このような姿勢は、例えば量的研究あるいは自然科学などの分野で「客観性」を重視する考え方とは一線を画しており、この「客観性」につ

いて、Consoli & Gannasin（2023, p. 4）は、"to the point of erasing our own 'humanness' and that of the people we research" すなわち、「研究者自身と研究対象となる人たちの人間性を消そうとするほど極端なレベルで重視すべき」という姿勢を批判している。

　それでは実際に省察性のある、リフレクシブな研究を行うためにはどうすればよいのか。これまでの研究でよく見られたのは、論文の中で、研究者がそれまで経てきた経験（例えば応用言語学の分野ではそれまでの研究者の言語学習歴など）を批判的に振り返ることにより、その立ち位置や視点を明らかにし、少しでも研究の客観性を維持しようとすることである。しかし、Consoli（2022）では、そのような内容にとどまらず、例えばデータ分析などでもどのように研究者の考え方などがその分析に影響したかを考察することを勧めている。また、Consoli（2022, pp. 1405–1406）では、研究者の人間性を、"a focus on the researcher as a person rather than a source of bias or damaging effects"、すなわち、「研究者を、先入観あるいは研究を損なう原因として研究に対して負の影響を与えるものと捉えるのではなく、人間としての研究者に焦点をおくこと」を目指し、研究者のそれまでの様々な経験は "life capital"（人生資本）として前向きに捉えることを勧めている。

　私が原著に取り組んでいた当時は、これらの内容について概念として意識していたわけではないが、その示唆するところには大いに共感する状態であった。しかし、特にその "retrospective reflexivity"、すなわち、ある研究が研究者に与える影響に関しては、後述する感情面の影響を含めて、研究終了後、特にユズルが亡くなった後、大いに自覚することになるとともに、省察性の考え方に、様々な面で助けられたと考えている。

　次に、研究者の「感情」については、特にデータ収集中の研究者の感情や、その感情が研究に与える影響などについて、分野内外で様々な文献が存在する（例えば Gilbert, 2001; Prior, 2016 など）。例えば、Prior（2016）においては、インタビューというデータ収集自体、人間同士が行うものであり、インタビュー中にも、インタビューを行う研究者とインタビュー協力者が自分たちの感情を "co-construct" する（ともに作り上げる）ものであると指摘しており、大いにうなずけるところである。しかし、これらの文献において、感情面に言及があるのは主として研究終了までについてであり、研究終了後に研究者がある研究から感情面で影響を受け続けることについては言及

がない。私の場合は、データ収集中に研究者としての自分の感情に特に注意が向いたというよりも、研究終了後、ユズルが亡くなったことによって「研究者も人間であり、ある研究から感情面で大きな影響を受け続けることがある」ということを自覚した。

　また、「研究者の感情」に関連して、研究協力者の死にどう向き合うかという議論も存在する。そもそも、「研究者の感情」とは言っても、その感情には、例えば、研究協力者の成長を目の当たりにしてうれしいという感情が沸き起こることもあれば、インタビューにおいて難しいトピックの質問をしたところ協力者が泣き出してしまって悲しくなったなどの感情もあるだろう。私の場合は、研究協力者が亡くなってしまうという、全く予想もせず、最も悲しい事態になってしまったため、その影響も特に大きかったと考えている。もちろん、質的研究のように、一人ひとりの参加者との関わりが量的研究よりもはるかに深く、特に縦断的研究の場合のように、長い期間をかけて信頼関係を築いたような場合であれば、研究終了後も協力者と連絡をとることはありえるし、そのような関係の中で、もしかしたら、協力者の死に遭遇することもあるかもしれない。例えば、医学系の研究において、データ収集時点で死期が迫っている高齢者に対して研究を行うことの、感情面での難しさに言及した論文もある（Walters & Fien, 2023）。しかし、このような難しさについても、先行研究で言及があるのは、データ収集時あるいはデータ分析中までについてがほとんどであり、研究自体が終了した後の研究者の様子については言及がない。また、私の場合は、特にユズルがこれからを生きる若者ということもあって、Walters & Fien（2023）などとは様子が異なり、彼の死にある日突然遭遇したという状況であり、受けた衝撃はさらに大きかったと考えている。

原著執筆開始前からつけていた日記の存在

　以上のような（乏しい）先行研究を踏まえた上で、今回、自分の研究者としての心理やリフレクシビティに向き合い、考察を深めていく際に役立ったのが、原著執筆開始よりも前からつけていた日記である。この日記は、いわゆる「研究ノート」などとは全く違う類のものであり、後述するような理由からつけ始めた、極めて個人的なものである。後から分析することは全く考えずにつけ始めた日記であるが、本書ではその一部を分析、紹介すること

で、自分の心理を振り返るとともに、今後、どのような姿勢で研究に臨むべきかを考えてみたい。このことはまた、読者にとっては、書籍出版の経験が全くないという経験の乏しい私のような研究者がいざ書籍を出版しようとした際、どのようなことを考え、どのような感情を行き来しているかの参考になるのではとも考えている。

　時間を遡って考えてみると、原著はもともと、自分のような研究者が出版できるような出版社やシリーズではないのではと感じるという自信のない状態からスタートしたものである。イギリスの Multilingual Matters という、言語を専門とする一流の学術出版社の、Psychology of Language Learning and Teaching というシリーズから出版したわけであるが、自分は常にその読者であり、著者になるとは数年前は想像すらしなかった。例えるならば、日本のプロ野球 2 軍に属していた自分が、いきなりメジャーリーグに挑戦するような状態とでも言えばよいだろうか。しかし、9 年のデータ収集を終えた後、研究全体を 1 本の論文で論じるにはどうにも無理があり、2 人の長期的な動機づけの変化を検証するには、論文ではなく書籍にするべきだと考えた。いくつかふさわしいシリーズを考えた末、自分にとってトップの選択肢であった Multilingual Matters に連絡したのは、2021 年 2 月、ちょうど最後のインタビューを計画していた頃である。私の頭の中では、ハワイ大学大学院時代の恩師が教えてくれた、「出版に意味があると思ったら、自分のリストの一番上の出版社から、断られてもあきらめずにリストを下っていく」というアドバイスに基づいて、Multilingual Matters に断られたら、作ったリストにある出版社に順番に当たっていくつもりであった。

　最初に Multilingual Matters に提出した企画書に対して、担当編集者やシリーズ編集者（シリーズ編集者は出版社の担当編集者とは異なり、分野の第一線の研究者が務める）に興味は持ってもらえたものの、書籍の出版経験が全くない自分らしく、その後の展開は順調とはいえなかった。2021 年 8 月までという猶予をもらって、サンプルの 2 章を提出、その出来次第で契約を結ぶかどうかを決められることになった。

　書籍の形での出版を考え始めた 2021 年 1 月から、自分の心理状態を把握するため、また、単に書いて気持ちが楽になるようにということで、私は本研究関連の日記をつけ始めた。特に後から何か分析するという類のものではなく、書くことで気が楽になるという理由で書き始めたものである。その

後、無事に8月に出版契約を交わした後も、この日記はつけ続け、ユズルの
訃報に接した後も、時折つけていた。一般に公開することは想定しなかった
ものではあるが、ここでは、その日記の一部を振り返りながら、自分の心理
状態を分析してみようと思う。

　具体的に、以下で取り組むのは2つの内容である。1つ目は、上述の日記
を振り返りながら、原著の執筆を考えてから出版後までの、人間としての研
究者の心理を分析することである。多くの研究者が、普段から取り組んでい
る「実証研究を行う」「論文を書く」「本を書く」という作業については、い
くつかその内面に迫った論文や書籍も存在するものの（例えばEllis, 2016）、
1冊の本を出版する際の研究者の心理状態の詳細を描いたものとなると、な
かなか存在しない。原稿を執筆しながら、あるいは出版を目指しながら、研
究者は何を考え、何を感じているのか。どのような心理的変遷をたどってい
るのか。特に、初めて本を書く、それも、契約の保証がない中で自らの力不
足に苦しみながらそれでも書いてみるという、経験不足の私が経てきた心理
的変遷を、この日記を通して分析してみたい。このことは翻って、研究終了
後にはなるが、省察的な姿勢で自分を振り返ることにつながる。

　2つ目の内容は、研究協力者の死という、普段、少なくとも私のような分
野の研究者が経験することはほとんどないであろう経験を通して、私が何を
感じてきたかを分析し、そこから本研究、あるいは、研究というものに対す
る自分の姿勢を省察することである。研究協力者の死に向き合うということ
自体は、他の多くの研究者が経験しないことであるとしても、研究開始当
初、予想もしなかったような事態に遭遇するということは、どのような研究
者にも十分にあり得ることであろう。そのような想定外の事態になったと
き、省察性について知り、実践していくことで、研究者自身が助けられると
いう可能性も大いにあると考えられる。ここでは、私自身がこの省察性とい
うトピックに触れたことで、研究者としても、あるいは人間の感情面、精神
面でも、随分助けられたことを材料として、研究者を含む読者にこの省察性
について紹介し、参考にしていただければと考えている。

　上述したように、通常、研究者のリフレクシビティ、すなわち省察性や反
省性については、研究を行っている最中に意識し、その内容を何らかの形で
論文にも反映させるものであると理解されている。また、先行研究におけ
る議論も、私の知る限り、研究終了時点までのものとなっている。しかし私

の場合は（研究中、あるいは原著の執筆中にももちろんこの省察性の重要性
は感じたものの）、より重要だと考えたのは、研究中だけでなく研究後もそ
の省察の姿勢を続けていくべきであるということであった。ユズルとシオン
を対象としたこの研究が自分にとって何を意味するかを考え、自分の心理状
態を分析することは、すなわち自分自身をよりよく理解することにつなが
り、今後の自分の研究に対する姿勢にも影響するのではないか。自分は多言
語学習の動機づけについてどのように考え、自らの外国語学習経験は、研究
に対してどのように影響しているのか。9 年という長い期間の研究を経て、
自分はどう変わり、今後、どう研究に向き合おうとしているのか。ユズルの
死は、自分にとって何を意味しているのか。これらを考察してみたい。もち
ろん、ユズルの死については、今でもいろいろなことを考えるし、感情の起
伏もある。よって、本章の内容は、研究者としての長い道のりの途上にある
者の分析と考えていただきたい。

　これら 2 つの内容を通して、研究者とは研究に取り組みながら、あるいは
原稿を執筆しながら、何を考えているのか、どのような感情を経ているの
か、そのような研究者は実際の研究でどのような役割を果たしていると言え
るのかを考察していく。さらには、後述するような、省察性に見られる様々
な側面について、消極的作用だけでなく積極的作用についても考えること
で、研究者を目指そうという人たちを含めて、読者にとって少しでも参考に
なれば幸いである。

日記からたどる自分自身の心理的変遷

　ここからは具体的に、日記の一部を紹介しながら、まずは私の心理状態の
変遷をたどっていく。基本的には日記をそのまま掲載している状態のため、
やや読みづらい形にはなる点、ご承知おきいただきたい。

2021 年 1 月 22 日（金）

- インタビューを 3 月に終了した後どのように進めるか考える中で、書籍
  化を思いつく（メッセージをはっきり打ち出せること、長期的研究なので
  本の方が良いと考えたことなど）。
- 9 年のデータというのはどちらにしても貴重なのでは。
- 書くこと自体は楽しい。

• 被験者への一番の恩返しになる。

2021 年 1 月 28 日（木）
• Psychology of Language Learning and Teaching のシリーズが（怖いけれ
ど）良さそうだと考え始める。

2021 年 2 月 17 日（水）
• Multilingual Matters に提案書をメール、翌日すぐに返事が来る、非常に
良い印象をメールから受けた。
• 概ね好意的な反応、提案書を膨らませるように言われる⇒再提出⇒1 か
月くらい審査にかかるとのこと。

2021 年 2 月 20 日（土）
• シリーズの他の本を読んでいると自分にできるか不安になる。
• 被験者が素晴らしいことが支え。

2021 年 3 月 8 日（月）
• 予想よりも早く、編集者から返事が来る。（夜来たので寝られなかった！）
• 長さと理論面での補強が必要とのこと。
• 7 万単語が自分に書けるか、深い考察ができるか正直不安だが、リジェ
クトされなかったことをありがたいと思うべきと考える。
• 三流の研究者の自分が一流の研究者の仕事をできるか？と不安になる。
とにかく不安。
• 提案書の修正を指示されたので、とりかかる。
• 本の売りや、この本を通して何を伝えたいかを再度考えてみる。
　①縦断的研究の中でもかなり長い（コメントでもそう言われた）
　②exceptional learner［例外的な学習者］を示せる
　③contextual factors［環境的要因］を念頭に置きながら、典型的な例も示
　　せる
　④とにかくインタビューの材料は素晴らしいと思う
　⑤「コミュニケーション」の意味を再考すべき、「読む」ことを重視する
　　姿勢

⑥実利のためだけでない言語学習

⑦言語が人間にとって大切な要素であることを示す

2021 年 3 月 10 日（水）

- 何とか企画書を修正してみる。
- 長さについてまだ不安はあるが、自分が理論的に強調すべき箇所や、単なるストーリーに終わらない方向性がみえてくる。
- 独自性については自信を持ってよいと思うので、それを売りにできるような企画書を心がける。

2021 年 3 月 13 日（土）

- ざっくりとしたスケジュールを立ててみる。
- 不安 7、期待（楽しみ）3 といったところ。
- 7 万単語書けるかということと、学術的に高い品質のものを書けるかというところで 2 種類の不安があるが、たくさん読み直して、新たに読んで、進めていくしかないと考える。

2021 年 3 月 17 日（水）

- 修正企画書が light touch, less developed ということで落ち込む。
- リジェクトされていないことだけが希望だが、編集者などが期待していたレベルのものでないのだろうと推測されて、自分の研究者としての質が低いことを自覚させられて二重に落ち込む。一瞬、書籍化をそもそも思いついていなければ、とも考える。
- 2 章分サンプルを提出するようにとのことだったので、とにかく 8 月を目途に書いてみるしかない。材料は素晴らしいが、料理人の腕が足りないというところか。

とここまでが、最初に原著の書籍化を思いついてからサンプル原稿の提出を求められるまでの日々である。原著を執筆し終えた今では、企画書にはどのような内容を盛り込むべきだったのかについてなど、いろいろと学んだことがあるのでわかるのだが、当時は、初めて書いた企画書をどのように加筆・修正すべきかもわからず、悪戦苦闘していた。このような企画書は、例

えば研究者が学会発表を申し込む際に提出する発表要旨などと同じで、慣れてくれば盛り込むべき要素もわかってくるし、経験次第のところがあると感じている。しかし、1回目は非常に難しい。私の場合、ハワイ大学大学院時代の同期の仲間で、私よりも先に同じ Psychology of Language Learning and Teaching シリーズから単著を出版していた Daniel O. Jackson 氏が企画書についてもアドバイスをくれたため、ゼロの状態ではなかった。それにもかかわらず、企画書のみで契約書にこぎつけることはできなかった。もちろん、出版社からすれば、実際の原稿を読まずに企画書のみで契約を交わすということには大きなリスクがあることも十分理解できるし、今では、契約の保証がない中で必死で原稿を書く方が、契約を結んだ後よりもより一生懸命になるのではないかということで、良かったと思える点もある。しかし、1回目が難しいことに変わりはない。今では、企画書の段階で断らなかった出版社に感謝するのみである。

　この後から2021年8月までは、契約にこぎつけることを目標として、試行錯誤して執筆を進めながら、同時に時々不安で押しつぶされそうな内容である。

2021年3月19日（金）
- 8月に2章分提出しても、その修正がまずは続くであろうこと、このプロジェクトの終わりが一体いつになるのかわからないということで不安になる。
- comfort zone から抜け出さなければならないということはわかっていても、「井の中の蛙」でよかったのではという後悔も多少ある。
- 自分で書いていても、書き方自体洗練されていないという自覚もある。
- ただ、やらないままだったらおそらく後悔するであろうこと、今まで感じてきた一種の引け目から何とか脱却する機会を与えられているのだと考えるようにしている。
- なかなか夜寝られない。

2021年3月21日（日）
- 「深い考察」ができないのではないか。事実の羅列に終わるのではないか。そうなると、おそらくリジェクトということになると思う。

2021 年 3 月 24 日（水）

- とにかく LOTE motivation に関する研究を読みまくり（博士論文に取り組む前に動機づけの研究を読みまくったように）、全くもって考えがまとまっていない中ではあるけれど 8000 単語を超えたところで、少し先がみえてくる。たくさん論文を読む中でいろいろな研究者のとっているアプローチも理解し、自分だったらどうできるかを考えている。

2021 年 3 月 30 日（火）

- 引き続き LOTE motivation の先行研究を読みつつ、何度も原稿を読み返しながら稚拙な表現を改めたり内容を膨らませたりしている。長さ的には問題なくなってきたので、内容が大切。
- "critical examination"［批判的考察］になるかどうか、さらに思考を深めなければ無理だと思う。

2021 年 4 月 8 日（木）

- 大学の授業開始目前プラス子供の学校も始まって、なかなかまとまって取り組む時間がとれない。
- 第 3 章については、UH［ハワイ大学］を通じて何とかフィードバックをもらえたらよいと思う。考察を深めるためには、誰かに読んでもらってフィードバックをもらうというステップが必要不可欠な気がしている。
- 8 月までに 2 章仕上げることはできそうだけれど（長さ的には）、どこまで深い考察ができるのか？自分にできるのか？と自分を疑いながらなんとか進めている感じ。

2021 年 4 月 12 日（月）

- 本格的に授業が始まる。両立を目指さなければと思っている。
- UH の 2 人に第 3 章を読んでもらう手はずができたことで、自分としては 1 つ、comfort zone から抜け出した感がある。どのような反応かは少し怖いけど、やらないのに比べるとかなり違うと思う。
- 最近読んでいる論文の数や自分の思考を考えていると、本がたとえだめになったとしても、自分としては大きな進歩だと思うようになってきた（本当に、最近読んだ論文の本数はここ数年にないくらいだと思う）。

2021 年 4 月 20 日（火）

- とりあえず第 3 章が形になって、校正を頼む段階までこぎつけた。これがどう判断されるか正直自信はないが、自分としてできることはやったというところまではできた。
- UH のつながりが非常にありがたい。自分が長く目標としていた「研究仲間を増やす」「長期的に取り組むトピックを見つける」という状態に近づいてきた感覚がある。

2021 年 5 月 28 日（金）

- ここ 1 か月でいろいろと進んだように思う。既に 6 万単語を超えていることも安心材料にはなっている。量は問題ないことがわかったので、質を少しずつ上げていくことが目標。
- 少しずつではあるけれど、研究仲間というか、似た興味がある研究者にも連絡できるようになってきたことは大きな収穫。
- 8 月には、自分ではやりきったと言えるところまでのものを仕上げて、あとは Que Será, Será でいこうと思う。

　サンプル原稿に必死で取り組んでいたこの期間、自分が心がけ、そして学んだのは、自分の殻に閉じこもらず、周りにアドバイスを求め、能動的に学んでいこうとする姿勢である。それまでの自分は、どちらかというと自分の殻に閉じこもり、周りと積極的に意見交換するということもない状態であった。しかし、自分はこの "comfort zone"（安全地帯）で満足するのではなく、そこから抜け出す必要があると感じていた。

　そこで取り組んだのが、出身大学であるハワイ大学大学院の仲間で、本研究のトピック関連の論文を出していた（会ったこともなく私のことも知らなかった）2 名の研究者（うち 1 名は大学院生）に連絡をとったことである。ハワイ大学の教授に事情を話して 2 人を紹介してもらい、厚かましくもメールを出して、「サンプルとして提出する 1 章を読んでもらえませんか」と頼んだ。幸いなことに、偶然、そのうち 1 名は既にその時期、Multilingual Matters から彼女の単著を出版することが決まっており、似た立場にあった彼女には、特に事情をわかってもらいやすかったと思う。読んでアドバイスをくれたお返しに彼女が書いていた論文を私が読んでコメントするという形

にし、貴重なアドバイスをもらうことができた。

　ここから学んだのは、ある意味当たり前のことではあるのだが、特に似たような分野の研究者には、自分の研究に興味を持ってもらえる可能性は高く、自分の思考の結果である論文は、積極的にお互い読み合って研究の質を高めていくべきだということである。もちろん、近い分野の研究者に原稿を読んでもらっても、真の意味での中立的なコメントが得られないのではという批判も考えられる。しかし、全く違う分野の研究者に中立的に読んでもらうという機会が得られることは非常に稀であると考えられる一方、近い分野の研究者であればコメントをもらえる可能性も高く、やってみる価値はある。さらに、書籍や論文の読者は、彼らと同じような立場の人である可能性が高いわけであるし、出版前にコメントをもらって、原稿の質を高めていくことは、読者にとってもよりインパクトのあるものになる可能性を秘めている。研究の世界では当たり前のことではあるが、私の場合は、本研究において見知らぬ研究者にも自分からアプローチして読んでもらうという経験を経たことで、その大切さを実感したのであった。

　さて、ここからは、出版社にサンプル原稿を受け入れてもらい、契約してからの内容である。ここから、私の心理状態は、それまで不安な気持ちとともに試行錯誤していた状態から、微妙に変化していく。

2021 年 8 月 19 日（木）

- 昨日はメールを予想していなかった（こんなに早く結果が来ると思っていなかった）ので、不意打ちの感じだったけど、とにかく受け入れてもらえて良かった。
- 自分には無理かもと思っていた時期を乗り越えて、できることをやってこれでだめなら仕方ないと思えたので良かった。
- 博士論文以来のことがいろいろと思い出されて、また、学部時代などに得たことも本に取り入れることで、これまでの自分の集大成となるものを書けるのではと思ってわくわくしている。
- とにかくほっとしている。

2021 年 8 月 31 日（火）

- 結論関連の章を書き始めた。「結論」と呼べるにふさわしい内容にしたい

ということで、どのようにまとめれば深い内容になるか思案している。

• 7万単語というのがちょうどよい長さだったということが書いてみてよくわかる。

2021年9月9日（木）

• 9月は本当に仕事のほぼ100％を執筆や修正にあてている感じ。

• 結論部分までこぎつけてきて、実は夢中になって「深い考察」とばかり考えて必死に書いていた期間というのは非常に幸せな時間だったのではないかと考えている。書き終わったら気が抜けそう。

• いつも思うけれど、理想自己が明確でそれに向かってひたすら努力しているとき（「本を書き上げる」など）は、努力が全く苦にならず、夢中で楽しい。一方で、その理想自己に自分が実際なった状態となると、次の理想自己が見つかるまでの期間、気が抜けて、やや不安な気持ちになったりする。目標がある状態というのはある意味幸せなのだと思わされる。

• 結論は、結論を書くことに意味があると思えるような章を目指さなければならないと思っている。ある意味、実証研究の章は材料や書くことも明確だったけど、抽象的な章は意味があることを書くというのが簡単ではない。やはり、日本語で考察したりたくさんの本や論文を読むという作業が不可欠な気がしている。

2021年10月28日（木）

• 授業が始まってからまとまった時間はとれず、隙間時間に進めてきた感じ。ただ、長さ・内容ともにまとまってきたので、あとは単純作業（参考文献のチェックなど）がとりあえず残っている感じ。査読の後の直しがまた大変になるとは思うけど、とりあえず第1稿は自分が納得できる形のものになってきた。

• 「このような内容を書くべきではないのでは」と周りから思わされることもあるけど、書く意味があるもの、また、自分の信念が伝わる形のものに仕上げたいと思う。

2021年11月18日（木）

• 単純な全体チェックも終わり、内容はあと協力者のチェックと英文校正

を待つのみとなった。やりきったという感覚がある一方、終わりが見えてきたことで少し残念な気もしている。契約を結べるかどうかわからず手探りで必死で取り組んでいた期間が、実は一番幸せな期間なのだということがわかる。今後、何か本を書けと言われてもネタもないことから、この本が自分の唯一の著書になるのではと思って少し暗くなることもある。

- 査読は怖いし、いくつかコメントされそうな点は既に思いつくが、現時点では、自分ができることはすべてやったという感覚がある。
- この本をきっかけとして、自分がこれまで苦手としていた人脈づくりや研究仲間を増やすということにつながっていけば、こんなにうれしいことはない。

2022 年 1 月 20 日（木）

- 書籍化を思いついてから 1 年。17 日に無事に原稿も提出して、この後査読となる。
- ほっとしているという気持ちが大きい。書くことは本当に楽しかったし、書いたり考えたりする中で自分の思考も深まり、自分の他の研究にも良い影響を与えた気がする（本を書く前から始めていた別の研究の論文修正も、本の原稿を書くことで、査読コメントに基づく修正も楽にできたように感じる）。今はどちらかというと気が抜けている。
- 査読が怖い気もするけれど、論文のように、リジェクトされることが前提ではないため、リラックスして待っていようと思う。
- つくづく思うのは、契約にこぎつけるまではこのプロジェクトが本当に大きいものに思えて、全身全霊で、という感じだったけれど、終わってみると、研究者の道の途中でしかないということ。今後も研究を続けていく、続けていかなければいけないし、「完成」ではないとつくづく思う。
- 大切なのは、そのときそのときの研究の潮流を理解しつつも、自分で意味があると思える研究をすることだと感じてきた。1 年前に比べて、例えば LOTE motivation の研究を読んでも「これまでの流れに沿っているだけで新しい提案が足りない」などと思える状態になってきたことが、実は一番大きな収穫だったかもしれない。

2022 年 2 月 24 日（木）

- 本の方はしばらく待ち状態なので、他の研究に取り組んでいる。授業関係のことも落ち着いてきて、新学期が始まるまでが勝負だと思う。

- 本の原稿を書いている間は本当に必死だったけれど、最近は、息長く、意味のある研究を続けるためにはどうすればよいかをよく考える。論文 1 本書いても終わりでないし、本 1 冊書いても終わりでない。自分が成長し続けるためには何が必要か、真剣に考えたいと思う。

2022 年 4 月 11 日（月）

- 9 日に査読コメントが届いた。ちょうど授業が始まった翌日に届くとは！でも、何とか自分の力でも修正できる程度のコメントだったのでほっとしている。

- 6 月末を締め切りとして設定したので、それに向けて、①コメントを受けての内容の修正、②自分なりにさらに修正したい箇所の修正、③ミスがないかのチェック、④英文校正、ということで、計画的に進めたいと思う。

- また新しいはっきりした目標ができたので、気分も切り替わって取り組めている。

2022 年 4 月 14 日（木）

- この 1 週間、授業（＋その準備）と原稿修正で半分キャパオーバー状態。原稿修正は、あと 1 万単語ほど書けるのがありがたい一方で、自分が得意とする分野ではない文献を読むところから始めなければいけないことで、6 月までに納得する形になるかわからず、少しあせっている。

- とりあえずはゴールデンウィークの前まで授業を乗り切り、授業の合間を縫っていろいろな文献を読み漁るしかないかなと思っている。見方を変えれば、これでまた文献に没頭すれば、自分が理解している分野が広がるし、後から考えたらきっと貴重な時間になるであろうことが救い。

- "stretching boundaries"［限界を広げている］という感じ。「うわべだけの加筆」にならないことを心がけている。

2022 年 5 月 2 日（月）

- シリーズ編集者からのアドバイスもあり、自分が得意とする分野ではない文献の読み方も含めて、何とか手を広げる範囲がわかってきた。また、授業も一段落して、連休後にもう少し加筆すれば、何とか形になる目途がついてきた。
- 残りとしては、入荷待ちの書籍を読んで加筆、全体を印刷した上で整合性など考えて加筆、修正、英文校正、という感じ。全体でほぼ 8 万単語になりそう。
- キャパオーバーの頃は本当に心理的には苦しいけれど、この苦しい時期を乗り越えることで原稿の質は上がっている気がしている。書くことは加筆修正も含めて楽しい。

　ここまでが、契約することになってから原稿を書き上げるまでの内容である。この期間は、契約前の不安ではあるが必死であった期間と違い、原稿の執筆を楽しみ、あるいは充実感にあふれる一方、不安な中でも「Multilingual Matters から出版する」という理想自己に向かって突き進んでいた 8 月より前を、ある意味幸せな期間だったと振り返っている。

　L2 理想自己についても同じことが言えるが、理想自己というのは、それが具体的で生き生きとしているほど、努力に結びつきやすいものである（Dörnyei, 2009）。私の場合は、本研究を Multilingual Matters から出版するという、非常に明確な理想自己に支えられて、全身全霊を捧げて執筆するという経験ができた。しかし、いったんその理想自己が実現すると、そのような必死の努力は終えることになる。この間の日記の記述からもわかるとおり、徐々に私は、1 つの理想自己を実現し、実はその出版ですら、研究者にとってはたった 1 つの道しるべでしかないことを自覚していった。書籍の出版という一大イベントも、研究者としてのキャリアの途中でしかないのである。その意味で、例えばこの章を執筆している現在は、また新しい理想自己に向かって努力している最中であるが、キャリアとしては、この繰り返しなのだろうと感じている。

　さて、この後、私はユズルの訃報に接することになり、大きな悲しみと動揺の日々となる。

2022 年 5 月 15 日（日）

- 2022 年 5 月 12 日［ユズルの訃報に接した日］はここ数年で最も悲しい日となってしまった。しとしとと雨が降る日だった。まさか協力者の若者が亡くなるなどということは 0.001％も思ったことがなく、今でも時々、亡くなったことは幻で、訪ねていけばこれまでのように楽しく話ができるのではないかとふと思ってしまうことがある。いろいろな感情が自分に渦巻いていて、全く整理できない。

- この研究は、とっても明るいものだった。素晴らしい若者の様子を描くことが本当に楽しく、出会えたことが本当に幸せだった。今後も、例えば数年して、様子を再度インタビューするとか、とにかく、これからが本当に楽しみな若者だった。自分の研究の可能性を広げてくれたのもこの若者だし、今後の研究も広げてくれるはずだった。それが、今では原稿を読み直すのもつらい。とりあえずは必要な加筆・修正をまとめたら、出版社に提出して、一度離れようと思っている。親しいというわけではなかった私ですらこのような状態なのだから、ご家族の心情を慮ると本当につらい。

- 研究者も研究参加者から影響を受けるとは書いたけれど、あまりに自分の想像を超えた、悲しいインパクトになってしまった。いつかこのようなインパクトについても、落ち着いて、研究の視点から見られるような日も来るのだろうか。時々、2012 年にこの若者に自分が出会えたことの意味を考える。冷静には考えられないけれど。

2022 年 5 月 16 日（月）

- こんなことを書いても仕方ないけれど、書くことで少しだけ自分の気持ちの整理ができているように思う。lifelong multiple language learning［生涯に渡る多言語学習］とは、enduring translingual transcultural orientation［永続的な超言語・超文化志向性］とは、と考えてしまう。lifelong の意味は、25 〜 6 年で終わり？　書いてある内容が虚しくはならない？　とにかく今は、原稿全体を読むことができない。

2022 年 5 月 20 日（金）

- あとがきを書いたり人と話したりすることで、ほんの少しずつ気持ちに

整理がついてきたように思う。特に、Shion さんが温かい言葉をかけてくれるのが本当にありがたい。あとがきも書いてみて、今、8 万 401 単語。これから全体を読み直そうと思う。今は感情もアップダウンがあって、大丈夫と思える時もあれば、やっぱり落ち込んだり悲しんだりするときもある。Shion さんが「1 枚膜を張ったような状態で」というのがよくわかる。

2022 年 7 月 1 日（金）

- シリーズ編集者からのコメントを反映して再提出。8 万 1,248 単語。これで最終になるかなと思う。
- この 1 か月、特に PLL4［注：Psychology of Language Learning という国際学会の大会］を通して、いろいろな人に連絡を取り、いろいろな人とつながった。勉強会に参加できることになったり、著名な研究者と直接連絡を取れたり。自分が今まで苦手でできなかった「人脈づくり」が、この本を通して本当に発展した印象。また、新しい仕事にもつながりつつあり、今の様子は、本を書き始めたころには全く思いつかなかったことでうれしい。
- その要因をたどっていくと、やはり素晴らしいインタビューデータということに尽きる。この本がなければこんな人脈づくりも無理だったし、自分の殻に閉じこもった状態だったと思う。つきつめて考えれば、やはり 2 人の存在が大きい。感謝しかない。

2022 年 7 月 13 日（水）

- その後も、会ったことがない研究者や学生から連絡があったり、共著の誘いをもらったりと、自分が想像していた以上にこの研究のインパクトが大きいことがわかる。今回の研究は、たまたま自分がやっていた研究が動向に合致していて、また、日本で取り組んでいる研究者が少ないので本当にラッキーだったと思う。
- これまでは素晴らしいインタビューデータに支えられていたけれど、ここからは自分がどのようなことを考え、研究結果としてどのようなことを出していくかにかかっているのだと思う。自分の力量が試されるのはここからなのかもしれない。（以前は "the materials are great, but the cook

is not so experienced"［素材は素晴らしいが、料理人があまり経験を積んでいない］でもインタビューデータが素晴らしかったので大丈夫だったけれど、ここからは "the cook is great"［料理人が素晴らしい］と言える状態にしなければいけない）

2022 年 7 月 15 日（金）

- 表紙に関しては、木が学習者のメタファーになるという点に加えて、自分でも今気づいたけれど、このイメージを見ることで、私自身が空にいる Yuzuru さんを見ているイメージなのだと気づいた。きっと Yuzuru さんは空のどこかで見守っていてくれて、それを私は地上から見上げているのだと思う。彼が亡くなってから、時々空を眺めては、Yuzuru さんはあそこにいるのかなあ、あそこへ行けば会えるのかなあなどと思っていたことから、この表紙を（無意識に）思いついたのだということにいまさら気づかされた。
- 最近は本のいろいろなことが進んできて、それはそれで本当にうれしいことなのだけれど、こうやって彼のことを思い出すと、いまだに涙が出る。インタビューで遺してくれたものの大きさがわかる。

　今読み返してみても、何ともいえず悲しい気持ちになる。自分の心理的動揺、感情のアップダウン、そして何とかユズルの死に向き合おうとしている自分が見て取れる。そしてこのような感情の起伏は、今後もずっと続いていくように感じている。もう会えないということに愕然としたり、もしかしたら亡くなったことは幻で、連絡をすればすぐに会えるのではないかと思うようなこともあったり、と様々である。日本語で書いている本書について、彼の意見をもらえないことが、本当に残念でもある。

　その一方、段々と原著が形になってくるにつれて、ユズルとシオンに対しての感謝の気持ちも再認識している。実は、第 1 稿をちょうど書き終えた時期であった 2022 年の正月には、突然はたと、本研究の貴重さを再認識し、「研究を通して出会えたことについて、2 人に正面からもっとお礼を伝えるべきではないか」と考えたのだが、コロナ禍の中で 2 人に直接会う機会がなかったこともあり、あの時はそうしなかった。それについて、今でも後悔している。もちろん、折に触れて、例えば書籍化に伴う内容のメンバーチェッ

クなどに対するお礼は伝えていたわけではあるが、敢えて手紙を書いて、そもそも高校 2 年時に協力してくれたこと、9 年もの間インタビューに協力してくれたことについての謝意を述べるということをしなかった。何か大げさになってしまうだろうかなどと要らぬことを考えてしまったためである。シオンにはその後、お礼の気持ちを直接伝えられたものの、ユズルにはそうできなかったことが、本当に心残りである。

　ユズルが亡くなった後、シオンとは時折連絡を取り合っていたのだが、この時期、シオンが私のことを気にかけてくれたことは本当にありがたかった。シオンはユズルと同じ高校出身であり、彼女にはユズルについて語り合い、気持ちを共有する仲間がいた一方、私にはそのような人がいないであろうという彼女のありがたい心遣いで、「何か私にできることがあれば」と言ってくれた。私が彼女の立場だったら、果たしてそこまでの心遣いができたであろうかと自問している。

　その後、私は 9 月に、ユズルのお別れ会に出席することとなる。そして少しずつ気持ちの整理をつけようとしつつ迎えたのが 11 月 22 日の原著出版日であるのだが、この後、私の心理状態や思考も、原著執筆当時は想像していなかった方向に変化していく。

2022 年 9 月 30 日（金）

- 今日は Yuzuru さんの誕生日だった。生きていれば、今日で 27 歳とのこと。ちょうど一週間前にお別れの会に出て、改めて彼の非凡さがよくわかり、ほんの少しだけ気持ちの整理ができたように思う。彼のような本当にすごい人に自分が出会えたこと、ほんの少しでも彼に気に留めてもらって修論をはじめとして送ってもらえたことが、本当にありがたい。

2022 年 10 月 27 日（木）

- 最後のゲラチェックが終了。あとは出版を待つのみとなった。ゲラは 3 回もチェックのチャンスがあったのに、そのたびに間違いに気づき、今後、出版されたものを読んでも出てくるのではないかと怖いところもある。ただ、できることはやりきったという思いもある。
- 最終的に 195 ページになった。7 万単語書けるか自信がなかったことが嘘のような気がしている。次に書いている［共著の］1 章にしても、制限単

語数が 6500 なので、えらく短く感じている。2021 年春に書籍化を思いついて、やってみて本当に良かった。

2022 年 12 月 9 日（金）

- 11 月 22 日に無事に出版されて、シリーズ編集者含めて、「おめでとう」「お疲れさまでした」のメールをもらった。うれしさ半分、安心半分、寂しさが少しといったところ。今後、何らかの反応が読者からあればよいなと思っている。
- 私たち、Yuzuru さんからあまり近くないところにいた人間は普通に毎日が過ぎていくけど、ご家族がどんな思いなのかは、やはり当事者でないとわからないような気がしている。想像するのも厚かましいというか。近しい存在ではなかった自分に何ができるのか？　何か役割はあるのか？　と考えると、やはり、しっかり研究を続けていくことでしか恩返しできないような気がしている。

2022 年 12 月 21 日（水）

- その後、Yuzuru さんを知る人から「日本語で読めないか」との問い合わせをもらった。同様に、Yuzuru さんの直接の知り合いでない人からも、偶然本を紹介したところ、「多くの日本人にとっては英語学習ですら大変なのに、そのような素晴らしいケースがあるのならばぜひ読んでみたい」と言われた。それにより、9 日に自問した、自分の役割がしっかりあることを自覚した。うまくいくのかは全くわからないけれど、それが今自分がしたいことであり、やるべきことのような気がしている。

　原著を出版してからも、心理的なアップダウンを繰り返しながら、私は徐々に、自分が果たすべき役割を自覚していっている。それが本書の執筆であった。日本語で本書を書くということは、本当に、原著を書いていた間は思いつきもしないことだったのだが、いざ原著を出版してみると、研究者以外の人何人もから、「日本語で読んでみたい」と言われた。そのような視点に気づけなかった自分が視野狭窄だと思いつつ、気づかせてくれたいろいろな人に感謝しているところである。

　本書を日本語で書こうと決心したとき、それを「書く」という作業は、と

ても楽しく、とても悲しくなると想像し、そしてそれはそのとおりになりつつある。悲しいことは間違いないのだが、今大切なのは、自分のいろいろな気持ちを受け止め、それらに向き合うということだと考えている。この研究は、自分にとって間違いなく一生忘れられないものになるし、研究者としての自分を超えて、人間としての自分に計り知れない影響を与えた。今後、どのような展開が待っているにせよ、その時そのとき、自分はそれらの展開に真摯に向き合っていくことが大切だと考えている。

原著であとがきを書いた意味

　ユズルの訃報に接して心理的にどうしようもなく落ち込んでいた時期、あとがきを書くことを勧めてくれたのは、勤務先の大学の同僚である。原著ではもともと、あとがきは書かない予定で、最初の原稿も、あとがきなしで提出していた。しかし、同僚のアドバイスに従って実際にあとがきを書こうとしてパソコンに向かうと、そのメッセージはあっという間に自分からあふれてきた。今でも不思議なほど、あっという間に書いたあとがきである。なぜそのようにあとがきの内容がはっきりしていたのか。それは今考えてみるに、研究協力者に対するお礼の気持ち、原著を出版できた意味、そしてこれからもユズルの死に向き合い続けていく自分の覚悟をずっと頭の中では考えており、実際にあとがきを書くことは、単にそれらの思いを言語化しただけという状況だったからだと思う。そしてそのようなあとがきを書くことで、私は、心理的に大きく救われたと感じている。

原著の表紙について

　原著の表紙は、一見、言語学習と関係があるとは考えづらい、大樹のイメージである。表紙のイメージについては、出版社の担当者が 2022 年 6 月に初めて連絡をくれて、自分に選ばせてくれた。同じシリーズの表紙は様々で、幾何学的な模様のものもあれば、人を描いたものもある。自分の表紙をどうしようかと考えたとき、時間をかけず、ぱっとひらめいたのがあの表紙である。

　この研究のテーマの 1 つは、時間である。時間をかけていろいろな言語を学習し、成長していき、いろいろな人たちとつながっていく 2 人ということで、それをメタファーとして大樹に託すことにした。しっかりとした根っこ

の上に立ち、枝を伸ばしていく大樹は、2 人のイメージにぴったりであった。

　加えて、表紙のイメージを決めてしばらくしてから、私は、この表紙が実は自分の視点も表していることに後から気づいた。ユズルのことを思い出すとき、私は自然と天を見上げる。彼が天国にいて、地上の自分たちを見守ってくれていると考えているからだろう。この表紙は、まぶしいほど優秀なユズルを地上から見上げている、私自身も示したものである。

研究終了後もリフレクシブであること

　さて、特に質的研究においては、省察性、すなわち、研究者自身が研究プロセスの一部であり、「研究者が研究に与える影響、そしてそのことによって、研究者自身に返ってくることについて省察する、そのような姿勢」（八木他, 2021, p. 33）が重要だとされている。原著でも、研究方法の視点から本研究を分析した内容について 1 章を割いており、その中で、研究者と研究協力者が相互に影響を与える可能性があることを指摘した。すなわち、特にこの類の縦断的研究では、他の研究者も指摘しているように（Lamb, 2018 など）、研究者が「黒子」でいることはもはや無理で、何らかの形で、研究協力者に影響を与える可能性があることは否定できないのである。例えば、私が何度もインタビューをすることで、シオンとユズルは定期的に自身の外国語学習を振り返ることにつながっていたし、彼らの動機づけにも何らかの影響を与えた可能性がある。さらに、先行研究で議論されているような「ある研究が研究協力者に与える影響」だけでなく、私にとっては、研究者が研究協力者から影響を受けるということも、本研究を通じて自覚したことであった。すなわち、研究開始当初の目的が主として英語学習動機づけを明らかにすることだったのに対し、シオンとユズルの複数の外国語の学習の様子から、研究者としての私の興味・関心も、多言語学習の動機づけへと変化していった。つまり、研究者が研究協力者に何の影響も与えることなしに長期間の研究を続けることは無理であり、同じように、研究協力者、あるいは研究から全く何の影響も受けずに研究者が研究を続けることも無理であろうということである。特に、縦断的研究においてはこの影響は横断的研究よりも大きいといえ、研究者は、このことに無自覚でいるのではなく、そのような影響も自覚した上で研究を行い、論文を書くべきだということである。

　この「研究者のリフレクシビティ」については、「オープンな議論が待た

れるところ」（八木他, 2021, p. 33）と主張されている。その議論の 1 つとし
てここで私が指摘したいのは、リフレクシビティとは、研究中だけでなく、
研究後も一貫して持っているべき姿勢だということである。先行研究におい
ては、リフレクシビティや研究者の感情面について言及があるのは特定の研
究の終了時までのものが多い（例外として例えば Dean, 2017 参照）のだが、
実際のところ、一人の人間としての研究者は、研究をしている限り、ずっと
このリフレクシブな姿勢を保ち、自身の感情にも目を向け続けるべきである
と考える。ある研究者が行っていく研究は相互につながっているし、ある研
究が次の研究に発展していくのが自然な姿である。また、それまでの研究で
受けた感情面での影響も、ずっと続きながら研究を続けていくわけである。
研究者が持つ感情がプラスのものであれマイナスのものであれ、その感情を
無視したり隠したりするのではなく、人間としての研究者にも目を向け続け
ながら研究を続けていくということが大切であると考えられる。

　具体的に私の場合は、データ収集、あるいは原著執筆が終わってからも、
ユズルやシオンの姿勢は、私のその後の研究に対して影響を与えていると
思うし、人間としての私にも大きな影響を与え続けている。その例の 1 つ
が、英語だけでなく多言語を重視する姿勢であり、縦断的研究を重視する姿
勢である。今後の研究について考える時も、多言語学習を重視するという自
分の姿勢ゆえ、例えば、英語だけではなく LOTE も含めた学習がうまくバ
ランスを取って進んでいくにはどのような動機づけが必要なのか？という
視点で研究課題について考えているし、その意味で、私の研究がある「価
値観」に基づいていることは間違いない（また、この「多言語を重視する姿
勢」は、遡って考えてみると、自分自身が大学学部時代に経験した、スペ
イン語学習やメキシコとスペインへの留学も大きく関係している）。このこ
とは、Mercer & Gregersen（2023）もその論文の中で "value-free research is
impossible"（p. 9、特定の価値観に基づかない研究は不可能である）と指摘
しているとおりである。もし、仮に、これらとは全く違った経験を経てきた
私が英語学習の動機づけを調査していれば、LOTE 学習の動機づけ、あるい
は多言語学習の動機づけには全く関心を持たなかったかもしれない。この意
味で、Consoli（2022）が主張する "life capital"（人生資本）には、ユズルの
死も含めての本研究が間違いなく含まれるし、Consoli（2022）の主張のよう
に、本研究終了後も、この人生資本に向き合いつつ、あるいは人生資本を生

かしながら、研究を続けていきたいと考えている。

省察性の 3 側面について

　さて、ここまで、原著に取り組んでいた頃からユズルが亡くなった後までの私の心理的変遷を分析し、省察性について考察してきたが、この分析を俯瞰して考えてみると、読者にはどのような点が参考になり得るのだろうか。本章で私が指摘したい省察性の側面は、3 点にまとめられると考えている。

　1 点目は、先行研究でも既に多く議論されている、省察性のある意味消極的な作用である。これは、「研究者が誰かということが研究に影響を与えているということ」(八木他, 2021, p. 31) を自覚し、例えば研究データの提示の前に、研究者自身の考え方や経験などを明示的に示すことで、研究の質を担保するという側面である。この側面については、「省察性」という言葉、あるいはトピックを明示してもしなくても、ほとんどの研究者であれば、多かれ少なかれ無意識的には考えていることであるとは思う。原著においても、「研究者と研究協力者の相互作用」という内容で議論したとおりである。省察性のこの側面については、無意識的にではなくより自覚的に向き合うことで、論文などにおいても研究者についての適切な情報を提供し、読者にその研究の質を判断してもらえる材料を提供することができると考える。

　2 点目は、1 つ目の側面よりも積極的な作用である。これは私がユズルの死をきっかけとして、省察性についてより明確に自覚したことから経験したこと（あるいはこれから経験するであろうという方が正確かもしれない）であり、具体的には、省察性を理解することで、研究を通じて伝えたいことを、より明確に、客観化したり深化したりすることができるという側面である。私の場合は、本研究終了後にこの側面を実感しており、これまでの自分自身の経験に向き合うことで、私自身の多言語主義的な立場を理解し、今後の研究のテーマのヒントが得られた面もある。また、今後の研究におけるデータ分析の際にも、よりデータに対して、自分の価値観や考え方、"life capital" を自覚した上で向き合えるようになるのではないかと感じている。言い換えれば、省察性の積極的作用を意識することで、Consoli (2022) も指摘するように、データの分析が質的に向上したり、読者が論文著者の "life capital" を理解した上で論文を読み進められたりと、読み手に有益な形でその研究内容を提供することができるということである。

　最後の 3 点目については、省察性とは言っても、多くの研究者には当てはまらないであろう、研究協力者の死に自分が向き合いながら学んできた側面である。私自身、このような事態は当初予想もしなかったことであり、ほとんどの研究者には直接的には当てはまらない事例である。しかしそれでも、私の今回の経験は、他の研究者あるいは読者にも参考になる点はあると考える。

　そもそも研究というのは、特に人を対象とする研究では、そのすべてが予想通り、期待通りに進むということはほぼないことで、多くのケースで、当初想定もしていなかったことが起こる。例えば、意図せずして研究協力者の気持ちを傷つけてしまったり、そのことでその後の研究への協力を断られてしまったりなどという事態はあり得ることだと考えられる。そして、このような事態に遭遇することで、研究者自身の気持ちが傷つくということも、往々にしてあり得るのではないか。例えば、分野は異なるが、社会学の分野において母性、父性について調査した Miller（2015）では、3 回にわたるインタビュー調査終了後、何年も経ってから、再度インタビューへの協力を依頼したところ、協力してくれたのは全員ではなく、協力者によっては返事が来ない、あるいはそもそも連絡先が古く、インターネットを駆使して探してみたものの連絡が取れない、あるいは連絡が取れても協力を断られるという事態になったことが綴られている。Miller（2015）自体では、研究者がこのような事態になったことによる感情面での影響について詳述はされていないものの、縦断的研究の難しさや、当初期待したように研究が進まない難しさがよく伝わってくる。これは一例ではあるが、その他にも、当初想定していなかったような様々な事態に陥ったとき、研究者がこの省察性という考え方を知り、身に付けておくことは、すなわち研究者自身を守ることにつながるはずである。私自身は、省察性について詳しく知ったのはユズルが亡くなってからであり、苦しみながらではあるが、他の研究者仲間から、あるいは様々な文献からこの考え方を知り、この考え方に助けられた。このような経験を材料として考えると、たとえ私のような、研究協力者の死に向き合うということが多くの研究者には当てはまらないとしても、省察性の考え方を理解しておくことは、多くの研究者にとって有益であると考える。なぜなら、研究において不測の事態に陥ることは多くの研究者に起こり得ることであり、そのような事態で心理的に傷つく前に、この省察性の考え方を理解して

おくことで、研究者が研究者として、あるいは人間として、より良い形で、あるいはより苦しまない形で、その事態に向き合っていくことができると考えるからである。

研究者が自らの感情に向き合うということ

　研究者の感情については、自分はユズルの死によって大きな悲しみを経験することになった一方、このような悲しみを経たからこそ、研究者の感情という側面に意識が向いたとも言える。言い換えれば、本研究を通して、ユズルとシオンが、「研究者も人間であり、感情面に目を向けることも大切である」ということに気づかせてくれたのである。また、悲しみというマイナスの感情だけでなく、9年にわたるこの研究自体は、楽しく、プラスの感情にあふれたものであった。このように、プラス、マイナス、様々な感情を無視したり隠したりするのではなく、それらに向き合うことが、結果的には、研究の質を高め、そして人間としての研究者の精神面での well-being、すなわちより良い状態、幸福を支えるのではないか。ある研究から得た自分の価値観や感情に無自覚な状態で研究を進めるのではなく、自分の価値観や姿勢、感情を自覚した上で高い水準の研究に取り組むよう努力することが、今後も特に縦断的な質的調査を続けていきたいと考える者の責務であると考えている。

人間としての研究者が人間についての研究を行うということ

　言語学習の動機づけを研究するということは、言い換えれば、外国語を学ぶ「人間」をよりよく理解していくということでもある。そのような研究においては、学習者を「人」として理解することが大切であり、ここに質的、あるいは縦断的調査の意味が出てくる。そして、学習者を「人」として研究しようとする研究者もまた、人である。すなわち、研究は人と人との関わり合いであり、そのやりとりの中で相互作用、あるいは相互の影響が生まれることは、ごく自然なことであると言える。大切なのは、論文あるいは書籍を読む読者一人ひとりがその研究の内容や質を理解、判断できるよう、その相互作用に関しても研究者の自覚に基づいた内容を提供し、記述することである。その際の材料の1つが、研究中、研究後を通じた「研究者のリフレクシビティ」であろう。そして付け加えるならば、このような「人」を研究する

質的研究において、研究者としてさらに重要なのは、調査に協力してくれる
「人」の尊厳を最大限守る形で研究を進めていくことである。

　様々な難しさも伴う縦断的インタビュー研究ではあるが、やはり私は、人
間についての研究に取り組むことができるということは幸せなことだと感じ
ている。言語を学習する人間の心理を明らかにしようとする psychology of
language learning という分野において、最近は、言語学習に関連する心理の
マイナス面だけでなくプラス面も明らかにしようという動きがあるのと同じ
ように、原著では、言語を学習することに伴うプラスの心理的側面を示すこ
とができたと考えている。さらにそれだけではなく、そのような研究ができ
たことで、研究者として、あるいは人間としての私にも本研究は心理的にプ
ラスの影響を与えたと感じている。研究に協力してくれる人に真摯に向き合
う大切さを肝に銘じながら、私は、今後も研究を続けていきたい。

第 8 章
結び
～2人の多言語学習者が教えてくれたこと～

　外国語学習動機づけの長期的な変化を探ることを目的として、9年の間、ユズルとシオンの人生の一部にインタビュー調査という形で関わらせてもらったわけであるが、本研究で語られた内容は、彼らの人生のほんの一部にしかすぎない。それにもかかわらず、2人は、多言語学習の動機づけ研究に十二分な材料を提供してくれた。また、研究という枠を超えて、私自身にも、人間にとって言語とは、言語学習とは何かを考えるきっかけをくれた。さらに、ユズルが亡くなるという、研究開始当初には全く予想していなかった衝撃的な出来事を通して、私は、「省察性」や研究における「感情」という新しいトピックについて学び、考察することになった。偶然にも彼らの人生のほんの一部であるにせよ関わらせてもらったことが、研究者として、あるいは人間として、今となっては私の宝である。

　結びとなる本章では、第3章から第6章で分析したインタビュー結果を少し俯瞰して考察し、2人の長期的動機づけの変化をまとめる。第3章から第6章では、それぞれが高校時代、大学時代前半、大学時代後半、大学院・社会人時代と、異なる段階でのシオンとユズルの様子を、それぞれ異なる研究課題を設定して分析した。これらの研究課題は、全体としては「長期的に動機づけはどのように変化するのか」という大きな研究課題でつながっており、本章で試みるのは、その大きな研究課題に取り組むことである。そしてそこから、理論的、教育的示唆を考察する。例外的に優秀とも言えるユズルとシオンではあるが、彼らの様子から、我々言語学習者、あるいは教育者が参考にできる点は多い。また、今後の研究のヒントになる点もいくつもある。ここではそれらについて、9年間の2人の様子とともに今一度考えてみ

たい。

2 人の 9 年間の変化

　ユズルとシオンの 9 年間の多言語学習動機づけを振り返るとき、実に様々
な要素がその変化に関係していたことに気づく。それは例えば、高校時代の
受験勉強であったり、大学入学後の海外での経験であったり、専門分野での
学習や研究、大学院・社会人時代のコロナ禍、あるいはシオンの仕事の様子
などである。それらに影響を受けながらも、同時に 2 人は、それらに翻弄さ
れるのではなく、主体性を持った一学習者あるいは一人間として、自らの学
びを深め、人生を歩んできたと言える。

　まず、表 8-1 は、ユズルの 9 年間をまとめたものである。もちろん、ユズ
ルの人生にはここに全く書ききれないたくさんの経験があり、学びがあり、
思考があったため、この表はそれらのごく一部を表しているに過ぎない。そ
れにもかかわらず、表をざっと見るだけで、ユズルが、英語圏・非英語圏両
方で実に様々な経験をしていることがわかる。これらの経験に支えられ、ユ
ズルは 9 年間で、英語に加えて、中国語、フランス語、ドイツ語、ギリシャ
語、ラテン語、オランダ語、イタリア語、そして朝鮮語を学ぶに至った。そ
のレパートリーには驚嘆するしかない。また、英語を含めて、複数の言語で
高い習熟度に達していることも見て取れる。しかし、具体的な言語の数、あ
るいはその習熟度にも増して、ユズルから学ぶべきは、彼の言語、あるいは
言語学習に対する姿勢や、他者に対する眼差しであると私は考えている。そ
れらについては、後に詳述する。

表 8-1　ユズルの 9 年間と研究終了後の様子

年	学年	出来事や経験
2012	高校 2 年生	ラジオ講座での英語学習を 7 か月でストップ 英語での多読 集中的な受験勉強 中国語学習
2014	大学 1 年生	必修科目としてのフランス語の学習 自身での多言語学習 英語や様々な LOTE の文献を読む IELTS オーバーオールスコア 7.5、リーディングスコア 9 点獲得（12 月）
2015	大学 1 年生	ヨーロッパへの一人旅
2015	大学 2 年生	オックスフォード大学でのサマースクール参加 イギリス各地での一人旅 正式に政治哲学を専攻
2016	大学 3 年生	フランスに 1 年間交換留学 研究者になるという職業関連の理想自己が発展
2017	大学 3 年生	Diplôme d'études en langue française (DELF) B2 レベル獲得（1 月）
2017	大学 4 年生	Diplôme approfondi de langue française (DALF) C1 レベル獲得（5 月） オランダ語の学習
2018	大学 5 年生	英語や様々な LOTE の文献を読む 大学院筆記試験免除
2019	大学 5 年生	TOEFL iBT 103 点獲得（3 月）
2019	修士課程 1 年生	TOEIC 955 点獲得（7 月） 研究者になるという職業関連の理想自己を方向転換する
2020	修士課程 2 年生	コロナ禍でほとんど在宅 ラジオ英語講座での学習を再開
2021	修士課程 2 年生	修士号取得
2021	社会人 1 年目	TOPIK I　2 級合格、リーディング満点、リスニング 98 点獲得（4 月、研究終了後）
2022	社会人 1 年目	TOEFL iBT 109 点獲得（1 月、研究終了後）

　次に、図 8-1 は、ユズルの 9 年間の外国語学習動機づけの変化を表したものである。表 8-1 同様、このような図式化は、ユズルの動機づけを単純化

し、細部を無視している状態にはなるものの、一方で、彼の動機づけの長期的変化を表すことができる。この図に示すように、まず、内発的動機づけについては、特に高校 2 年時の後半、大学入試のための勉強を意識し始めた頃から「延期」された状態となり弱まったが、大学入学後は一貫して強固なものとなり、強くなり続けたと言ってよい。また、英語理想自己については、高校時代は不明瞭だったものの、大学入学後に「政治哲学の分野で研究者になる」という夢に支えられて、段々とはっきりしたものになっていった。同時に、本格的には大学入学後に学習を開始したフランス語についても、フランス留学なども経ながら、はっきりとした理想自己が発展していった。その他の言語も合わせ、これらはやがて、より「多言語」の色濃い多言語理想自己となり、ユズルの学習を支えていった。これらの発展は、表 8-1 で表したユズルの様々な学習、あるいは人生経験と深く関係しており、直接的、間接的に、豊かな経験がユズルの多言語学習を長く支えていったと言える。

　ユズルの 9 年間の理想自己の発展を考えるとき、1 つ、重要な要素として浮かび上がるのが、彼の意志の強さである。理想自己というのは現在の自分とは違う姿であり、その実現のためには、大きな努力を要することとなる。学習が順調に進む時期もあれば、なかなかうまく進まない時期もあるはずで、理想自己を実現するまでの過程には苦労も伴うと考えられる。しかし、そのような大変さに負けず、理想自己の実現に向けた努力を続けるためには、強い意志の力が必要である。将来、理想的にはこのような姿になっていたい。しかし、それはなかなか大変である。理想自己の実現に向けて努力を続けるのか、あるいは途中で努力をやめるのか。ユズルの場合を考えてみるに、彼の「理想自己実現意志」、すなわち、様々な努力を継続して理想自己を実現しようとする意志が非常に強固なものであったと言え、その強い意志に支えられて、彼の様々な言語の理想自己や多言語理想自己が具体的な言語学習行動につながっていったのだと考えられる。

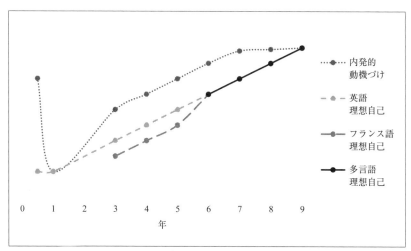

凡例:
・・・● 内発的動機づけ
- -● 英語理想自己
―● フランス語理想自己
━● 多言語理想自己

図 8-1　ユズルの 9 年間の動機づけ変化

　続いて、シオンの 9 年間の発展の様子を見てみよう。表 8-2 のとおり、シオンもまた、9 年間の間に、英語圏・非英語圏両方において、実に様々な経験があることがわかる。また、シオンの場合は、特に大学入学後の理系への転向を経て、看護学分野での集中的な学習や研修を行った様子が顕著である。看護学の分野においては、例えば LOTE で書かれた文献を読むような活動はなかったものの、大学学部、大学院を通して、英語の文献を読む活動が多くあった。高校時代に英語での多読経験があるシオンは、この経験を大いに生かして、英語で「読む」ことの重要性を実感しながら、これら大学時代の学習に取り組んだと言える。さらに、シオンの「経験資本」はユズルと同じように大変豊かであり、この経験資本が、シオンの 9 年間の学習を支えたと言える。このような経験に支えられ、シオンは、英語に加えて中国語、ドイツ語、そして朝鮮語を学習するに至った。

表 8-2　シオンの 9 年間と研究終了後の様子

年	学年	出来事や経験
2012	高校 2 年生	4 年以上にわたるラジオ英語講座での学習 英語での多読 集中的な受験勉強 国連で働くという職業関連の理想自己の発展 中国語学習（研究開始前）
2014	大学 1 年生	必修科目としてのドイツ語の学習 ドイツ語検定 5 級（満点）獲得（10 月） 国連で働くという職業関連の理想自己を方向転換する
2015	大学 2 年生	ドイツ語検定 3 級獲得（6 月） 正式に看護学を専攻
2016	大学 3 年生	看護学分野での集中的な実地研修 英語で様々な文献を読む フィンランドでのフィールドワーク参加
2017	大学 4 年生	英語で様々な文献を読む 大学院入試および看護師国家試験に合格
2018	大学 4 年生	アメリカ旅行
2018	修士課程 1 年生	TOEIC 900 点獲得（6 月） 英語で様々な文献を読む
2019	修士課程 1 年生	フランス・スペイン旅行
2020	修士課程 2 年生	修士号取得
2020	社会人 1 年目	激務をこなす コロナ禍でほとんど在宅 テレビ英語講座での学習
2021	社会人 1 年目	朝鮮語学習の開始（研究終了後）

　次に、シオンの長期的動機づけの変化に関しては、図 8-2 に表したとおりである。図 8-2 もまた、シオンの動機づけの複雑な変遷を単純化してしまっているという欠点はあるものの、長期間の変化を俯瞰することができる。高校時代は英語が純粋に好きで、強い内発的な動機づけがあり、この内発的動機づけおよび「国連で働く」という職業関連の理想自己が非常に強い様子であり、これらがシオンの長きにわたるラジオ講座での英語学習を支えた。一方、大学入学後は、「グローバル人材」の輩出に力を入れている大学における「期待」や「重圧」を感じたこともあり、英語義務自己が強くなっていっ

た。しかし、大学院入学後はそのような重圧からも解放され、英語義務自己が弱まる一方、一時期弱くなっていた内発的動機づけが回復するという結果になった。シオンについては、本研究の後に自ら朝鮮語を学び始めたり、仕事で英語を使い始めたりということもあり、もし、本研究を数年延長し、その様子までグラフに表していたならば、また違った印象のグラフになっていたのではと思うところである。

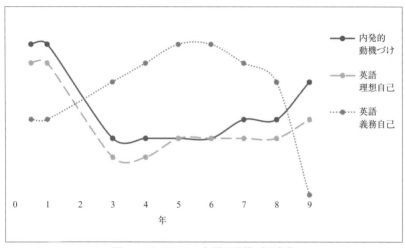

図 8-2　シオンの 9 年間の動機づけ変化

　２人の様子を、日本の社会的、経済的、あるいは教育的状況に照らし合わせて考察してみると、それらの環境要因は、２人に様々な影響を与えていたことがわかる。具体的に、これらの環境要因とは、日本では長く、グローバル化の中で英語力の育成を重視する一方、LOTE の教育を重視しているとは言い難い状況が続いていること、大学入試をはじめとして、"exam-oriented"（試験志向が強い）と言われている状況であること、アジアの他の国と同様、生徒、あるいは学生としての役割に重きが置かれていることなどである。このような環境下で、例えばユズルは強い試験志向の状況もあり、高校２年生の時期には入試を突破するという短期的目標を重視し、ラジオ講座での英語学習をストップした。また、シオンは、大学で期待される「グローバル人材」という考え方に影響を受け、英語義務自己が強まった。しかし同時

に、シオンもユズルも、本研究期間中、あるいは、本研究期間中よりも前に得た、様々な人生経験や言語学習を糧として、高い主体性を持ち、自らの環境を「形作って」いったとも言える。だからこそ、例えばユズルは、LOTE 教育が重視されない環境においても様々な LOTE を学習し、シオンは「グローバル人材」が重視され、英語を手段的なものと見なす環境の中でも、言語が人間にとって本質的なものであり、単に手段ではないという視点を持つに至ったのだと考えられる。すなわち、図 8-3 で図式化を試みるとおり、学習者は、各々が置かれた環境の中で、様々な要因から影響を受けつつも、時を経るにつれて、自らの経験や興味、学習、育んできた視点などを糧として、自分の環境を形作る力を得ていく。だからこそ、一見、同じような環境にいたと考えられるユズルとシオン（実際、2 人は同じ高校、大学に通っていたわけである）も、それぞれが経た経験は異なったものであり、それらの経験は、ユズル、シオン、それぞれその人のみしか経験できないものとなっていったのである。

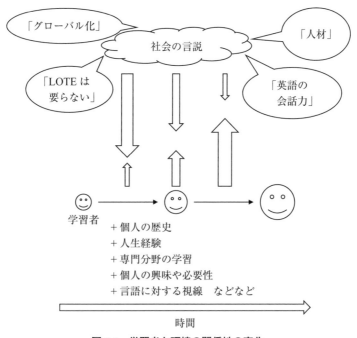

図 8-3　学習者と環境の関係性の変化

　図 8-3 で強調したいのは、どのような学習者であっても、図の右側のような状態に至ることは可能であるということである。「はじめに」でも述べたとおり、おそらくユズルとシオンは、動機づけ以外の要素、例えば、もともとの言語能力なども高かったのであろうと推測できるが、言語能力やその他の「変えられない」要因とは違い、自らが囲まれている環境から受ける影響の方向性、そして、自らの環境を形作っていく力は、誰でも育てていくことができる。重要なのは、受け身の形で社会に何となく存在する言説に惑わされるのではなく、それらについて自分はどう考え、それらをどう消化し、そしてどのような学習者に育っていくのかということである。例えば、シオンの 9 年間の様子を考えても、学習者は環境から影響を受けるが、様々な経験や思考を経て、環境を形作り、社会の言説にコントロールされるという状況を乗り越えていくことができると言える。教え手、あるいは学習者の親は、その手助けができる存在でありたい。

　さて、本研究は協力者がたった 2 人というケーススタディであり、本書で紹介した 2 人のストーリーは、もちろん、他の学習者に単純に当てはめられるものではなく、本研究の結果を一般化はできない。しかし、数少ない日本発の多言語学習動機づけ研究として、2 人は、日本のような場所でも可能な、多言語学習の素晴らしい姿を見せてくれた。そして、彼らの姿は、今後の研究、そしてこれからの多言語学習者に、大いなるヒントを与えてくれた。以下では、それらについて考えてみたい。

日本発の多言語学習動機づけ研究が理論的に示唆するところ

　外国語学習動機づけの分野では、学習者の置かれた環境がその動機づけに大きな影響を与えることがしばしば論じられる（Ushioda, 2009, 2013 など）。もちろん、「環境」とは言っても、「日本」のようなマクロな意味合いもあれば、一人ひとりの学習者が置かれているミクロな意味合いまで様々であり、それゆえ、同じ日本にいても複数の学習者が全く同じ経験を経るということはないとも言える。しかし少なくとも、日本を FL 環境として論じる時の環境要因を考えるならば、ヨーロッパやアメリカなど、これまでの LOTE 学習動機づけ研究が主として行われてきた環境とは全く違う風景が広がっているのが日本であり、だからこそ、全く足りていない日本発の LOTE 学習動機づけあるいは多言語学習動機づけの研究が、今後も必要であると考えてい

る。

　では、そのような研究不足を補おうとした日本発の LOTE 学習動機づ
け、また多言語学習動機づけとしての本研究からは、理論的には何が示唆
できるのであろうか。本研究で最も主張できるのは、特に第6章から明ら
かなように、外国語の学習は、高校や大学など、教育機関に所属している
時のみに行われるものではなく、一生続いていく営みであるということで
ある。また、2人のインタビューからも明らかなように、外国語学習を継
続することで、異なる言語、異なる文化背景を持つ人々との距離を確実に
縮めていくことができるということである。そのように捉える外国語学習
において重要なのは、「言語の間で機能する能力」（"the ability to operate
between languages"、MLA, 2007）を生涯をかけて育もうとする力、すなわ
ち、enduring translingual transcultural orientation（「永続的な超言語・超文
化志向性」とでもいえようか）という動機づけ要因である。例えば、ユズル
が言うように、フランス人が理解するフランスと全く同じように日本人がフ
ランスを理解するようにはならないかもしれないが、彼らの言語を学び続け
れば、最初全くわからなかったことがわかり始め、フランス人との距離を確
実に縮めることができる。すなわち、いろいろな言語を一生かけて学び続け
るとき、人は、異なる言語や文化を超えていくことができる。そのように言
語や文化を超えるため学び続けたい、異なる他者を理解したい、すなわち、
Kramsch（2014, p. 305）が論じる "lear[n] to mediate between incompatible
cultural worldviews"（相容れない文化的世界観の間に介在することを学ぶ）
という志向性こそが、2人の長期的な多言語学習を支え、そして支え続ける
であろう動機づけだと言える。

　イギリスを拠点として、日本をはじめとした様々な国の外国語学習動機づ
けを観察し続けてきた著名な研究者であるエマ・ウシオダは、その論文の中
で、これまでの外国語学習動機づけ理論が "the future goals and purposes of
language learning"（言語学習の将来の目標や目的、Ushioda, 2017, p. 471）
を中心に発展してきたと指摘している。さらに、今後の動機づけ研究で必
要とされているのは、言語学習を特に経済的な優位性を得ようとするよう
な手段的なものとのみ捉えるのではなく、より豊かな人間性を実現するよ
うな視点であると論じている。本研究で2人のケースを通して見えてきた
enduring translingual transcultural orientation は、まさにこのより豊かな人

間性を実現する動機づけ要因である。もちろん、ユズルにとってもシオンにとっても、これまでの動機づけ理論で着目されてきた「目標」を持つということはとても重要であり、何より、ユズルの合計 9 か国語を対象とした言語学習は、研究者になるという理想自己に支えられていた側面が大きい。しかし、それだけで彼らの動機づけを語ることは無理である。言語を本質的に人間的なものと捉え、言語学習は他者との距離を縮めるもの、一生涯続いていくものと捉えるとき、そこに想定されているのは、少なくとも「短期的な」目標・目的ではない。他者の言語を学び、それによって様々な言語や文化の間を行ったり来たりしようとするのがこの enduring translingual transcultural orientation で捉えようとした動機づけであり、それは少しずつ、一生涯をかけて育んでいくものである。この概念は、もちろん外国語学習者すべてに当てはまるものではないかもしれない。しかし、「英語が共通語として機能している、だから LOTE は必要でない」という思考を超えて、様々な言語を学び、様々な言語と生きていこうとする学習者にとっては、欠かせない動機づけ要素なのではないだろうか。

　言語を超え、文化を超えようとする長期的な動機づけ要因は、これまでの動機づけ研究ではあまり議論されてこなかった。これにはいくつかの原因が考えられる。1 つ目は、これまでの研究の多くがそうであったように、英語学習のみを対象とした研究では、英語が事実上の共通語となっていることも関係して、このような「言語を超える」「文化を超える」という側面は浮かび上がりにくい。また、現在、多くの学習者が（特に英語の）「実践的コミュニケーション能力」の獲得に熱心で、外国語教育の目的も、狭い範囲の、例えば「英会話力」のような能力の育成の範囲でしか想定されていないことが多いため、研究で得られるデータからは、上述のような要素は浮かび上がりにくい。さらに、このような志向性は、短期的に育まれるものではないし、多言語学習に意味を見出す学習者にしか見られないものだと考えられる（この長期的動機づけは、例えば、最近研究が増えている directed motivational current という、ある時期、外国語学習にまさに没頭するような状態になる際の動機づけなどとは対照的である。directed motivational current については、例えば、Dörnyei et al., 2015; Henry & Davydenko, 2020; Henry et al., 2015; Jahedizadeh & Al-Hoorie, 2021; Muir, 2020 など参照）。すなわち、このような長期的動機づけが研究から明らかになってくるのには時間がかかる

一方、その発見を可能にする縦断的研究、そして学習に成功した多言語学習者の研究も少ない。このような複数の原因ゆえ、これまでの外国語学習動機づけ研究では、多くの場合、短期的目標や目的がその議論の中心となってきたと言える。

一方、少し応用言語学の分野について広く考えてみると、近年、translanguaging をはじめとして、「言語をまたいで自由にコミュニケーションする力」などへの注目が集まっている（Hawkins & Mori, 2018; Kern, 2011; Kunschak, 2020; Mendoza, 2023 など。これは例えば、2023 年にポートランドで行われたアメリカ応用言語学会の年次大会でも顕著な動きであった）。日本では、この translanguaging というトピックはまだもさかんに議論されてはいないように感じるが、今後の外国語学習動機づけ研究のために、この分野から学ぶことは多い。特に、共通語となっている英語の LOTE 学習動機づけに対する影響を議論する上でも、ヒントとなるトピックであると感じている。

さて、ちょうど本研究において LOTE 学習動機づけがまさに中心的トピックとして浮かび上がってきた頃である 2017 年に出版された、学術雑誌 *The Modern Language Journal* の LOTE 学習動機づけ特集号において、Ushioda & Dörnyei（2017, p. 452）は、2 つの重要な問いを投げかけた。その 1 つは、現在提案されている動機づけ理論は、LOTE 学習動機づけを適切に説明するのかということであり、もう 1 つは、グローバル化しつつも多文化、多言語社会となっている世界において、共通語としての英語が LOTE 学習動機づけに与える影響とはどのようなものかということである。ここでは、これら 2 つの問いに、本研究の演繹的・帰納的分析両方から得られた知見から少し考察してみたい。1 つ目の問いについては、現在主として応用されている L2 セルフシステム理論、特に L2 理想自己や L2 義務自己、そしてそこから派生した多言語理想自己、そして、自己決定理論における内発的動機づけは、LOTE 学習動機づけを適切に説明しているものの、それらでは網羅していない動機づけ要因もあるということである。それらの動機づけ要因として本研究の帰納的分析から見えてきたのは、短期的目標を超えた、言語学習を生涯にわたる学習と捉える姿勢であり、言語を人間にとって本質的なものと捉え、他者をよりよく理解するために言語を学ぼうとする動機づけである。これらは、これまでの動機づけ研究で主として議論されてきた「目的」「目

標」（特に短期的なもの）とは違った種類の動機づけであるが、LOTE 学習
動機づけの重要な要素であることに間違いはない。このような動機づけ要因
の発見は、本研究のような縦断的・質的研究だからこそ可能であったと言え
る。

　２つ目の問いに対しては、先行研究で多く報告されている事例（Busse,
2017; Henry, 2015a; Wang & Liu, 2020; Wang & Zheng, 2021 など）とは対照
的に、共通語としての英語が LOTE 学習動機づけに与える影響は一様に負
のものではないということである。これは、特に、言語学習に対する手段的
な見方を超えて、他者を理解するために他者の言語を学ぼうとする姿勢を持
つとき、学習者は、共通語としての英語の悪影響を経験しないこともあると
いう本研究の結果から明らかである。よって、共通語としての英語の LOTE
学習動機づけへの影響は、学習者によって様々であると言える。このこと
は、これまでの先行研究とは社会的・教育的環境が異なる日本発の研究だか
らこそ見えてきたという主張も可能であり、やはり、世界中の様々な場面で
の多言語学習動機づけ研究が必要であるということである。

　さて、本研究でもう１つ、重要なトピックとなったのが、学習の継続力
（persistence）であった。第１章で紹介したとおり、動機づけの３要素の中
でこれまで最も研究が足りていないと言えるのがこの persistence であり、
本研究のような長期的な研究でこそ、この persistence に関する知見を得ら
れると考えていた。この persistence について詳しく論じた Dörnyei（2020）
において、継続を促進する要素がいくつか挙げられたが（第１章参照）、9
年間の実証的研究から見えてきたのは、これらのうち最も重要な要素の１つ
として、「自身と調和したビジョン」が挙げられるということである（Henry,
2023a の議論も参照）。この他にも、Dörnyei（2020）では、習慣づけや前向
きなフィードバックなどが挙げられたが（p. 161）、例えばシオンの様子を考
えてみると、高校２年時にあったラジオ講座での英語学習における「習慣づ
け」は大学に入るとなくなったし、大学で受けた重圧を考えると、「前向き
なフィードバック」があったとも言いづらい。しかしながら、シオンが少
しずつ育んでいった、enduring translingual transcultural orientation を含む、
言語に対する視点や考え方は、少しずつ彼女の「自身と調和したビジョン」
となっていった。この「自身と調和したビジョン」が、彼女のような優秀な
学習者の多くが持っているであろう方略的な自己制御や気骨ある回復力とと

もに、シオンの言語学習の継続力を支えたのではないだろうか。だからこ
そ、紆余曲折を経つつも、シオンの多言語学習は継続し、そしてこれからも
様々な形で続いていくのではないかと思うところである。

　もう 1 つ付け加えるならば、シオンの 9 年間の変化を俯瞰するとき、本
研究が縦断的研究であったことには大きな意味があると考えている。ある 1
点、例えば、大学 3 年時に 1 回だけシオンにインタビューしていたならば、
読者が受けた印象は全く違っていた可能性もある。学習の「継続力」を論じ
るとき、やはりそれを論じるためには「長期的」動機づけに目を向ける必要
があり、そのためには、長い時間をかけて人間の心理を探っていく、今回の
ような縦断的、あるいは質的研究が必要である。私自身、今後も、学習の継
続力にも注目しながら、動機づけ研究を続けていきたい。

今後の研究の可能性

　さて、原著では、今後の研究の可能性として、3 つの分野について挙げて
いた。2023 年となった今でも、その方向性は基本的に変わっておらず、自
らの研究も含めて、さらにこれらの方向の研究を進めていきたいと考えてい
るところである。

　第一に、研究対象者の偏りを考えるとき、大学院生や社会人など、これま
で多く調べられてきた高校生や大学生以外の学習者を調べることが大切であ
る。例えば、大学を卒業してからしばらく経っている学習者について調べて
みるのはどうだろうか。きっと、これまでの動機づけ研究で中心となって議
論されてきた、特に短期的な "goal-directed behaviour"（目標に先導された
行動、Ushioda, 2017, p. 471）以外の動機づけ要因が見つかるのではないか。
ユズルが言語学習を「終わりのない道」と表現したように、教育機関におけ
る学習を超えて、生涯続けて言語を学ぼうとしている人たちを調査すること
には、大きな意味があると考えられる。

　第二に、第 1 章でも指摘したように、これまでは英語が LOTE 学習動機
づけに悪影響を及ぼし、多言語学習がうまくいかない例が多く研究で報告
されているが、今後は、多言語学習が成功している例にも可能であれば着
目していきたい（例えば、原著とほとんど同時期に出版された Dörnyei &
Mentzelopoulos, 2023 などがその良い例である）。ここでいう「多言語学習
の成功」とは、例えば、"nativelikeness under laboratory conditions"（Ortega,

2019, p. 25、実験のような状況で示されるような母語話者と同等の様子)、あるいは、"idealised monolingual native speaker"(Cook, 2016, p. 11、理想化された、1言語のみを話す母語話者) などを指すのではなく、各々がその必要性や興味などに従って、各々の目指すレベルにおける成功である。例えば、私が本研究終了後続けている別の調査においても、英語と朝鮮語両方の学習を進め、可能であればもう1言語、と考える学習者の例なども報告している (Takahashi, 2024 予定)。国内外で、このような事例を多く調べることで、LOTE 学習動機づけ、あるいは多言語学習動機づけについても、さらなる示唆が得られると考えられる。

　最後に、世界各地で、これまでにも増して、様々な多言語学習者を調べることである。ユズルとシオンは、日本という場面における学習者の例であるが、世界各地に存在する多言語学習者は、実に様々であり、ユズルやシオンとはまた違った様子である (例えば、Coetzee-Van Rooy, 2019; Hajar, 2022; Henry, 2023b; Kalaja & Melo-Pfeifer, 2019; Nakamura, 2019; Thompson, 2017a, 2017b などたくさんの例が挙げられる)。例えば、私が大学院時代を過ごしたハワイでは、「多言語学習」あるいは「多言語主義」などと言えば日本とはまた異なる様子である。世界各地で多言語を生きるこれらの人たちの調査には、Ortega (2019) も主張するように、大きな意味があると考えられる。

言語をこれから学習しようとする人に

　さて、本研究では長期的な多言語学習に重要な動機づけ要素が明らかになったわけだが、読者には、「2人は例外的な学習者であり、自分には当てはまらない」と思われるかもしれない。しかし、高校から大学院、社会人にかけての2人の成長や葛藤を振り返るとき、そこには確かに、私たちのような普通の言語学習者も参考にできる内容があると考えている。第3章から第6章では、それぞれの章の内容から得られた学習者への示唆を論じたが、ここでは、言語学習者、あるいは言語教育者に対する示唆について、もう少し俯瞰的に考えてみたい。

　まず、本研究を通じて私が強く感じたのは、かなり大げさに言ってしまうと、言語学習は、究極的には、人間愛、そして平和につながるのではないかということである。例えば、言語を手段と捉え、言語学習は経済的に有利に

なると考えるとき、いわば、周囲の人間は打ち負かすべき「敵」となる。周りよりも優位にと考えるわけであるから、そのような視点に立つときに思いつくキーワードは、「競争」「勝ち抜く」「人材」などである。一方、ユズルやシオンのように、言語学習によって、異なる他者との距離を縮めることができると考えると、周囲の人間はもちろん「敵」ではなくなる。異なる言語や価値観の人間は、何を考えているのか？　どのように物事を捉え、日々、何を感じているのか？　現状ではあまり理解できていない相手をより理解できるようになるには、相手の言語を勉強する。それにより、相手との相互理解が可能になり、距離を縮めていくことができる。その際、英語が事実上の共通語となっているので、英語もできないよりはできた方がもちろん良い。しかし、相手の本当の声を聴くには、相手の言語を勉強することである。もちろん、相手が日本語を勉強してくれたら、それはそれで大いに助けになる。そうやってお互いをわかり合おうとすることが、長期にわたる多言語学習の根底にはあるのではないかと考える。

　言語に対するこのような見方は、ことばを手段的なものと捉える、例えばある外国語（特に英語）ができることが経済力につながると捉える手段的な見方とは異なるものである（Ushioda, 2017 にて詳しく論じられている）。国内外問わず、言語に対して手段的な見方をする学習者は多いのではないかと思うが、上述のような見方とのバランスを考えることが大切だと思われる。特に、言語を教える立場の人間にとって、経済力と言語をつなげて語り、そのような点において学習者を動機づけることは、一定の効果があると考えられるし（例えば、Wang & Zheng, 2021 の議論を参照）、それ自体悪いことではない。しかし、そのような手段的な見方のみを強調してしまうと、一時期のシオンがそうだったように、学習者は言語学習を義務的なものと捉え、プレッシャーや不安を感じてしまう。特に英語については、多くの学習者が、既にその手段的な面については自覚していると思われるため、敢えて他の見方もあると伝え、「なぜ私たちは言語を学ぶのか？」という根本的な問いについて、教育者、学習者が一緒になって考えることには大きな意味があるのではないだろうか。そのようにして、言語、あるいは言語学習に対してバランスの取れた見方ができるようになることで、学習者の動機づけは、"fragile"（Ushioda, 2017, p. 471）と言われるもろい状態から脱することができるのではないだろうか。

　第二に、言語学習に終わりはなく、生涯続いていく、あるいは、生涯続けていけるものだということであり、日本のような FL 環境では、特に、外国語と関わりがあるような環境に自分の身を置き続けようとする姿勢が大切だということである。ユズルは、言語学習を「終わりのない道ではある」と表現していた。学校で教科として学び、基礎力をつけたとして、そこから先どうするかは、個人次第である。まずは共通語である英語を勉強してみようと考えてもよいし、○○文化に興味があるから○○語を勉強してみようでもよい。あるいは、私自身、40 歳を過ぎてからドイツ語の勉強を始めて悪戦苦闘しているように、年をとってから新しい言語の勉強を始めてもよい。言語の学習はいつからでも始めることができるし、いつまでも続けることができる。そうするかどうかは、その人次第である。

　そして、日本という環境をどう捉えるかは、学習者次第だということである。普段、学生と接していると、「英語母語話者は共通語の英語が母語なのでうらやましい」とか、「日本では、英語、あるいは○○語で話す機会が全然ない」などとよく言われる。しかし、英語母語話者は英語母語話者で、例えば、自分の母語が世界中で通じてしまうため、留学してもその他の人ほど学んでいる言語を使わないで終わってしまい、思ったほどその言語の力が伸びないということがあるなど、苦労は様々である。また、ユズルやシオンが「原書を読む」大切さや楽しさに気づいたのは、会話の相手が身近にいない日本のような環境だったからとも言える。それぞれの学習者が置かれた環境で、可能な形で続けていけるのが、言語学習のあるべき姿なのではないかと考えている。

　以上、2 人のインタビュー内容から、言語学習者あるいは教育者に参考になると考えられる点を考察したが、インタビューの内容には、そのほか示唆となりうる要素が随所にちりばめられている状態だと考えている。2 人の姿勢から学ぶことは多いし、私が分析しきれていないような面もあるだろう。本書では、2 人のインタビュー内容を、直接引用という形でできるだけそのまま掲載した。それは、読者一人ひとりがインタビュー内容を何度も読み返し、その時そのときの読者の状態に合わせて、様々なヒントを得ながら、思考を深めていくことができると考えたからである。私が気づいていない観点も含めて、読み取ってもらえれば幸いである。

人はなぜ言語を学ぶのか

　本研究を開始した 2012 年当時、本研究がまさか 2021 年まで続き、実際にこのように発展していくとは全く予想していなかった。「人はなぜ言語を学ぶのか」という根本的な問いに向き合う研究になるとは予想していなかったというのが正直なところである。しかし、シオンとユズルの姿を通して、私はこの問いに向き合う機会を得て、さらに、自分自身の言語に対する姿勢を顧み、そして、2 人の姿から本当に多くを学ばせてもらった。

　人はなぜ言語を学ぶのか、その理由は実に様々である。だからこそ、1 つの動機づけ理論でそのすべてを網羅することは無理であると言われているし（Dörnyei & Ushioda, 2021）、外国語学習動機づけ研究も発展し続けているのだと思う。ユズルとシオンの 9 年間だけでも、そこには実に様々な動機づけが存在し、Dörnyei & Al-Hoorie（2017）が主張するように、特に LOTE 学習については "very specific and personalized reasons on the part of the learner"（p. 465、学習者側の、非常に明確で個別の理由）が存在する。異文化に興味があるから、他者を理解したいから、経済的に有利になりたいから、できたらかっこいいから、言語が好きだから、など、それぞれの学習者がそれぞれの理由で、今後も様々な言語を学習し続けていくであろう。最近、私のある授業で、受講生の 1 人は、「どのような言語でも、学んでいけない言語はない」という表現をもってして、多言語学習の意義を説明してくれた。そのような学習者の原動力に向き合う動機づけ研究もまた、言語学習と同様終わりのない道ではある。そのことを肝に銘じ、これからも動機づけ研究に携わっていきたい。

あとがき

　本書の執筆を考え始めた頃、私は、読者が読んで意味のあるものになるか
を吟味するために、「はじめに」の原稿を当時中学3年生だった息子に読ま
せてみた。その頃は、ユズルの死から様々なことを考え、悩みながら、「本
書をどうしても世に出して、多言語学習の意味や楽しさを日本語で伝えた
い」という熱意に突き動かされる状態になっていた一方、このような内容が
本当に読者に伝わるのか自信はなく、自分の熱意が読者には伝わらないので
はとも考える状態であった。しかし、15歳の、ごく一般的な言語学習者と
いえる少年でも理解し、意味が感じられる本であれば、他の読者にとっても
意味のあるものになるのではないかと考えたのである。そして、「はじめに」
を読んだ息子は、「これはぜひ進めるべきだ」という前向きな意見をくれた
だけでなく、その後の私の原稿にも目を通しながら、本書の内容にも大いに
刺激を受けることとなった。特に、彼と年が近いこともあり、高校2年当時
のユズルとシオンの学習の様子や視点には学ぶところがあったようである。
例を挙げるならば、2人の英語多読の様子から、『ハリー・ポッター』をは
じめとしたごく身近な素材ではあるが英語でたくさん読んでみようと試みた
り、いずれは留学してみたいという希望を持つようになったりと、例外的学
習者と一般的学習者という違いを超えて、2人の姿に刺激を受けたようであ
る。ちなみにこの息子は、私がハワイ大学大学院で学び始めたとき、当時ま
だ1歳になっていない状態で、一緒に連れていった息子である。この息子の
成長を考えるとき、本研究の長さもまた改めて実感することになった。
　「はじめに」でも書いたとおり、原著が純粋な学術書だったのに対して、
本書の執筆に際しては、一般の言語学習者も読者として想定して書くことを
心がけた。そして、原著が、世界中の研究者を想定して執筆したものである
のに対して、本書は、日本の読者に向けて書いたものであることから、日本
の細かい状況については少しずつ説明を省きつつ、日本の読者に役立つよう
にという視点をもって書くことを心がけた。この「役立つように」というの
は、例えば、「こうすれば楽に英語が身に付く」という類のものではなく、
長期的に、読者にとって多言語学習により意味が感じられ、より楽しくなる

ようにという視点から考えたものである。その少しでも、読者に感じていただければ幸いである。

　なお、本書は、令和5年度愛媛大学法文学部戦略経費・研究成果発表促進経費助成を受けて出版が可能となったものであり、心より感謝申し上げる。また、本書の基になった私の博士論文では、*Language Learning* doctoral dissertation grant を頂いた他、その後の研究では、愛媛大学若手研究者キャリア支援事業の助成を頂いており、感謝申し上げる。さらに、本書一部の基となった英語論文は、外国語教育メディア学会機関誌 *Language Education & Technology* 51号並びに54号、および *The Language Learning Journal* 第49巻3号に掲載されたものであり、本書についても許可をいただいたことを感謝する。

　最後になったが、本書の執筆に際して、くろしお出版の池上達昭氏には様々なアドバイスを頂き、大変お世話になった。心より御礼申し上げる。また、原著執筆時と同じように惜しみないアドバイスをくれたハワイ大学大学院同期の Daniel O. Jackson 氏、お互い長く違う道を歩みながら、同じ分野にたどりつき、本書にも貴重な意見をくれた、大学学部時代からのよき友人である橋元知子氏、そして誰よりも、シオンとユズル、そしてユズルのご家族に、心からの感謝を申し上げる。

Acknowledgement: This book is derived in part from an article published in *The Language Learning Journal*, June 2021, copyright the Association for Language Learning, available online: https://www.tandfonline.com/doi/full/10.1080/09571736.2019.1606272.

参考文献

岩居弘樹・西田恵理子 (2014).「ドイツ語学習者における動機付けと情意に関する縦断調査：iPad を用いたアクティブ・ラーニングを教育的介入として」『外国語教育メディア学会 (LET) 関西支部メソドロジー研究部会』6, 31–45.

岩崎克己 (2007).「日本の大学における初修外国語の現状と改革のための一試案：主に，ドイツ語教育を例にして」『広島外国語教育研究』10, 57–83.

大岩昌子 (2012).「第三言語習得に影響を及ぼす要因の研究：フランス語を対象言語として」『名古屋外国語大学外国語学部紀要』42, 81–97.

大串兎紀夫 (1991).「講座番組はどのように利用されているか：その2 利用の実態」『放送研究と調査』12 月号, 48–57.

岡田敦美 (2007).「大学における語学教育に関する学生の意識とその分析：スペイン語の場合」『メディア・コミュニケーション研究』53, 69–83.

JACET（編）(2002).『わが国の外国語・英語教育に関する実態の総合的研究：大学の学部・学科編』丹精社.

JACET（編）(2003).『わが国の外国語・英語教育に関する実態の総合的研究：大学の外国語・英語教員個人編』丹精社.

鈴木ひろみ (2019).「中国語学習の動機づけ変化及び学習継続促進要因」『中央大学論集』40, 33–42.

大学基準協会 (1950).『大学に於ける一般教育：一般教育研究委員会第二次中間報告』大学基準協会.

田中博晃・廣森友人 (2007).「英語学習者の内発的動機づけを高める教育実践的介入とその効果の検証」『JALT Journal』29 (1), 59–80.

寺沢拓敬 (2015).『「日本人と英語」の社会学：なぜ英語教育論は誤解だらけなのか』研究社.

鳥飼玖美子 (2014).『英語教育論争から考える』みすず書房.

藤原三枝子 (2010).「大学における「基礎ドイツ語」の学習動機に関する量的研究：学習開始動機，外国語学習に対する心理的欲求の充足および動機づけの内発性・外発性に関する調査」『言語と文化』14, 81–113.

林日出男. (2011).『動機づけ視点で見る日本人の英語学習：内発的・外発的動機づけを軸に』金星堂.

原由美子 (1992).「講座番組はどのように利用されているか：その3 利用者のプロフィル」『放送研究と調査』2 月号, 50–57.

原由美子・服部弘 (1995).「語学への関心と放送利用学習」『放送研究と調査』6月号, 34–41.

廣森友人 (2003).「学習者の動機づけは何によって高まるのか：自己決定理論に

よる高校生英語学習者の動機づけの検討」『JALT Journal』25（2）, 173–186.

廣森友人（2006）.『外国語学習者の動機づけを高める理論と実践』多賀出版.

松井沙矢子（2007）.「初級フランス語学習者の動機づけに関する研究：フランス語学習に対する意識の変化」『Revue japonaise de didactique du français』2（1）, 180–195.

文部科学省（2003）.『「英語が使える日本人」の育成のための行動計画 』2023 年 6 月 7 日アクセス https://www.mext.go.jp/b_menu/shingi/chukyo/chukyo3/004/siryo/04031601/005.pdf

文部科学省（2013）.『グローバル化に対応した英語教育改革実施計画』2023 年 6 月 7 日アクセス https://www.mext.go.jp/a_menu/kokusai/gaikokugo/__icsFiles/afieldfile/2014/01/31/1343704_01.pdf

文部科学省（2021）.『令和 3 年度学校基本調査の公表について』2023 年 6 月 15 日アクセス https://www.mext.go.jp/content/20211222-mxt_chousa01-000019664-1.pdf

文部科学省（2023）.『令和 3 年度高等学校等における国際交流等の状況について』2023 年 6 月 15 日アクセス https://www.mext.go.jp/a_menu/koutou/ryugaku/koukousei/20230403-mxt_kouhou02-1.pdf

文部省高等教育局（1991）. 大学資料第 117 号.

八木真奈美・中山亜紀子・中井好男（2021）.『質的言語教育研究を考えよう：リフレクシブに他者と自己を理解するために』ひつじ書房.

Agawa, T. (2020). A qualitative examination of relatedness needs in Japanese EFL classrooms and task motivation. *Journal for the Psychology of Language Learning, 2*(1), 6–25.

Agawa, T., & Takeuchi, O. (2016). Re-examination of psychological needs and L2 motivation of Japanese EFL learners: An interview study. *Asian EFL Journal, 89*, 74–98.

Amorati, R., & Quaglieri, A. (2023). Commonplace or exotic? A comparative mixed-method study on the instrumental work-related motivations of EFL and LOTE students. *The Language Learning Journal*, 1–18.

Apple, M. T., Da Silva, D., & Fellner, T. (Eds.) (2013). *Language learning motivation in Japan*. Multilingual Matters.

Attia, M., & Edge, J. (2017). Be (com) ing a reflexive researcher: A developmental approach to research methodology. *Open Review of Educational Research, 4*(1), 33–45.

Au, S. Y. (1988). A critical appraisal of Gardner's social-psychological theory of second-language (L2) learning. *Language Learning, 38*, 75–100.

Bak, M. (2019). Data of the dead participant: What's the right thing to do? https://bioethicstoday.org/blog/data-of-the-dead-participant-whats-the-right-thing-todo/# 2023 年 6 月 7 日アクセス

Benson, P., & Lamb, T. (2021). Autonomy in the age of multilingualism. In M. J. Raya & F. Vieira (Eds.), *Autonomy in language education* (pp. 74–88). Routledge.

Bielak, J. (2022). To what extent are foreign language anxiety and foreign language enjoyment related to L2 fluency? An investigation of task-specific emotions and breakdown and speed fluency in an oral task. *Language Teaching Research*, 1–31.

Boo, Z., Dörnyei, Z., & Ryan, S. (2015). L2 motivation research 2005–2014: Understanding publication surge and a changing landscape. *System, 55*, 145–157.

Botes, E., Dewaele, J.-M., & Greiff, S. (2022). Taking stock: A meta-analysis of the effects of foreign language enjoyment. *Studies in Second Language Learning and Teaching, 12*(2), 205–232.

Brown, J. D. (2001). *Using surveys in language programs*. Cambridge University Press.

Bui, G., & Teng, M. F. (2021). Exploring complexity in L2 and L3 motivational systems: A dynamic systems theory perspective. *The Language Learning Journal, 49*(3), 302–317.

Busse, V. (2017). Plurilingualism in Europe: Exploring attitudes toward English and other European languages among adolescents in Bulgaria, Germany, the Netherlands, and Spain. *The Modern Language Journal, 101*(3), 566–582.

Busse, V. (2022). Migration, plurilingualism, and motivation: Extending the research agenda. In A. H. Al-Hoorie & F. Szabó (Eds.), *Researching language learning motivation: A concise guide* (pp. 197–202). Bloomsbury Publishing.

Chen, X., Lake, J., & Padilla, A. M. (2021). Grit and motivation for learning English among Japanese university students. *System, 96*, 1–11.

Cheng, A., & Lee, C. (2018). Factors affecting tertiary English learners' persistence in the self-directed language learning journey. *System, 76*, 170–182.

Coetzee-Van Rooy, S. (2019). Motivation and multilingualism in South Africa. In M. Lamb, K. Csizér, A. Henry, & S. Ryan (Eds.), *The Palgrave handbook of motivation for language learning* (pp. 471–494). Palgrave Macmillan.

Consoli, S. (2022). Life capital: An epistemic and methodological lens for TESOL research. *TESOL Quarterly, 56*(4), 1397–1409.

Consoli, S., & Aoyama, T. (2020). Longitudinal L2 motivation inquiry: A response to Lamb's (2016) 'when motivation research motivates: issues in long-term empirical investigations.' *Innovation in Language Learning and Teaching, 14*(2), 178–187.

Consoli, S., & Ganassin, S. (2023). Navigating the waters of reflexivity in applied linguistics. In S. Consoli & S. Ganassin (Eds.), *Reflexivity in applied Linguistics: Opportunities, challenges, and suggestions* (pp. 1–16). Routledge.

Cook, V. (2016). Premises of multi-competence. In V. Cook & L. Wei (Eds.), *The Cambridge handbook of linguistic multi-competence* (pp. 1–25). Cambridge University Press.

Creswell, J. W. (2013). *Qualitative inquiry & research design: Choosing among five approaches* (3rd ed.). Sage.

Crookes, G., & Schmidt, R. (1991). Motivation: Reopening the research agenda. *Language Learning, 41*(4), 469–512.

Csizér, K., & Dörnyei, Z. (2005). Language learners' motivational profiles and their motivated learning behavior. *Language Learning, 55*(4), 613–659.

Csizér, K., & Lukács, G. (2010). The comparative analysis of motivation, attitudes and selves: The case of English and German in Hungary. *System, 38*(1), 1–13.

Davis, W. (2022). Encouraging continued university foreign language study: A self determination theory perspective on programme growth. *The Language Learning Journal, 50*(1), 29–44.

de Burgh-Hirabe, R. (2019). Motivation to learn Japanese as a foreign language in an English speaking country: An exploratory case study in New Zealand. *System, 80*, 95–106.

Dean, J. (2017). *Doing reflexivity: An introduction.* Policy Press.

Deci, E. L., Vallerand, R. J., Pelletier, L. G., & Ryan, R. M. (1991). Motivation and education: The self-determination perspective. *Educational Psychologist, 26*(3 & 4), 325–346.

Dewaele, J.-M., & Dewaele, L. (2020). Are foreign language learners' enjoyment and anxiety specific to the teacher? An investigation into the dynamics of learners' classroom emotions. *Studies in Second Language Learning and Teaching, 10*(1), 45–65.

Dewaele, J.-M., & MacIntyre, P. D. (2014). The two faces of Janus? Anxiety and enjoyment in the foreign language classroom. *Studies in Second Language Learning and Teaching, 4*(2), 237–274.

Dewaele, J.-M., & MacIntyre, P. D. (2022a). Do flow, enjoyment and anxiety emerge equally in English foreign language classrooms as in other foreign language classrooms? *Revista Brasileira de Linguística Aplicada, 22*(1), 156–180.

Dewaele, J.-M., & MacIntyre, P. D. (2022b). "You can't start a fire without a spark". Enjoyment, anxiety, and the emergence of flow in foreign language classrooms. *Applied Linguistics Review*, 1–24.

Dörnyei, Z. (1990). Conceptualizing motivation in foreign language learning. *Language Learning, 40*, 46–78.

Dörnyei, Z. (2005). *The psychology of the language learner: Individual differences in second language acquisition*. Lawrence Erlbaum.

Dörnyei, Z. (2007). *Research methods in applied linguistics*. Oxford University Press.

Dörnyei, Z. (2009). The L2 motivational self system. In Z. Dörnyei & E. Ushioda (Eds.), *Motivation, language identity and the L2 self* (pp. 9–42). Multilingual Matters.

Dörnyei, Z. (2019). Towards a better understanding of the L2 Learning Experience, the Cinderella of the L2 Motivational Self System. *Studies in Second Language Learning and Teaching, 9*(1), 19–30.

Dörnyei, Z. (2020). *Innovations and challenges in language learning motivation*. Routledge.

Dörnyei, Z., & Al-Hoorie, A. H. (2017). The motivational foundation of learning languages other than global English: Theoretical issues and research directions. *The Modern Language Journal, 101*(3), 456–468.

Dörnyei, Z., & Chan, L. (2013). Motivation and vision: An analysis of future L2 self images, sensory styles, and imagery capacity across two target languages. *Language Learning, 63*(3), 437–462.

Dörnyei, Z., & Csizér, K. (2005). The effects of intercultural contact and tourism on language attitudes and language learning motivation. *Journal of Language and Social Psychology, 24*(4), 327–357.

Dörnyei, Z., Csizér, K., & Németh, N. (2006). *Motivation, language attitudes and globalisation: A Hungarian perspective*. Multilingual Matters.

Dörnyei, Z., & Henry, A. (2022). Accounting for long-term motivation and sustained motivated learning: Motivational currents, self-concordant vision, and persistence in language learning. *Advances in Motivation Science, 9*, 89–134.

Dörnyei, Z., Ibrahim, Z., & Muir, C. (2015). 'Directed motivational currents': Regulating complex dynamic systems through motivational surges. In Z. Dörnyei, P. D. MacIntyre, & A. Henry (Eds.), *Motivational dynamics in language learning* (pp. 95–105). Multilingual Matters.

Dörnyei, Z., & Mentzelopoulos, K. (2023). *Lessons from exceptional language learners who have achieved nativelike proficiency: Motivation, cognition and identity*. Multilingual Matters.

Dörnyei, Z., & Ushioda, E. (2021). *Teaching and researching motivation* (3rd ed.). Routledge.

Duckworth, A. L., Peterson, C., Matthews, M. D., & Kelly, D. R. (2007). Grit: Perseverance and passion for long-term goals. *Journal of Personality and Social Psychology, 92*(6), 1087–1101.

Duff, P. A. (2008). *Case study research in applied linguistics.* Lawrence Erlbaum/ Taylor & Francis.

Duff, P. A. (2014). Case study research on language learning and use. *Annual Review of Applied Linguistics, 34*, 1–23.

Ellis, R. (Ed.) (2016). *Becoming and being an applied linguist: The life histories of some applied linguists.* John Benjamins.

Feng, L., & Papi, M. (2020). Persistence in language learning: The role of grit and future self-guides. *Learning and Individual Differences, 81*, 10194.

Fraschini, N., & Caruso, M. (2019). "I can see myself ···" A Q methodology study on self vision of Korean language learners. *System, 87*, 102–147.

Fukui, H., & Yashima, T. (2021). Exploring evolving motivation to learn two languages simultaneously in a study-abroad context. *The Modern Language Journal, 105*(1), 267–293.

Gao, A., & Lv, L. (2018). Motivations of Chinese learners of Japanese in mainland China. *Journal of Language, Identity & Education,18*(4), 222–235.

Gardner, R. C. (1985). *Social psychology and second language learning: The role of attitudes and motivation.* Edward Arnold.

Gardner, R. C. (2001). Integrative motivation and second language acquisition. In Z. Dörnyei & R. Schmidt (Eds.), *Motivation and second language acquisition* (pp. 1–19). University of Hawai'i, Second Language Teaching and Curriculum Center.

Gardner, R. C. (2020). Looking back and looking forward. In A. H. Al-Hoorie & P. D. MacIntyre (Eds.), *Contemporary language motivation theory: 60 years since Gardner and Lambert (1959)* (pp. 5–14). Multilingual Matters.

Gardner, R. C., & Lambert, W. E. (1959). Motivational variables in second language acquisition. *Canadian Journal of Psychology, 13*, 266–272.

Gardner, R. C. & Lambert, W. E. (1972). *Attitudes and motivation in second language learning.* Newbury House.

Gilbert, K. (2001). *The emotional nature of qualitative research.* CRC Press.

Hajar, A. (2022). The ideal multilingual self of individuals in conflict-affected situations. *International Journal of Multilingualism*, 1–18.

Hawkins, M. R., & Mori, J. (2018). Considering 'trans-' perspectives in language theories and practices. *Applied Linguistics, 39*(1), 1–8.

Henry, A. (2009). Gender differences in compulsory school pupils' L2 self-concepts: A longitudinal study. *System, 37*, 177–193.

Henry, A. (2010). Contexts of possibility in simultaneous language learning: Using the L2 Motivational Self System to assess the impact of global English. *Journal of Multilingual and Multicultural Development, 31*(2), 149–162.

Henry, A. (2011). Examining the impact of L2 English on L3 selves: A case study.

International Journal of Multilingualism, 8(3), 235–255.

Henry, A. (2015a). The dynamics of L3 motivation: A longitudinal interview/ observation-based study. In Z. Dörnyei, P. D. MacIntyre, & A. Henry (Eds.), *Motivational dynamics in language learning* (pp. 315–342). Multilingual Matters.

Henry, A. (2015b). The dynamics of possible selves. In Z. Dörnyei, P. D. MacIntyre, & A. Henry (Eds.), *Motivational dynamics in language learning* (pp. 83–94). Multilingual Matters.

Henry, A. (2017). L2 motivation and multilingual identities. *The Modern Language Journal, 101*(3), 548–565.

Henry, A. (2023a). Multilingualism and persistence in multiple language learning. *The Modern Language Journal, 107*(1), 183–201.

Henry, A. (2023b). Learner-environment adaptations in multiple language learning: Casing the ideal multilingual self as a system functioning in context. *International Journal of Multilingualism, 20*(2), 97–114.

Henry, A., & Cliffordson, C. (2013). Motivation, gender, and possible selves. *Language Learning, 63*(2), 271–295.

Henry, A., & Cliffordson, C. (2017). The impact of out-of-school factors on motivation to learn English: Self-discrepancies, beliefs, and experiences of self-authenticity. *Applied Linguistics, 38*(5), 713–736.

Henry, A., & Davydenko, S. (2020). Thriving? Or surviving? An approach-avoidance perspective on adult language learners' motivation. *The Modern Language Journal, 104*(2), 363–380.

Henry, A., Davydenko, S., & Dörnyei, Z. (2015). The anatomy of directed motivational currents: Exploring intense and enduring periods of L2 motivation. *The Modern Language Journal, 99*(2), 329–345.

Henry, A., & Thorsen, C. (2018). The ideal multilingual self: Validity, influences on motivation, and role in a multilingual education. *International Journal of Multilingualism, 15*(4), 349–364.

Higgins, E. T. (1987). Self-discrepancy: A theory relating self and affect. *Psychological Review, 94*, 319–340.

Higgins, E. T. (1998). Promotion and prevention: Regulatory focus as a motivational principle. In *Advances in experimental social psychology* (Vol. 30, pp. 1–46). Academic Press.

Higgins, E. T. (2014). *Beyond pleasure and pain: How motivation works*. Oxford University Press.

Howard, M., & Oakes, L (2021). Motivation for LOTE learning: A cross-country comparison of university learners of French. *Journal of Multilingual and Multicultural Development*, 1–17.

Huang, H.-T., Hsu, C.-C., & Chen, S.-W. (2015). Identification with social role obligations, possible selves, and L2 motivation in foreign language learning. *System, 51*, 28–38.

Huang, T., Steinkrauss, R., & Verspoor, M. (2021). The emergence of the multilingual motivational system in Chinese learners. *System, 100*, 102564.

Huang, T., Steinkrauss, R., & Verspoor, M. (2022). Learning an L2 and L3 at the same time: Help or hinder? *International Journal of Multilingualism, 19*(4), 566–582.

Huhtala, A., Kursiša, A., & Vesalainen, M. (2019). "This language still motivates me!" Advanced language students and their L2 motivation. *Studies in Second Language Learning and Teaching, 9*(2), 287–311.

Humphreys, G., & Miyazoe-Wong, Y. (2007). "So what is the appeal?" The phenomenon of Japanese as a foreign language in Hong Kong. *Journal of Multilingual and Multicultural Development, 28*(6), 468–483.

Humphries, S., & Yashima, T. (2021). "I forgot the language:" Japanese students' actual multilingual selves and translanguaging challenges as English majors in Taiwan. In W. Tsou & W. Baker (Eds.), *English-medium instruction translanguaging practices in Asia: Theories, frameworks and implementation in higher education* (pp. 143–161). Springer.

Irie, K., & Brewster, D. R. (2014). Investing in experiential capital: Self-efficacy, imagination and development of ideal L2 selves. In K. Csizér & M. Magid (Eds.), *The impact of self-concept on language learning* (pp. 171–188). Multilingual Matters.

Irie, K., & Ryan, S. (2015). Study abroad and the dynamics of change in learner L2 self-concept. In Z. Dörnyei, P. D. MacIntyre, & A. Henry (Eds.), *Motivational dynamics in language learning* (pp. 343–366). Multilingual Matters.

Jahedizadeh, S., & Al-Hoorie, A. H. (2021). Directed motivational currents: A systematic review. *Studies in Second Language Learning and Teaching, 11*(4), 517–541.

Khajavy, G. H., MacIntyre, P. D., & Hariri, J. (2021). A closer look at grit and language mindset as predictors of foreign language achievement. *Studies in Second Language Acquisition, 43*(2), 379–402.

Kalaja, P., & Melo-Pfeifer, S. (Eds.) (2019). *Visualising multilingual lives: More than words*. Multilingual Matters.

Kern, R. (2011). Teaching language and culture in a global age: New goals for teacher education. In H. W. Allen & H. H. Maxim (Eds.), *Educating the future foreign language professoriate for the 21st century* (pp. 3–16). Heinle, Cengage Learning.

Kikuchi, K. (2015). *Demotivation in second language acquisition: Insights from Japan*. Multilingual Matters.

Kim, T.-Y. & Kim, Y.-K. (2014). A structural model for perceptual learning styles, the ideal L2 self, motivated behavior, and English proficiency. *System, 46*, 14–27.

Kormos, J., & Csizér, K. (2008). Age-related differences in the motivation of learning English as a foreign language: Attitudes, selves, and motivational leaning behavior. *Language Learning, 58*, 327–355.

Kormos, J., & Csizér, K. (2014). The interaction of motivation, self-regulatory strategies, and autonomous learning behavior in different learner groups. *TESOL Quarterly, 48*(2), 275–299.

Kormos, J., Kiddle, T., & Csizér, K. (2011). Systems of goals, attitudes, and self-related beliefs in second-language-learning motivation. *Applied Linguistics, 32*(5), 495–516.

Kramsch, C. (2014). Teaching foreign language in an era of globalization: Introduction. *The Modern Language Journal, 98*(1), 296–311.

Kubota, R. (2011). Learning a foreign language as leisure and consumption: Enjoyment, desire, and the business of *eikaiwa*. *International Journal of Bilingual Education and Bilingualism, 14*(4), 473–488.

Kubota, R. (2016). Neoliberal paradoxes of language learning: Xenophobia and international communication. *Journal of Multilingual and Multicultural Development, 37*(5), 467–480.

Kubota, R., & Takeda, Y. (2021). Language-in-education policies in Japan versus transnational workers' voices: Two types of neoliberal communication competence. *TESOL Quarterly, 55*(2), 458–485.

Kunschak, C. (2020). From pluricentricity to translingual transcultural competence: Shifting paradigms. *Critical Multilingualism Studies, 8*(1), 221–250.

Lamb, M. (2007). The impact of school on EFL learning motivation: An Indonesian case-study. *TESOL Quarterly, 41*(4), 757–780.

Lamb, M. (2018). When motivation research motivates: Issues in long-term empirical investigations. *Innovation in Language Learning and Teaching, 12*(4), 357–370.

Lanvers, U. (2016a). Lots of selves, some rebellious: Developing the self discrepancy model for language learners. *System, 60*, 79–92.

Lanvers, U. (2016b). On the predicaments of the English L1 language learner: A conceptual article. *International Journal of Applied Linguistics, 26*(2), 147–167.

Lanvers, U. (2017). Contradictory *others* and the *habitus* of languages: Surveying the L2 motivation landscape in the United Kingdom. *The Modern Language Journal, 101*(3), 517–532.

Lanvers, U. (2018). 'If they are going to university, they are gonna need a language

GCSE': Co-constructing the social divide in language learning in England. *System, 76*, 129–143.

Lanvers, U., & Chambers, G. (2019). In the shadow of global English? Comparing language learner motivation in Germany and the United Kingdom. In M. Lamb, K. Csizér, A. Henry, & S. Ryan (Eds.), *The Palgrave handbook of motivation for language learning* (pp. 429–448). Palgrave Macmillan.

Lanvers, U., & Martin, C. (2021). Choosing language options at secondary school in England: Insights from parents and students. In U. Lanvers, A. S. Thompson, & M. East (Eds.), *Language learning in Anglophone countries: Challenges, practices, ways forward* (pp. 89–115). Palgrave Macmillan.

Lanvers, U., Thompson, A. S., & East, M. (2021). Introduction: Is language learning in Anglophone countries in crisis? In U. Lanvers, A. S. Thompson, & M. East (Eds.), *Language learning in Anglophone countries: Challenges, practices, ways forward* (pp. 1–15). Palgrave Macmillan.

Li, C. (2020). A positive psychology perspective on Chinese EFL students' trait emotional intelligence, foreign language enjoyment and EFL learning achievement. *Journal of Multilingual and Multicultural Development, 41*(3), 246–263.

Liu, M. (2022). The emotional basis of the ideal multilingual self: The case of simultaneous language learners in China. *Journal of Multilingual and Multicultural Development, 43*(7), 647–664.

Liu, M. & Oga-Baldwin, W. L. Q. (2022). Motivational profiles of learners of multiple foreign languages: A self-determination theory perspective. *System, 106*, 102762.

Liu, Y., & Thompson, A. S. (2017). Language learning motivation in China: An exploration of the L2MSS and psychological reactance. *System, 72*, 37–48.

Lv, L., Gao, X., & Teo, T. (2017). Intercultural orientations as Japanese language learners' motivation in mainland China. *Critical Inquiry in Language Studies, 14*(1), 1–24.

Markus, H. R., & Nurius, P. (1986). Possible selves. *American Psychologist, 41*, 954–969.

Masgoret, A.-M., & Gardner, R. C. (2003). Attitudes, motivation, and second language learning: A meta-analysis of studies conducted by Gardner and associates. *Language Learning, 53*, 123–163.

Mayumi, K., & Zheng, Y. (2023). Becoming a speaker of multiple languages: An investigation into UK university students' motivation for learning Chinese. *The Language Learning Journal, 51*(2), 238–252.

McEown, K., & Sugita-McEown, M. (2022). The role of positive and negative psychological factors in predicting effort and anxiety toward languages other than English. *Journal of Multilingual and Multicultural Development, 43*(8), 746–758.

Mendoza, A. (2023). *Translanguaging and English as a lingua franca in the plurilingual classroom.* Multilingual Matters.

Mendoza, A., & Phung, H. (2019). Motivation to learn languages other than English: A critical research synthesis. *Foreign Language Annals, 52*(1), 121–140.

Mercer, S. (2012). The complexity of learner agency. *Apples – Journal of Applied Language Studies, 6*(2), 41–59.

Mercer, S., & Gregersen, T. (2023). Transformative positive psychology in the acquisition of additional languages. *Journal of Multilingual and Multicultural Development*, 1–15.

Miller, T. (2015). Going back: 'Stalking', talking and researcher responsibilities in qualitative longitudinal research. *International Journal of Social Research Methodology, 18*(3), 293–305.

Minagawa, H., Nesbitt, D., Ogino, M., Kawai, J., & de Burgh-Hirabe, R. (2019). Why I am studying Japanese: A national survey revealing the voices of New Zealand tertiary students. *Japanese Studies, 40*(1), 79–98.

MLA (2007). *Foreign languages and higher education: New structures for a changed world*, https://www.mla.org/content/download/3197/file/forlang_news_pdf.pdf　2023 年 7 月 18 日アクセス

Moshontz, H., & Hoyle, R. H. (2021). Resisting, recognizing, and returning: A three-component model and review of persistence in episodic goals. *Social and Personality Psychology Compass, 15*(1), e12576.

Muir, C. (2020). *Directed motivational currents and language education: Exploring implications for pedagogy.* Multilingual Matters.

Mynard, J., & McLoughlin, D. (2020). "Sometimes I just want to know more. I'm always trying": The role of interest in sustaining motivation for self-directed learning. *Electronic Journal of Foreign Language Teaching, 17*(suppl. 1), 79–92.

Mynard, J., & Shelton-Strong, S. J. (2022). Introduction: Autonomy support beyond the language learning classroom: A self-determination theory perspective. In J. Mynard & S. J. Shelton-Strong (Eds.), *Autonomy support beyond the language learning classroom: A self-determination theory perspective* (pp. 1–9). Multilingual Matters.

Nakamura, T. (2015). Motivations for learning Japanese and additional languages: A study of L2 self-image across multiple languages. *New Voices in Japanese Studies, 7*, 39–58.

Nakamura, T. (2019). Understanding motivation for learning languages other than

English: Life domains of L2 self. *System, 82*, 111–121.

Nitta, R., & Baba, K. (2015). Self-regulation in the evolution of the ideal L2 self: A complex dynamic systems approach to the L2 motivational self system. In Z. Dörnyei, P. D. MacIntyre, & A. Henry (Eds.), *Motivational dynamics in language learning* (pp. 367–396). Multilingual Matters.

Noels, K. A. (2009). The internalization of language learning into the self and social identity. In Z. Dörnyei & E. Ushioda (Eds.), *Motivation, language identity and the L2 self* (pp. 295–313). Multilingual Matters.

Noels, K. A., Clément, R., & Pelletier, L. G. (2001). Intrinsic, extrinsic, and integrative orientations of French Canadian learners of English. *The Canadian Modern Language Review, 57*(3), 424–442.

Noels, K. A., Pelletier, L. G., Clément, R., & Vallerand, R. J. (2000). Why are you learning a second language? Motivational orientations and self-determination theory. *Language Learning, 50*, 57–85.

Noels, K. A., Vargas Lascano, D. I., & Saumure, K. (2019). The development of self-determination across the language course. *Studies in Second Language Acquisition, 41*, 821–851.

Oakes, L., & Howard, M. (2022). Learning French as a foreign language in a globalised world: An empirical critique of the L2 Motivational Self System. *International Journal of Bilingual Education and Bilingualism, 25*, 166–182.

Ortega, L. (2019). SLA and the study of equitable multilingualism. *The Modern Language Journal, 103* (Supplement 2019), 23–38.

Ortega, L., & Iberri-Shea, G. (2005). Longitudinal research in second language acquisition: Recent trends and future directions. *Annual Review of Applied Linguistics, 25*, 26–45.

Oxford, R., & Shearin, J. (1994). Language learning motivation: Expanding the theoretical framework. *The Modern Language Journal, 78*, 12–28.

Pae, T. (2008). Second language orientation and self-determination theory: A structural analysis of the factors affecting second language achievement. *Journal of Language and Social Psychology, 27*, 5–27.

Pan, C., & Zhang, X. (2021). A longitudinal study of foreign language anxiety and enjoyment. *Language Teaching Research*, 1–24.

Papi, M., Bondarenko, A.V., Mansouri, S., Feng, L., & Jiang, C. (2019). Rethinking L2 motivation research: The 2X2 model of L2 self-guides. *Studies in Second Language Acquisition, 41*(2), 337–361.

Pasfield-Neofitou, S. E. (2012). *Online communication in a second language: Social interaction, language use, and learning Japanese*. Multilingual Matters.

Peng, J. E., & Wu, L. (2022). Motivational profiles of Chinese university students majoring in Spanish: A comparative study. *Journal of Multilingual and*

2

Multicultural Development, 1–18.

Prior, M. (2016). *Emotion and discourse in L2 narrative research.* Multilingual Matters.

Ramage, K. (1990). Motivational factors and persistence in foreign language study. *Language Learning, 40*(2), 189–219.

Ryan, R. M., & Deci. E. L. (2017). *Self-determination theory: Basic psychological needs in motivation, development, and wellness.* The Guilford Press.

Ryan, R. M., & Deci, E. L. (2020). Intrinsic and extrinsic motivation from a self-determination theory perspective: Definitions, theory, practices, and future directions. *Contemporary Educational Psychology, 61,* 1–11.

Ryan, S. (2009a). Self and identity in L2 motivation in Japan: The ideal L2 self and Japanese learners of English. In Z. Dörnyei & E. Ushioda (Eds.), *Motivation, language identity and the L2 self* (pp. 120–143). Multilingual Matters.

Ryan, S. (2009b). Ambivalence and commitment, liberation and challenge: Investigating the attitudes of young Japanese people towards the learning of English. *Journal of Multilingual and Multicultural Development, 30*(5), 405–420.

Rybak, S. (1984). Foreign languages by radio and television. *The British Journal of Language Teaching, 22,* 151–159.

Sakeda, M., & Kurata, N. (2016). Motivation and L2 selves: A study of learners of Japanese at an Australian university. *Electronic Journal of Foreign Language Teaching, 13*(1), 49–67.

Saldaña, J. (2003). *Longitudinal qualitative research: Analyzing change through time.* AltaMira Press.

Sawaki, Y. (1997). Japanese learners' language learning motivation: A preliminary study. *JACET Bulletin, 28,* 83–96.

Seidman, I. (2013). *Interviewing as qualitative research* (4th ed.). Teachers College Press.

Siridetkoon, P., & Dewaele, J.-M. (2018). Ideal self and ought-to self of simultaneous learners of multiple foreign languages. *International Journal of Multilingualism, 15*(4), 313–328.

Stake, R. (1995). *The art of case study research.* Sage.

Sugita-McEown, M., Noels, K. A., & Chaffee, K. E. (2014). At the interface of the socio-educational model, self-determination theory and the L2 motivational self system models. In K. Csizér, & M. Magid (Eds.), *The impact of self-concept on language learning* (pp. 19–50). Multilingual Matters.

Sugita-McEown, M., Sawaki, Y., & Harada, T. (2017). Foreign language learning motivation in the Japanese context: Social and political influences on self. *The Modern Language Journal, 101*(3), 533–547.

Taguchi, T. (2013). Motivation, attitudes and selves in the Japanese context: A mixed methods approach. In M. T. Apple, D. Da Silva & T. Fellner (Eds.), *Language learning motivation in Japan* (pp. 169–188). Multilingual Matters.

Taguchi, T., Magid, M., & Papi, M. (2009). The L2 motivational self system among Japanese, Chinese and Iranian learners of English: A comparative study. In Z. Dörnyei & E. Ushioda (Eds.), *Motivation, language identity and the L2 self* (pp. 120–143). Multilingual Matters.

Takahashi, C. K. (2008). Japanese learners' perceptions of self-instructional radio materials. *Second Language Studies, 27*(1), 1–40.

Takahashi, C. (2013). *Motivation and persistence of learning among L2 learners in self-instruction* (Doctoral dissertation). Retrieved from ProQuest Dissertation Publishing (3572459).

Takahashi, C. (2024 予定). Japanese learners' LOTE motivation and persistence in learning: Focusing on the influence of English. In A. Hajar & S. A. Manan (Eds.), *Multilingual selves and motivations for learning languages other than English in Asian contexts*. Multilingual Matters.

Takahashi, C., & Im, S. (2015). Examining the ideal L2 self scale for college English learners using item response theory analysis. *Language Education & Technology, 52*, 27–46.

Takahashi, C., & Im, S. (2020). Comparing self-determination theory and the L2 motivational self system and their relationships to L2 proficiency. *Studies in Second Language Learning and Teaching, 10*(4), 673–696.

Teimouri, Y. (2017). L2 selves, emotions, and motivated behaviors. *Studies in Second Language Acquisition, 39*(4), 681–709.

Teimouri, Y., Sudina, E., & Plonsky, L. (2021). On domain-specific conceptualization and measurement of grit in L2 learning. *Journal for the Psychology of Language Learning, 3*(2), 156–164.

Teimouri, Y., Plonsky, L., & Tabandeh, F. (2022). L2 grit: Passion and perseverance for second language learning. *Language Teaching Research, 26*(5), 893–918.

Thompson, A. S. (2017a). Don't tell me what to do! The anti-ought-to self and language learning motivation. *System, 67*, 38–49.

Thompson, A. S. (2017b). Language learning motivation in the United States: An examination of language choice and multilingualism. *The Modern Language Journal, 101*(3), 483–500.

Thompson, A. S. (2020). My many selves are still me: Motivation and multilingualism. *Studies in Second Language Learning and Teaching, 10*(1), 159–176.

Thompson, A. S., & Erdil-Moody, Z. (2016). Operationalizing multilingualism: Language learning motivation in Turkey. *International Journal of Bilingual Education and Bilingualism, 19*(3), 314–331.

Thompson, A. S., & Liu, Y. (2021). Multilingualism and emergent selves: Context, languages, and the anti-ought-to self. *International Journal of Bilingual Education and Bilingualism, 24*(2), 173–190.

Thompson, A. S., & Vásquez, C. (2015). Exploring motivational profiles through language learning narratives. *The Modern Language Journal, 99*(1), 158–174.

Ueki, M., & Takeuchi, O. (2012). Validating the L2 motivational self system in a Japanese EFL context: The interplay of L2 motivation, L2 anxiety, self-efficacy, and the perceived amount of information. *Language Education & Technology, 49*, 1–22.

Ueki, M., & Takeuchi, O. (2017). The impact of studying abroad experience on the affective changes related to L2 motivation: A qualitative study of the processes of change. In M. T. Apple, D. Da Silva, & T. Fellner (Eds.), *L2 selves and motivation in Asian contexts* (pp. 119–133). Multilingual Matters.

Umino, T. (1999). The use of self-instructional broadcast materials for second language learning: An investigation in the Japanese context. *System, 27*(3), 309–327.

Umino, T. (2005). *Foreign language learning with self-instructional television materials: An exploratory study*. Yushodo Japan Doctoral Dissertation Registration System.

Umino, T. (2006). Learning a second language through audiovisual media: A longitudinal investigation of strategy use and development. In A. Yoshitomi (Ed.), *Readings in second language pedagogy and second language acquisition: In Japanese context* (pp. 227–246). John Benjamins.

Ushioda, E. (2001). Language learning at university: Exploring the role of motivational thinking. In Z. Dörnyei & R. Schmidt (Eds.), *Motivation and second language acquisition* (pp. 93–125). University of Hawai'i, Second Language Teaching and Curriculum Center.

Ushioda, E. (2009). A person-in-context relational view of emergent motivation, self and identity. In Z. Dörnyei & E. Ushioda (Eds.), *Motivation, language identity and the L2 self* (pp. 215–228). Multilingual Matters.

Ushioda, E. (2013). Foreign language motivation research in Japan: An 'insider' perspective from outside Japan. In M. T. Apple, D. Da Silva, & T. Fellner (Eds.), *Language learning motivation in Japan* (pp. 1–14). Multilingual Matters.

Ushioda, E. (2017). The impact of global English on motivation to learn other languages: Toward an ideal multilingual self. *The Modern Language Journal, 101*(3), 469–482.

Ushioda, E. (2020). Researching L2 motivation: Re-evaluating the role of qualitative inquiry, or the 'wine and conversation' approach. In A. H. Al-Hoorie & P. D.

MacIntyre (Eds.), *Contemporary language motivation theory: 60 years since Gardner and Lambert (1959)* (pp. 194–211). Multilingual Matters.

Ushioda, E., & Dörnyei, Z. (2017). Beyond global English: Motivation to learn languages in a multicultural world: Introduction to the special issue. *The Modern Language Journal, 101*(3), 451–454.

Vallerand, R., & Bissonnette, R. (1992). Intrinsic, extrinsic, and amotivational styles as predictors of behavior: A prospective study. *Journal of Personality, 60*, 599–620.

Walters, K., & Fien, S. (2023). What about me? The researcher's challenges and proposed solutions for dealing with death during data collection involving older adults: A scoping review. *Health Science Review*.

Wang, T. (2023). An exploratory motivational intervention on the construction of Chinese undergraduates' ideal LOTE and multilingual selves: The role of near peer role modeling. *Language Teaching Research, 27*(2), 441–465.

Wang, T., & Fisher, L. (2023). Using a dynamic Motivational Self System to investigate Chinese undergraduate learners' motivation towards the learning of a LOTE: The role of the multilingual self. *International Journal of Multilingualism, 20*(2), 130–152.

Wang, T., & Liu, Y. (2020). Dynamic L3 selves: A longitudinal study of five university L3 learners' motivational trajectories in China. *The Language Learning Journal, 48*(2), 201–212.

Wang, Z., & Zheng, Y. (2021). Chinese university students' multilingual learning motivation under contextual influences: A multi-case study of Japanese majors. *International Journal of Multilingualism, 18*(3), 384–401.

Yashima, T. (2002). Willingness to communicate in a second language: The Japanese EFL context. *The Modern Language Journal, 86*(1), 54–66.

Yashima, T. (2009). International posture and the ideal L2 self in the Japanese EFL context. In Z. Dörnyei & E. Ushioda (Eds.), *Motivation, language identity and the L2 self* (pp. 295–313). Multilingual Matters.

Yashima, T., Zenuk-Nishide, L., & Shimizu, K. (2004). The influence of attitudes and affect on willingness to communicate and second language communication. *Language Learning, 54*(1), 119–152.

Yashima, T., Nishida, R., & Mizumoto, A. (2017). Influence of learner beliefs and gender on the motivating power of L2 selves. *The Modern Language Journal, 101*(4), 691–711.

Yin, R. K. (2014). *Case study research: Design and methods* (5th ed.). Sage.

Zheng, Y., Lu, X., & Ren, W. (2019). Profiling Chinese university students' motivation to learn multiple languages. *Journal of Multilingual and Multicultural Development, 40*(7), 590–604.

Zheng, Y., Lu, X., & Ren, W. (2020). Tracking the evolution of Chinese learners' multilingual motivation through a longitudinal Q methodology. *The Modern Language Journal, 104*(4), 781–803.

Zheng, Y., Shen, Q., Zhao, K., & Li, C. (2022). The Shanghai alliance of multilingual researchers: Fudan University, Tongji University, Shanghai University of Finance and Economics, and Shanghai International Studies University, China. *Language Teaching, 55*(4), 583–587.

付録　用語解説
（括弧内は本文で詳細を説明しているページを指す）

FL 環境（52 ページ）：foreign language environment、外国語環境。教室以外で学んでいる言語に触れる機会があまりない環境。日本は英語、英語以外の言語、どちらについても典型的な FL 環境といわれる。

L2（2 ページ）：second language、第二言語。母語の後に学ぶ言語を総称して第二言語という。日本語では、「外国語」という方がなじみがあると思われるが、学術用語としては、「第二言語」と「外国語」は区別されることもあり、この場合、「第二言語」は教室外でも触れる機会が多い言語（例えば留学中に現地で話されている言語など）を指し、「外国語」はそのような機会があまりない言語を指す。この場合は、総称として使われる "L2" の中に、「第二言語」と「外国語」が存在することになる。また、例えば、上記の FL 環境とは対照的に、教室外でも学んでいる言語を使用する機会がある環境を第二言語環境（second language environment）と表現することもある。

L2 学習経験（6 ページ）：L2 learning experience。外国語学習の動機づけに関する理論である L2 セルフシステム理論の柱の 1 つ。過去から現在まで蓄積されてきた、学んでいる外国語の学習経験を指し、具体的には、教師やクラスメート、教科書などに対する、学習者の評価を含む。

L2 義務自己（6 ページ）：ought-to L2 self。外国語学習の動機づけに関する理論である L2 セルフシステム理論の柱の 1 つ。第二言語に関する義務自己で、将来、第二言語に関して「こうあるべき」という自己像を指す。どの言語に関してかを明示する場合には、"ought-to English self"（英語義務自己）などとも表現でききる。

L2 義務自己／自己（7 ページ）：ought-to L2 self/own。第二言語に関する義務自己／自己で、第二言語に関して自分が「こうあるべき」という自己像を指す。L2 義務自己／他者よりは、自己決定度が高い。

L2 義務自己／他者（7 ページ）：ought-to L2 self/others。第二言語に関する義務自己／他者で、第二言語に関して他者が自分について「こうあるべきであろう」と考える自己像を指す。

L2 理想自己（6 ページ）：ideal L2 self。外国語学習の動機づけに関する理論である L2 セルフシステム理論の柱の 1 つ。第二言語に関する理想自己で、将来、第二言語に関して「こうなりたい」という自己像を指す。L2 義務自己と同じように、どの言語に関してかを明示する場合には、"ideal English self"（英語理想自己）、"ideal French self"（フランス語理想自己）、あるい

は "ideal LOTE self"（LOTE 理想自己）などいろいろ表現できる。また、ある言語に関してというよりは「多言語」という面を強調する場合、"ideal multilingual self"（多言語理想自己）と表現される。

LOTE（**1 ページ**）：language other than English、英語以外の言語。

横断的研究（**1 ページ**）：cross-sectional study。ある 1 点においてデータ収集を行い、対象者の状況を調査する研究。

縦断的研究（**1 ページ**）：longitudinal study。同じ対象者（あるいは同等と見なせる異なる対象者）に対して時間をおいた最低 2 回のデータ収集を行い、調査している事象の変化を探る研究。

職業に関する理想自己（**64 ページ**）：ideal professional self。もともとは、心理学の分野で様々な分野に関する将来の理想像を ideal self、すなわち「理想自己」と表現し、それが職業についてであれば ideal professional self となり、外国語に関してであれば ideal L2 self となる。

統合性／統合的態度（**3 ページ**）：integrativeness。学んでいる言語を話すコミュニティーに対する前向きな態度。弱い統合的志向性の場合は、そのコミュニティーに対して開放性や敬意がある状況であり、強い統合的志向性の場合は、そのコミュニティーへの同化願望も伴う。

内発的動機づけ（**8 ページ**）：intrinsic motivation。心理学分野の自己決定理論において最も重要とされる動機づけの種類。ある行動の目的がその行動そのものの場合を指し、「英語学習自体が楽しい」「英語の音が好き」などというような場合の動機づけを指す。

二重の目標／志向性（**13 ページ**）：dual orientations。日本人英語学習者の多くが持つと言われる、漠然とはしているかもしれないが「実践的な」英語力を長期的に身に付けたいという志向性と、試験や入試のために英語力を身に付けたいという短期的な志向性の二重性を指す。

索引

著者

高橋 千佳（たかはし ちか）

愛媛大学法文学部准教授。ハワイ大学マノア校第二言語研究科
修了（Ph.D. in Second Language Studies）。著書に、*Motivation to
Learn Multiple Languages in Japan: A Longitudinal Perspective*
（Multilingual Matters、2023年）、*Multilingual Selves and
Motivations for Learning Languages Other Than English in Asian
Contexts*（共著、Multilingual Matters、2024年予定）。

人はなぜ言語を学ぶのか
―2人の日本人多言語学習者の記録―

初版第1刷―――― 2024年 3月 8日

著　者――――― 高橋 千佳

発行人――――― 岡野秀夫
発行所――――― 株式会社くろしお出版

　　　　　　〒102-0084　東京都千代田区二番町4-3
　　　　　　［電話］03-6261-2867　［WEB］www.9640.jp

印刷・製本　シナノ書籍印刷　装　丁　仁井谷伴子